普通高等教育"双一流"建设经济学类专业数字化精品教材

⊙ 主 任
张建华

⊙ 副主任
欧阳红兵　江洪洋

⊙ 委　员（以姓氏拼音为序）

崔金涛　范红忠　方齐云　刘海云　钱雪松　宋德勇
孙焱林　唐齐鸣　王少平　徐长生　杨继生　张卫东

 普通高等教育"双一流"建设经济学类专业数字化精品教材

·华中科技大学2019年教材建设项目

结构金融学

Structural Finance

欧阳红兵 编著

华中科技大学出版社
http://www.hustp.com
中国·武汉

内 容 提 要

本书是一本结构金融学的基础教材,主要包括结构金融学基本理论、结构化融资理论和方法、结构化产品及应用三部分,全面介绍了结构金融的产生背景、相关概念、发展历程、主要功能以及监管体系,并详细阐述了结构化融资中的主要参与者、融资工具和流程、常见的结构化融资技术,其中也分析了结构化融资中产生的现金流模型及产品的风险评估和度量。最后,本书介绍了结构化产品的基本理论,包括结构化产品基本要素、运作机制、定价方式以及典型应用等。本书定位为结构金融学基础理论的教材和参考书,旨在帮助读者建立对结构金融学的基本认识,书中涵盖了与结构化投融资相关的多方面内容,且对主体内容的介绍更多围绕其基本原理和思路方法展开,不涉及过多的模型推导和定量计算,便于读者更好地理解结构金融学的整体框架和核心思想。本书可作为金融或金融工程专业学生的教材或是相关从业人员的参考资料。

图书在版编目(CIP)数据

结构金融学/欧阳红兵编著.—武汉:华中科技大学出版社,2020.12
ISBN 978-7-5680-6822-2

Ⅰ.①结… Ⅱ.①欧… Ⅲ.①金融学-高等学校-教材 Ⅳ.①F830

中国版本图书馆 CIP 数据核字(2020)第 263876 号

结构金融学 欧阳红兵 编著
Jiegou Jinrongxue

策划编辑:周晓方 陈培斌	
责任编辑:肖唐华	
封面设计:原色设计	
责任校对:张汇娟	
责任监印:周治超	
出版发行:华中科技大学出版社(中国·武汉)	电话:(027)81321913
武汉市东湖新技术开发区华工科技园	邮编:430223
录 排:华中科技大学惠友文印中心	
印 刷:武汉开心印印刷有限公司	
开 本:787mm×1092mm 1/16	
印 张:13.75 插页:2	
字 数:316 千字	
版 次:2020 年 12 月第 1 版第 1 次印刷	
定 价:48.00 元	

本书若有印装质量问题,请向出版社营销中心调换
全国免费服务热线:400-6679-118 竭诚为您服务
版权所有 侵权必究

习近平总书记在全国高校思想政治工作会议上指出,要坚持把立德树人作为中心环节,把思想政治工作贯穿教育教学全过程,实现全程育人、全方位育人。根据这一要求,对于致力于世界一流大学和一流学科建设的中国高校来说,其根本任务就是贯彻落实立德树人宗旨,全面促进一流人才培养工作。

为了体现这一宗旨,华中科技大学经济学院制定了教学与人才培养"十三五"规划。基本思路是:贯彻坚守"一流教学,一流人才"的理念,抓好人才分类培养工作,更加重视国际化与创新型拔尖人才的培养。在教学方面,立足中国实际和发展需要,参照国际一流大学经济系本科和研究生课程设置,制定先进的课程体系和培养方案,为优秀的学生提供优质的专业教育和丰富的素质教育,培养具有创新能力的领军人才。为此,我们必须推进教学的国际化、数字化、数量化、应用化,改进教学方式,大力推进研讨式、启发式教学,加强实践性环节,着力培养创新型、领导型人才;进一步推进教学内容与方式的改革,规划建设一流的现代经济学专业系列教材,构建起我们自己的中国化的高水平的教材体系(即这些教材应当具有国际前沿的理论、中国的问题和中国的素材)。与此同时,注重规范教学,提高教学质量,建设并继续增加国家级精品课程及教学团队,组织教学与课程系统改革并探索创新人才培养的新模式。此外,还要加强实践环节,广泛建立学生实习实训基地。以此培养出一批具备扎实的马克思主义理论功底、掌握现代经济学分析工具、熟悉国际国内经济实践、能够理论联系实际的高素质人才,以适应国家和社会的需要。总之,这一规划确立的主题和中心工作就是:瞄准"双一流"目标,聚焦人才培养,积极行动,着力探索国际化与创新型人才培养新方案、新模式与新途径。我们也意识到,高质量的课程是科研与教学的交汇点,没有一流的课程,"双一流"就不可能实现。因此,抓教学改革、抓教材建设,就是实施这种探索的重要体现。

那么,如何做好现代经济学专业课程系列教材编写呢?习近平总书记提出,应按照"立足中国、借鉴国外,挖掘历史、把握当代,关怀人类、面向未来"的思路,着力建设中国特色社会主义政治经济学。根据习近平总书记系列讲话精神,一是要在经济学科体系建设上,着力在继承性、民族性、原创性、时代性、系统性、专业性上下功夫。要面向未来,从教材体系建设入手,从战略层面重视教材建设,总结提炼中国经验、讲好中国故事,教育引导青年学子在为祖国、为人民立德、立言中成就自我、实现价值。要着眼未来学科建设目标,凝练学科方向,聚焦重大问题,在指导思想、学科体系、学术体系、话语体系等方面充分体现中国特色、中国风格、中国气派。二是要研究中国问题。张培刚先生开创的发展经济学植根于中国建设与发展的伟大实践,是华中科技大学经济学科的优势所在。经济学科要继承好、发扬好这个优良传统,要以我国改革发展的伟大实践为观照,从中挖掘新材料、发现新问题、提出新观点、构建新理论,瞄准国家和地方的重大战略需求,做好经济学科"中国化、时代化、大众化"这篇大文章。

编写本系列教材的思路主要体现在如下几个方面。第一,体现"教书育人"的根本使命,坚持贯彻"一流教学,一流人才"的理念,落实英才培育工程。第二,通过教材建设,集中反映经济学科前沿进展,汇聚创新的教学材料和方法,建立先进的课程体系和培养方案,培养具有创新能力的领军人才。第三,通过教材建设,推进教学内容与方式的改革,构建具备中国特色的高水平的教材体系,体现国际前沿的理论、包含中国现实的问题和具备中国特色的研究元素。第四,通过教材建设,加强师资队伍建设,向教学一线集中一流师资,起到示范和带动作用,培育课程团队。

本系列教材编写的原则主要有如下三个。第一,出精品原则。确立以"质量为主"的理念,坚持科学性与思想性相结合,致力于培育国家级和省级精品教材,出版高质量、具有特色的系列教材。坚持贯彻科学的价值观和发展理念,以正确的观点、方法揭示事物的本质规律,建立科学的知识体系。第二,重创新原则。吸收国内外最新理论研究与实践成果,特别是我国经济学领域的理论研究与实践的经验教训,力求在内容和方法上多有突破,形成特色。第三,实用性原则。教材编写坚持理论联系实际,注重联系学生的生活经验及已有的知识、能力、志趣、品德的实际,联系理论知识在实际工作和社会生活中的实际,联系本学科最新学术成果的实际,通过理论知识的学习和专题研究,培养学生独立分析问题和解决问题的能力。编写的教材既要具有较高学术价值,又要具有推广和广泛应用的空间,能为更多高校采用。

本系列教材编写的规范要求如下。第一,政治规范。必须符合党和国家的大政方针,务必与国家现行政策保持一致,不能有政治错误,不涉及有关宗教、民族和国际性敏感问题的表述。第二,学术规范。教材并非学术专著,对于学术界有争议的学术观点慎重对待,应以目前通行说法为主。注意避免在知识产权方面存在纠纷。第三,表述规范。教材编写坚持通俗易懂、亲近读者的文风,尽量避免过于抽象的理论阐述,使用鲜活的案例和表达方式。

本系列教材的定位与特色如下。第一，促进国际化与本土化融合。将国际上先进的经济学理论和教学体系与国内有特色的经济实践充分结合，基于中国具体国情，体现本土化特色。第二，加强中国元素与案例分析。通过对大量典型的、成熟的案例的分析、研讨、模拟训练，帮助学生拓展眼界、积累经验，培养学生独立分析问题、解决问题、动手操作等能力。第三，内容上力求突破与创新。结合学科最新进展，针对已出版教材的不足之处，结合当前学生在学习和实践中存在的困难、急需解决的问题，积极寻求内容上的突破与创新。第四，注重教学上的衔接与配套。与经济学院引进版核心课程教材内容配套，成为学生学习经济学类核心课程必备的教学参考书。

根据总体部署，我们计划，在"十三五"期间，本系列教材按照四大板块进行规划和构架。第一板块：经济学基本原理与方法。包括政治经济学、经济思想史、经济学原理、微观经济学、宏观经济学、计量经济学、国际经济学、发展经济学、中国经济改革与发展、现代管理学等。第二板块：经济学重要分支领域。包括国际贸易、国际金融、产业经济学、劳动经济学、财政学、区域经济学、资源环境经济学等。第三板块：交叉应用与新兴领域。包括幸福经济学、结构金融学、金融工程、市场营销、电子商务、国际商务等。第四板块：创新实践与案例教学。包括各类经济实践和案例应用，如开发性金融、货币银行学案例、公司金融案例、MATLAB与量化投资、国际贸易实务等。当然，在实际执行中，可能会根据情况变化适当进行调整。

本系列教材建设是一项巨大的系统工程，不少工作是尝试性的，无论是编写系列教材的总体构架和框架设计，还是具体课程的挑选，以及内容取舍和体例安排，它们是否恰当，仍有待广大读者来评判和检验。期待大家提出宝贵的意见和建议。

华中科技大学经济学院院长，教授、博士生导师

2017年7月

"结构化"是金融发展本质和内在的需求,广义上看,只要同一金融资产对应了不同的主体,且主体之间具有不同的责权利关系,则都可以成为"结构化"的金融。一个简单的例子就是公司,当公司具有不同的融资主体,有的愿意提供资本金(股权融资),有的只愿意提供到期还本的资金,仅获取利息(债权融资),就会产生一个公司的资本结构。这其实是很自然的,债权有索偿的优先权;股权又称剩余索取权,是支付所有债权后剩下的部分以及偿还债务的保障,因此具有对公司的最后控制权。任意的资产项目是否都可以结构化?这就是二十世纪七十、八十年代金融创新浪潮中兴起的结构金融。早期美国政府为了解决房贷资金的供求矛盾,先后成立"房利美"和"房地美"住房抵押贷款支持机构,用于购买政府部门担保的住房抵押贷款,为了让这些机构经营具有可持续性,需要为其不具流动性的资产(住房抵押贷款)开辟融资渠道,以获取新的资金。1970年,"吉利美"发行了以信贷资产做担保的第一单资产抵押支持证券化产品(ABS),结构金融市场由此揭开了序幕。结构金融通过汇集资产使信用风险实现差别化和分散化,并利用债券分级创造出带有不同风险和期限特征的产品以满足不同风险偏好的投资者需求。凭借设计上的灵活性和可参考资产的多样性,结构化产品受到广泛青睐,在之后的数十年间出现爆炸性增长。随着金融衍生品市场和证券化技术的成熟,结构化产品不断丰富、创新,形式愈发多样,市场发展步入成熟阶段,成为一种重要的金融工具和产品。

结构金融市场规模的加速扩大在 2007 年出现拐点。2007 年美国次贷危机爆发和蔓延的根源被认为与结构金融产品如担保债务凭证(CDO)以及其不断的衍生品(CD01,CDO2,CDO3,…)有关,这些金融产品使得资产真实的权益支持变得极为脆弱,当基础性资产出现价格下跌,权益不足以覆盖损失时,极容易产生破产。由此,结构化产品对全球市场的发展造成了严重冲击,结构化产品因此受到质疑,需求量急速下滑,这也引起了机构和投资者对过度结构化的重新审视和思考。有效的监管是保障金融创新产品能够长期运行的有效手段,但对产品本身全面充分的认知亦是对其进行合理使用的前提和基础。经过金融危机后的调整重塑,结构金融产品市场再度升温,各类创新结构设计不断涌现,目前已成为国际金融市场上发展最快的领域之一。

今天,结构金融可以看成是一种金融产品设计活动,在这样的活动中,金融中介根据客户和自身业务发展的需要,利用市场中已存在的基础资产或基础证券、衍生证券等,或基于为某一类资产或资产池设立的"特殊目的载体(Special Purpose Vehicle, SPV)",设计创造与客户风险偏好、期限偏好紧密对应的新金融产品。这种新的产品就是结构金融产品,或称"结构化产品"。对于中国金融市场发展来说,金融产品的结构化也是一个必由之路,结构金融对于丰富金融市场的产品,提供风险管理手段,为金融机构的长期资产提供流动性,都具有重要的意义。

本书旨在介绍结构金融学相关基本内容,展示与结构金融产品设计、风险管理相关的基本理论,帮助读者对结构金融的基本概况、发展脉络和结构性投融资形成全面了解。书中内容主要从三个方面展开:第一篇叙述铺垫了结构金融的产生背景和基本内容,以助于读者形成对结构金融学的基本认识。由于结构金融可以从结构性融资和结构性投资两方面来解释,因此本书的后两部分主要从这两个方面展开。第二篇我们对结构化融资理论和方法进行了详细介绍。以结构化融资理论为基础,介绍结构化融资中运用的系列技术手段,分析结构化金融工具中的现金流模型与估值技术,并延伸至结构化产品违约风险和利差风险管理等方面。以此为基础,结构性融资必然需要相应的结构性投资工具或产品,因此第三篇则主要围绕结构化产品及应用展开,对结构化产品概况、原理及定价做了基本描述,并简要介绍了结构化产品的典型应用范围。

本书的写作过程参考了大量国内外资料,如 Rutledge and Raynes (2010)的 *Elements of Structured Finance*,Servigny and Jobst(2007)的 *The Handbook of Structured Finance*,Cherubini and Lunga(2007)的 *Structured Finance: The Object-Oriented Approach*,以及一些大学和研究机构的报告和论文等,有些资料在正文各章的延伸阅读材料中有所体现,在此一并致谢。在编写过程中,作者的研究生康小康、卫小璐、刘健、袁艺、严雯雯等参与了大量的工作,在此表示感谢。

作　者

2020 年 7 月

第一篇 基础篇

第一章 结构金融导论 /3

第一节 结构金融产生的背景 /3
第二节 结构金融的概念 /4
第三节 结构金融的发展概况 /5
第四节 结构化融资 /9
第五节 结构化产品 /10
第六节 结构金融的功能 /14
第七节 结构金融风险与监管 /17

第二篇 结构化融资理论与方法

第二章 结构化融资理论基础 /23

第一节 结构化融资基本理论 /23
第二节 结构化融资的参与者 /25
第三节 结构化融资工具 /27
第四节 结构化融资流程 /50

第三章 结构化融资技术 /52

第一节 特殊目的载体 /52
第二节 结构化融资工具设计 /62
第三节 信用评级 /76
第四节 信用增级 /82

/88　第四章　现金流模型与估值技术

/88　第一节　现金流模型
/108　第二节　估值技术
/117　第三节　现金流模型应用的实例分析——XX资产支持专项计划

/131　第五章　结构化产品风险管理

/132　第一节　违约风险的评估与度量
/142　第二节　利差风险的评估与度量
/145　第三节　利差风险管理

第三篇　结构化产品及应用

/157　第六章　结构化产品概述

/157　第一节　结构化产品的定义
/158　第二节　结构化产品的基本要素
/160　第三节　结构化产品的发展历程
/162　第四节　结构化产品的运作机制
/163　第五节　结构化产品的功能

/165　第七章　结构化产品原理及定价

/165　第一节　结构化产品的原理
/174　第二节　结构化产品的定价方法
/178　第三节　结构化产品定价模型的应用

/183　第八章　结构化产品的应用

/183　第一节　互联网金融与结构金融
/189　第二节　PPP与结构金融
/196　第三节　VIE模式及其在中国公司境外上市中的应用

/204　参考文献

/208　后记

第一篇

基础篇

第一章
结构金融导论

第一节 结构金融产生的背景

金融活动离不开金融产品,金融产品最重要的功能是融资。我们都知道传统的融资有两种形式:间接融资和直接融资。间接融资指储蓄通过信用中介以信贷的方式转变成投资,在间接融资模式下,资金供给方与资金需求方不直接接触,所以存在利率与期限不匹配的问题,其中的风险往往由金融中介机构承担。直接融资指储蓄通过金融市场以发行和销售股票、债券或者其他形式证券的方式转变成投资,在直接融资模式下,金融中介较少承担风险,其主要角色是在一级市场推销企业发行的标准化证券,并在二级市场辅助和参与这些证券的交易。数百年来,金融市场基本依靠直接融资和间接融资这两种模式满足资金供求双方的需求。然而,随着金融市场的发展,众多投资者和企业的资格、条件和偏好不同,项目需要的资本数量、期限和风险承受度也不同,传统的信贷、股票和债权等方式已经不足以满足融资者和投资者两方面的需求,这就客观上要求金融中介创造出更多的金融创新工具来满足日益多样化的供需。同时随着金融衍生品市场的发展和证券化技术的成熟,20世纪90年代以来,结构金融开始逐步发展。

结构金融:一种新的金融范式

首先,结构金融市场的早期发展与1988年的《巴塞尔资本协议》(Basel Accord)有关。根据该协议,银行所有资产都要满足相同的最低资本充足率要求,这实际上对低风险资产规定了较高的资本充足率,而对高风险资产规定了较低的资本充足率。这种制度扭曲给一些银行提供了套利的机会:出售低风险资产、发行结构化金融产品可以降低必须保留的资本金。其次,对金融机构而言,发行结构化金融产品可以分散信贷风险,扩大资金来源。金融中介机构制造结构化信用产品可以使它们不用直接为资产池中资产出资,并不承担相关的信贷风险,这不仅增加了它们的融资渠道,也提高了同一笔资金的使用效率,降低了融资成本。所以缺乏内部资金来源的投资银行、未受政府规制的金融公司以及一些专业化的抵押贷款机构,一直以来都是结构化金融产品的重要供给者。再次,结构化金融产品本身的特性也吸引着众多的市场投资者。由于一些政策的限制,一些机构投资者的许多业务行为受到制约,所以现实中的金融市场往往是处于分割状态的。例如,为了维护投资者利益和金融市场的稳定性,监管机构都会对银行、保险、共同基金等机构的投资工具做出规定,不得持有投资级别以下的证券,场外金融衍生品的交易量不能超过一定水平等。这种规定有助于金融机构的风险控制,但同时也限定了它们的盈利能力。结构化金融不仅能通过汇集资产使信用风险差别化和分散化,而且能通过债券分级满足不同风险偏好的投资者的需求。此外,由于结构化产品的资本结构在设计上的灵活性,可参考资产的多样性,产品期限和风险收益结构的可选择性,金融机构还可以为不同的投资者度身定制产品以满足其特定的需求。最后,在投资者需求强劲增长的推动下,结构化金融市场近几年不断扩张。全球"储蓄过剩"、低通货膨胀和低利率的经济环境鼓励了投资者"搜索收益"的行为,不断上升的房价和其他资产价格也增加了投资者的安全感,使他们对更加复杂的结构化产品的偏好增加。受大量发行费用的驱动,越来越多的发行人开始发行结构化产品。

作为一种信用体制创新,结构金融的意义还体现在三个方面。第一,结构金融将间接融资和直接融资挂钩起来,是间接融资的直接化,构建了金融体系中银行信用与市场信用之间的转化机制。第二,结构金融是对传统信用交易基础的革命,完成了从整体信用基础向资产信用基础的转化。传统的融资方式,无论是直接融资还是间接融资,其信用基础都是债务人的整体信用,主要包括主观层面和客观层面所组成的复杂指标体系。传统的融资体制建立在这种复杂的信用指标体系之上,信用评定是主观和客观因素的加权平均。如果主体的某一方面出现问题,那么信用因素的加权平均值就会打折扣,融资通道受阻。结构金融的革命性就在于它将信用保证具体落实在信用因素的最客观的部分,改变了传统信用制度的信用基础。第三,结构金融综合了直接融资和间接融资的优势,把市场信用的资产组合功能与中介信用的投资者组合功能有力结合在一起,实现了信用的重新组合和强化,降低了信用交易成本。

第二节 结构金融的概念

结构金融是20世纪80年代兴起的一种金融创新,涵盖范围很广,其含义可以从结构性融资和结构性投资两方面来解释。

从融资角度理解,结构性融资英文为 structured financing,其中 structured 源于拉丁语 struo,意为 build——建设、构造、构筑。结构融资要以资产做支持,它涉及资产结构、法律性事务、税务、交易定价及其他结构性问题。因此,结构融资是一种经过构造的融资方式,是利用各种金融工具,进行金融组合与创新,为某一经济实体的特定商业行为而安排的一种特别融资,它涉及融资企业的各个结构性问题。从实际操作角度讲,结构融资是以现金资产将企业特定资产从其资产负债表中进行替换,即资产置换,在资产负债率不变的情况下,增加高效资产。从功能意义上讲,结构融资被视为一种信用体制创新,是区别于传统的间接融资和直接融资的第三种融资模式。

结构性融资必然需要相应的结构性投资工具或产品,又可称其为结构性票据、结构化证券等。美国证券监督管理委员会(SEC,U. S. Securities and Exchange Commission)将结构化证券定义为"现金流支付特征依赖于一种或几种指数、内嵌着远期合约或期权、投资收益及发行者的支付义务对于标的资产价值高度敏感的一类证券"。结构化产品设计的主要思路是发行机构根据投资者的不同风险偏好,利用金融工程的组合分解技术将债券和衍生合约(一般是期权)组合成一个新型的产品,将投资者对标的资产的预期收益产品化,这样投资者的投资收益就与衍生合约所挂钩的标的资产的走势紧密相连。

第三节 结构金融的发展概况

一、美国结构金融的发展

美国结构金融的产生与发展受到了当时经济环境的影响,其发展分为三个阶段:20世纪80年代之前的早期阶段,20世纪80年代至2007年的发展成熟阶段,2007年之后即危机后的调整重塑阶段。

早期阶段,美国政府为了解决房贷资金的供求矛盾,先后成立了"房利美"和"吉利美",用于购买政府部门担保的住房抵押贷款。第一单抵押贷款支持证券(MBS,Mortgage-Backed Security)是1970年由"吉利美"发行的,由此以信贷资产做支撑或担保而发行债券的 ABS(Asset-Backed Security)正式产生了。1970年,美国创立了"房地美",授权其创立非政府部门担保的抵押贷款二级市场。由此美国初步构建了完整的住房抵押贷款二级市场,金融机构获得了结构金融这一新的融资方式,揭开了美国结构金融市场发展序幕。

成熟阶段,进入20世纪80年代之后,美国的"吉利美"、"房利美"和"房地美"三个机构发行的住房抵押贷款债券 MBS 快速增长。MBS 余额在 1990 年前很低，仅 1100 多亿美元，到 2007 年增长到 4 万多亿美元。1983 年联邦住宅贷款抵押公司开始发行担保抵押贷款凭证(CMO，Collateralized Mortgage Obligation)，它将抵押贷款转付债券的现金流进行打包，从而创造出带有不同风险和期限特征的债券以满足不同投资者的需求。CMO 债券在发行过程中建立了破产隔离机制，实现了结构化融资，并且突破了基础资产的限制，发行者可以以市场中的抵押支持债券为基础资产再次创造并发售新的债券。1985 年，美国佩斯里金融租赁公司首次以住房抵押贷款以外的资产为基础资产发行结构化产品，随后米德兰银行发行了基于汽车贷款的资产支持证券。在这之后，将不同的基础资产进行配置和组合而成的资产支持证券(ABS)不断出现，丰富了结构化金融产品市场。担保债务凭证(CDO，Collateralized Debt Obligation)是继 CMO 之后结构化产品市场的又一次创新，CDO 以 MBS 和 ABS 的现金流作为基础资产实现再一次结构化，可分为现金型 CDO、合成型 CDO。CDO 是结构化金融产品的高级形式，在美国金融危机前夕迅速发展。

调整重塑阶段，受金融危机的影响，2007 年后美国 ABS 发行量急剧下降，2008 年和 2009 年当年发行量不到 2006 年高峰发行量的 20%。除了 2008 年，整个美国债券市场总额并没有出现明显萎缩，但是产品的结构发生了较为显著的变化，以国债为代表的低风险债券产品需求量大增，而结构化产品需求量大幅下跌，体现了危机后市场投资者开始对风险采取回避的态度，在投资选择上更加谨慎。

结构金融在调整重塑中经过十多年的发展，现已成为美国债券市场非常重要的品种，市场规模巨大。在结构化产品中，房屋抵押贷款支持证券(MBS)一直是美国结构化市场最主要的品种。但是，次贷危机的爆发使得非机构担保 MBS 发行量以及存量出现急剧下降，并在很长时间内保持一个相对较低的水平，直至近几年才逐步复苏。2015 年，机构 MBS 与非机构担保 MBS 总发行量达到 1.9 万亿美元，较 2014 年增长 19.8%，并在近几年保持相对平稳增长态势，机构担保 MBS 占据较大比例。此外，ABS 在总资产结构化市场占比达到 23%，其中 CDO 占细分市场比例高达 35%。其他应收款所支持的 ABS 主要是由信用卡应收款、汽车抵押款、学生贷款为基础资产所构成的结构化产品，其中又以汽车贷款证券化为主，占比达 32%，其次为信用卡应收款(16%)以及学生贷款(12%)。

就结构化金融产品的产生和发展而言，早在 20 世纪 80 年代的美国，结构化投资产品就已经出现，随着结构化投资产品的蓬勃发展，投资者对其需求与日俱增。因此，一些银行为了满足投资者需求设计了一系列的结构化投资产品。大额定期存单等其他固定收益证券与股票市场指数打包组合是早期结构化投资产品的典型代表。世界上最早的一批结构化产品是 1987 年美国大通银行发行的市场指数存款(Market Index CD)和北美信托银行发行的股指存款账户(SIA，Stock Index Account)。此外还包括所罗门兄弟公司发行的 S&P500 指数联动产品及其与美国之外的一些投资银行发行的其他一些股票联动票据。这个时期的结构化投资产品结构设计比较简单，期限一般为四到五年，标的物通常是股票价格指数，产品一般为保本型。由于当时的美国利率维持在较低的状态，所以结构化投资产品这类风险较低、收益率较高的理财产品吸引大量投资者前来投资。

1991 年 1 月，由高盛证券公司设计、奥地利共和国政府发行的 1 亿美元"股价指数成长票据(SIGN，Stock Index Growth Note)"取得成功，该产品发行后还在美国纽约证券交易所挂牌交易,它标志着结构化投资产品进入了一个新的阶段。1992年后,各大银行和券商不断推出新产品,如美林证券推出的使用不同挂钩指数的系列产品,所挂钩的基础资产包括为客户特别定制的国际市场一揽子股票,这些产品一般使用的指数都有很高的知名度,且被广泛使用。结构化产品开始逐步风靡美国投资产品市场,出现了爆炸性成长。2008年金融危机的爆发导致结构化投资产品的各方参与者受到了较大程度的损失,结构化投资产品也因此受到质疑,市场规模也开始急剧缩小。

近年来,随着金融市场的不断发展和金融创新的不断涌现,结构化投资产品在结构设计上有了各种各样的创新,市场上存在的结构化产品种类繁多,结构金融产品市场规模也因此逐渐扩大。根据挂钩标的资产的种类不同,可以分为股权挂钩型、指数挂钩型、利率挂钩型、汇率挂钩型、信用挂钩型等;根据内含期权的类型,结构化金融产品又可以分为可赎回债券、可回售债券、资产支持证券和抵押贷款证券、结构性票据、可转换债券等;根据风险收益的情况,可分为保本型和不保本的高收益型。

二、中国结构金融的发展

我国的结构金融起源于20世纪90年代,其发展历程可以划分为四个阶段。

(一)1992—2005年探索阶段

我国结构化产品的起源要追溯至20世纪90年代。1992年三亚市开发建设总公司发行了地产投资债券,这标志着结构化产品实践的开始。此后,珠海高速公路有限公司以当地未来15年的机动车管理费以及过路费作为资产,将其转移给在开曼群岛注册的大道有限公司。1997年开始,中国远洋运输总公司以水上航运收入作为基础资产,两次发行资产支持证券(ABS)。2002年,6亿美元资产担保证券由中国远洋运输总公司与中国工商银行合作开发。2003—2004年华融资产管理公司采取结构化方式对不良资产进行处置。我国在结构化产品的探索阶段,在房地产、应收款、不良资产处置和法律方面都进行了有益的尝试。

(二)2005—2008年试点阶段

我国于2005年3月至2007年4月开启了信贷资产结构化的第一阶段,试点规模达到150亿元。2007年4月,国务院批准扩大试点,规模达到600亿元。

(三)2008—2011年暂停阶段

2008年美国次贷危机导致的全球金融危机全面爆发,监管机构出于对风险的审慎考虑,暂停审批。

(四)2012年重新启动后发展阶段

2013年8月28日国务院常务会议以后,中国结构化产品发行规模和发行数量均有爆发式增长,尤其2014年下半年以后,增长速度达到空前状态。重启之后结构化产品发行方式更加灵活,基础资产种类也更加多样。信贷基础资产扩展到住房公积金贷款、信用卡贷款、小额贷款、消费性贷款、委托贷款、铁路专项贷款、汽车贷款、企业贷款、个人住房抵押贷款。一般基础资产扩展到租赁租金、租赁资产、应收账款、基础设施收入、企业债权等。

自2012年以来,各类结构金融产品发展蓬勃,每年均以较快的速度增长。2017年,ABS发行规模达1.53万亿元,同比增长68.23%(见图1-1)。信贷ABS由2012年的192.62亿元增长到2017年的5972.29亿元,2017年同比增长67.7%;企业ABS由2012年的31.8亿元增长到2017年的7609.60亿元,2017年同比增长68.9%。结构化金融产品中,信贷ABS和企业ABS占主要地位,在2016年,企业ABS增长迅猛,全面赶超信贷ABS市场,跃居首位,2017年超过市场总量一半。与成熟的美国市场相比,我国结构金融还处于起步阶段。结构金融作为直接融资的一种创新模式,已成为我国债券市场上一种有别于负债端的融资工具,结构化产品余额对债券市场余额的占比不断上升。伴随着一系列的政策落地实施,在国家监管部门、自律组织、市场各方的共同努力下,结构金融逐渐走入常态。我国结构化金融产品市场呈现出快速扩容、稳健运行、创新迭出的良好发展态势,市场存量规模突破万亿元,基础资产类型日益丰富,各类"首单"产品不断涌现。结构金融在盘活存量资产、提高资金配置效率、服务实体经济方面发挥着越来越重要的作用。

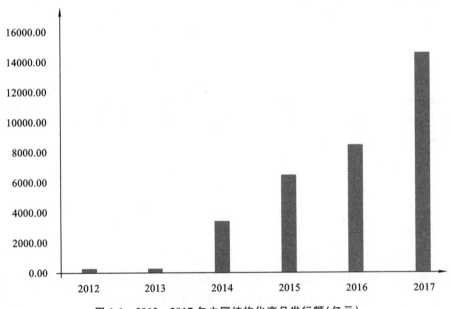

图1-1 2012—2017年中国结构化产品发行额(亿元)

我国结构化投资产品起步较晚的原因之一是我国金融市场发展相对落后,金融衍生产品的探索滞后,阻碍了结构化产品的引入。

1997年,中国人民银行准许商业银行开展衍生产品业务。2002年9月,光大银行率先推出了一款挂钩外汇债券的人民币投资产品,此产品具备结构化投资产品的基本特征,将大部分本金作为存款,少部分本金投向衍生产品,为投资者提供一定安全性,同时又具有获取高收益的机会。由于这款产品采取的利率决定机制,利率挂钩标的物使存款部分的年化收益率高于普通存款,在当时利率管制条件下实属创新之举,因此获得了不少投资者的关注,此后商业银行结构化投资产品应势而动,发行数量剧增。中国银行在2003年初推出的结构化外币存款,由于当时国内投资者的理财需求尚未凸显,理财意识尚处于萌芽阶段,这款产品缺少大众关注,发行规模较小。2004年3月,由银监会颁布的《金融机构衍生品交易业务管理暂行办法》正式实施,标志着以金融衍生产品为核心的结构化投资产品进入规范化交易市场。此后,各家商业银行争相发行,各类结构化投资产品层出不穷。2006年,由于资本市场发展快,挂钩股票的结构化投资产品数量剧增,结构化投资产品进入大繁荣时期。

2008年,受到金融危机的严重影响,股票、汇率、大宗商品价格等标的物表现不尽人意,市场需求锐减,给结构化投资产品沉重打击。导致2008年金融危机的原因之一是相关机构对金融衍生品的交易监管不力,因此,金融机构对衍生品唯恐避之不及,结构化投资产品发行数量急剧下降。同时,我国结构化投资产品中的衍生品部分由一些国际投资银行进行管理,金融危机后部分国外大型投资银行倒闭,对结构化投资产品的研发、运行造成了一定影响。

随着2010年我国股指期货的上市以及2012年证监会出台的一系列政策性文件,标的物市场逐渐回暖,结构化投资产品发行数量增加。2016年国内商业银行共发行了11213款结构化投资产品,较2015年增加3764款。随着我国金融市场的发展以及国家对于金融创新的支持,结构化投资产品将会受到更多发行者与投资者的青睐。

第四节 结构化融资

结构融资的理念最先产生于国际贸易中,由于跨国公司需要在大规模的扩张过程中使用大量资金,以及银行对利润的追求与风险的规避,催生了融资产品的创新。随着结构融资在国际贸易融资中的发展成熟,这种融资理念逐渐进入到金融领域,并得到迅速发展。

与传统的债权融资和股权融资相对应,结构融资实际上是一种资产融资,我们可以通过图1-2对结构融资给以进一步的认识。

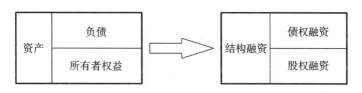

图1-2 资产融资图

资产负债表是由三个基本部分组成,资产、负债和所有者权益。传统的融资方式主要是考虑了资产负债表的右半部分,即通过对外发行债券获得债权融资和对外发行股票获得股权融资。但是债权融资和股权融资都是有一定限度的,并且会对经营带来一定影响。

如果通过增加企业负债来融资,则会提高资产负债率,对于很多企业,当其资产负债率达到某一水平后,企业再融资就会受到一定的限制。同时,随着企业资产负债率的提高,企业的融资成本也会越来越高。而结构融资可以在不提高资产负债率的情况下为企业实现融资。另一方面,如果是通过发行企业股票来融通资金,则会造成股权稀释并且增加盈利压力。随着股本的增大,如果要保持既有的股利水平,则需要更多的盈利支持。一旦由于股本的增大而带来股利水平的下降,不但会影响到股价乃至企业的稳定,而且股本融资的市场需求会越来越小,融资成本也会越来越高。

结构融资只要求基础资产、项目具有稳定的、可预测的现金流作为偿付来源。"真实出售"使得优质的资产能够脱离发行人的自身信用,以优质资产获得优质资金。这对于难以直接进入资本市场而拥有可以产生稳定现金流的企业来说,通过结构融资以较低的融资成本获得资金。企业能够根据自身的财务特点和财务安排的具体要求,对资产负债表中具体项目进行调整和优化。如应收账款、存货及订单等问题,均可通过结构融资将其剥离,从而实现应收账款融资、库存及订单融资等。在严格风险控制的前提下,通过结构融资等金融技术,企业可以提高自有资金使用杠杆,增加股本回报率。而对于本身并不符合融资条件的企业,通过结构融资的信用增级程序,企业也可以以较低的成本融得企业发展需要的资金。

市场上常见的结构融资模式有 ABS、MBS 以及 CDO 三种,后面将具体介绍这三种融资模式的机制、特点及应用。

第五节 结构化产品

结构性融资必然产生相应的结构化金融工具或产品。从投资者的角度来看,结构化工具必须能满足投资者的收益和风险偏好,具备可靠的风险管理手段,且拥有充足的市场流动性。结构化投资工具指由金融机构发行的,运用创新型金融模式与金融手段将银行定期存款、无息债券等固定收益产品与金融衍生产品(如远期、掉期、股指期货等)组合在一起的一种复合型金融产品。该类产品最早起源于美国,一经推出便大受欢迎,经过多年发展,如今已经成为金融市场上最具有潜力的金融工具之一。

结构化产品之所以吸引了大量投资者,是因为结构化产品形式多种多样,标的资产的选择千变万化,产品的收益特征非常灵活。发行机构可以根据市场状况以及客户风险偏好进行组合,为其量身定制结构化金融工具,最大程度满足客户多样化的投资需求。相比于资本市场的直接投资,结构化金融产品具有保值的优点,但收益又远高于同期储蓄存款利率。相对于一般储蓄产品和股票投资而言,它不仅提供了一定收益的保障,也使投资者承受的风险在一定限度之内,为风险承受能力低的投资机构提供高收益低风险的投资渠道,大大增加投资者对结构化产品的投资需要。同时,结构化产品将金融衍生交易巧妙地融合于传统的固定收益产品中,投资者可以进入由于自身资信条件限制无法进入或进入成本过高的衍生交易市场。与结构化产品收益挂钩的可以是任何可交易资产,如股票、债券、外汇、商品、信用、指数以及其期货、期权等。如果直接投资面临较高的交易门槛和较强的准入限制,则可以转而投资与之挂钩的结构化产品。另外,由于结构化产品常被包装成债券的形式,能够突破部分法规限制。例如,中国政府曾限制商业银行进入金融衍生产品市场,却允许它们通过投资结构化债券——这种名义上的债券实际上是高级衍生产品——接触到利率期权、外汇期权、商品期权等。

在结构化金融产品设计过程中,不同市场、不同挂钩标的、不同风险特征、不同内嵌期权类型等,均是影响该结构化金融产品的重要因素。这里,我们按照挂钩标的、产品结构内含期权类型以及是否保本来划分结构化产品的类型。

一、按挂钩标的划分

按照挂钩标的划分,可将结构化产品分为五大种类,即利率挂钩型产品、股权挂钩型产品、汇率挂钩型产品、信用挂钩型产品和商品挂钩型产品。

(一) 利率挂钩型产品

该结构化金融产品选择某种利率作为挂钩标的,本金或利息支付与某标的的利率或债券指数联动,如伦敦银行间市场同业拆借利率(LIBOR, London Interbank Offered Rate)、上海银行间市场同业拆借利率(SHIBOR, Shanghai Interbank Offered Rate)、联邦储备利率以及各国各期限的活期利率、定期利率、拆借利率等均可作为挂钩标的。通常LIBOR在国外使用最为普遍,随着我国金融市场的完善,SHIBOR也逐渐被国内选为挂钩标的。早期的利率挂钩型产品以可赎回债券最为经典。固定收益证券和利率衍生品已经分别成为规模最大、品种最为丰富的基础证券和衍生品,因此在结构化金融产品中,利率挂钩型产品居于翘楚地位。

我国目前的利率挂钩型产品根据利率波动对收益的影响可分为三大类:正向利率挂钩型产品、反向利率挂钩型产品及区间累计型产品。正向利率挂钩型产品,该产品的收益率与挂钩利率同方向变动。我国老百姓在投资理财中,可能由于缺乏投资渠道或者自身金融知识,无法对国内外债券市场进行投资,而正向利率挂钩型产品可以让投资者享受市场利率上涨所带来的收益。反向利率挂钩型产品,该产品的收益率与挂钩利率反方向变动。正向利率挂钩产品的投资者可以享受市场上涨收益,而反向利率挂钩产品更加灵活,与正向利率挂钩产品互补,帮助投资者对冲投资风险,如预测市场利率将会出现下降,则可投资该类型的投资产品去获得传统债券和银行存款无法获得的收益。区间累计型产品,该产品预先设定一个利率区间,若在指定的日期或者时间段内,挂钩利率落入该区间,则可获得按产品事先承诺的收益率;反之,无法获得。如果产品的投资期限较长,产品可能会要求数次落入该区间或者在该区间持续一段时间,如此一来,投资者获得预期收益的风险性加大,金融机构可以赋予投资者提前赎回权以降低风险。

(二) 股权挂钩型产品

股权挂钩型产品通常挂钩的资产为股票指数、一揽子股票或者单一股票等。投资者根据对股票市场的判断,选择正向挂钩、反向挂钩、区间累计等不同形式的投资产品。由于普通百姓投资股票市场的能力有限,通过购买股票挂钩型产品,可以直接获得股票市场带来的收益。商业银行根据市场的实时行情,设计出各种不同类型的结构化产品,如挂钩农业板块、能源板块、自贸区题材的一揽子股票等。另外,我国股票市场受政策影响较大,国家政策的发布、政协会议的召开等都会对市场行情产生影响。

(三) 汇率挂钩型产品

指该结构化金融产品本金或利息支付与汇率联动,挂钩相关货币间的汇率,如某些外汇指数、预设的协定汇率、汇率区间等。由于外汇市场容易受国际游资的操纵,以及主权国家为稳定本国货币对外汇市场干预,短期波动非常剧烈,所以风险较大。

(四) 信用挂钩型产品

指该信用挂钩型产品本金或利息支付金额取决于某一特定事件是否发生,如挂钩一家或一组公司的"信贷事件",其本质上也是固定收益证券与信用合约的结合。信用衍生工具是用来转移和分离信用风险的各种工具盒技术的统称,在国际市场上起步较晚,但发展很快,其最大的特点是能将金融产品的信用风险和市场风险相分离并且转移出来,具有增强资金流动性和规避信用风险的功能。信用违约互换、总收益互换、信用挂钩票据以及信用价差期权均属于信用衍生工具。在结构化产品中最为常见的是信用违约互换,即信用合约的买方向卖方支付一定的费用,卖方在收取费用的同时,承诺若在承诺期限内标的资产出现违约、信用降级等不利于投资方的现象,由合约卖方承担相应损失。同样在以此为标的的结构化产品中,若在理财期限内挂钩标的合约出现违约现象,则投资者只能获得一个较低的收益;若无延迟支付、违约、信用降级等现象发生,则投资者可获得预期收益率。

(五) 商品挂钩型产品

商品挂钩型产品选择某一商品价格作为标的,本金或利息的支付与某一商品或某商品指数相联动。所选择挂钩的商品价格可以是某一商品,也可以是一篮子商品或者商品价格指数。所挂钩的商品通常为国际市场上的农产品、大宗商品、能源、贵金属,如大豆、玉米、铁矿石、石油、黄金等。最终收益分配可分为区间累计、正向挂钩、反向挂钩。例如在 2013 年下半年,国际黄金价格出现大幅下跌,若投资者选择反向挂钩黄金的产品,则可获得较高的预期收益,如果仍然选择了正向挂钩产品,则可能会遭受一定损失。该类型产品表面上是挂钩了实物资产,但其实金融中介也是利用大部分资金投资固定收益证券,以取得一个稳定收益,同时利用固定收益产品获得的利息投资于期权、期货等衍生品市场去获得可能的高收益。

二、按产品结构内含期权类型划分

根据内含期权的类型不同,可设计出不同种类的结构化金融产品。按照内含期权的类型,结构化金融产品通常可以分为可赎回债券和可回售债券、资产支持证券和住房抵押贷款证券、可转换债券、结构性票据等。

(一)可赎回债券和可回售债券

可赎回债券的本质是一种债券,它的发行者有权在特定时间、按照某个约定价格强制从债券持有人手中将其赎回。从持有者角度来看,可赎回债券结构可分解为一份债券与一份利率看跌期权空头部位的组合。在市场利率跌至该可赎回债券票面利率或更低的时候,债务人如果选择将债券赎回、并且按照较低的市场利率重新发行债券,则比按现有的债券票面利率继续支付利息更加经济,因此债务人会将其赎回。

可回售债券则给予持有人一种权利,即可以按事先约定的价格将债券提前卖还给发行者。一般在利率上升、债券价格下降时投资者会行使这种权利,在一定程度上可降低因利率上升而遭受的损失。

(二)资产支持证券和住房抵押贷款证券

资产支持证券(ABS),其对投资者的本金和现金流支付,来源于相应资产池所产生的现金流,这类资产池通常是金融资产,如贷款或信用卡应收款。因此,从产品结构而言,ABS本身是一类固定收益产品,同时还内含一份对另一固定收益资产的收益权。本金的支付时间依赖于相应资产池内本金的收回时间,而这个资产池本金的收回时间具有一定的不可预见性,但因为资产池内的金融资产通常是贷款或信用卡应收款,所以利息的支付则是有规律的。当然,ABS作为一个新的金融产品,还有一些其他有别于传统金融产品的特征,如ABS是以资产信用为基础的融资工具、ABS的信用增级方式不同等。

住房抵押贷款证券(MBS)起源于美国,是资产支持证券的一个个例,是以住房抵押贷款作为资产池的资产支持证券。从结构上来看,是一份固定收益证券和一份对住房抵押贷款收益权的组合。按照对现金流的处理方式和偿付结构的不同,MBS可分为过手型证券和转付型证券。过手型证券是指投资者对被证券化的住房抵押贷款享有不可分割的权益,住房抵押贷款所产生的现金流每个月由专门的服务机构在扣除相关费用后,按照比例分配给投资者。转付型债券实质是投资者对发行者的一项债权,它根据投资者的风险、收益、期限的不同偏好对基础资产产生的现金流进行重新安排和分配,使本息偿付机制发生变化,如运用信息分档技术将债券分为优先、次级债券。

(三)可转换债券

可转换债券是指在一定条件下可以被转换为公司股票的债券。因此,可转换债券同时具有债权和期权的两重属性,其持有人可以选择持有债券到期获取本息,也可以选择在约定的时间内转换成股票,享受股利分配或资本增值。从结构上来看,可转换债券在本质上是一份固定收益债券和一份将债券转换成股权的权利。

(四)结构性票据

结构性票据是实务中最重要的一种结构化产品,主要指与利率、汇率、股票、商品和信用挂钩的票据、债券。从产品结构而言,结构性票据是一份固定收益证券和一份期权的投资组合,发行者的投资策略通常是将大部分资金配置在债券、票据、大额存单等固定收益产品上,小部分资金或固定收益所得利息则投资于股票、期货、期权等高风险高收益的金融产品上。

三、按是否保本划分

(一) 保本型产品

保本型产品是指最终收益保证投资者本金的一类结构化产品,不管挂钩标的最后变现如何,投资者最后都能保证本金。其原理为固定收益证券加上一个期权,投资者为期权买方。当投资产品不能实现预期收益率时,投资者相当于损失了一个期权费,但是由于风险较小,所以收益也相对小一些。当产品实现最终收益率时,投资者则获得预先设定好的收益。仍然需要注意的是,有的产品虽然也保证本金,但未必百分之百地保证,有可能只是保证一部分,如百分之九十,百分之八十等。该类产品可分为两种:一种为上述的保证本金但收益完全浮动,甚至可能出现收益为零的情况;另一种产品既保证本金又保证一定比例收益,这种产品是结构化金融产品中风险最小的一种,同时收益也是最低的一种,收益仅比同期限的固定收益债券略高,但还是有一部分浮动收益,可以获取一个较高的收益。

(二) 不保本型产品

不保本型产品是很多结构化产品采取的形式,投资者最后的回报和本金情况完全由挂钩标的最后的表现而定,所以风险很高,收益波动率也很大,因此在设计产品时通常是分级设计,即收益分为多个区间。如果挂钩标的走势服从预期,则投资者可以获得一个很高的收益;一旦挂钩标的走势不佳,投资者可能血本无归,不但无法获得收益,本金都无法保证。因此风险很大,购买这种产品的投资者必须对资本市场非常熟悉,对经济形势做出准确判断。

第六节 结构金融的功能

结构化金融产品是金融创新的产物,主要价值在于提高市场完备性、增加投资渠道、重新配置风险、降低交易成本、突破市场分割、规避管制等方面,对金融市场的发展和完善有重要的作用。

一、提高市场完备性

完备市场是指在任何市场状况下,投资人均可以用现有不同投资工具的组合来复制任何一个已有的有价证券的不同风险和收益的资本市场。完备市场的条件必须是市场潜在的证券数目等于未来可能发生的经济状态的数目,以便人们可以创造任何的报酬状态。因此,只要市场能创造出一种不同的有价证券,便说明可以增加描述一种未来可能的经济状况,则该证券的产生就可提高市场的完备性。

从另一个角度来看,证券设计对市场完备性的创新价值在于,能够提供不同报酬及风险组合,或可以满足市场上特定投资者的需求。结构化产品既能够为市场投资者提供不同报酬形态,又能够通过固定收益证券与衍生品证券的不同组合来提供不同的风险组合。因此,结构化产品具有提高市场完备性的创新价值。

结构化产品的构成要素很多,对构成它的要素进行组合理论上可以产生无限多种的创新产品,因此金融中介可以根据客户对收益和风险的不同要求开发多种多样的产品。例如,股票指数挂钩型产品可以使投资者既享受股市上涨的好处,又避免了直接投资股市所可能遇见的市场风险。对投资者来说,结构化产品可以说是一种风险度温和的产品,加上多样化的设计,风险收益的调整可以使不能直接涉足高风险投资领域的资金得以间接涉及,同时风险又得以有效控制。

二、增加投资渠道

通过投资结构化产品可以规避一些障碍,接触到更广泛的金融资产和市场。与结构化产品收益挂钩的可以是任何可交易资产,如股票、债券、外汇、商品、信用、指数以及其期货、期权等。如果在直接投资面临较高的交易门槛和较强的准入限制时,可以转而投资与之挂钩的结构化产品。另外,结构化产品常被包装成债券的形式,能够突破部分法规限制。例如,中国政府曾限制商业银行进入金融衍生产品市场,却允许它们通过投资结构化债券,这种名义上的债券实际上的高级衍生产品,能够接触到利率期权、外汇期权、商品期权等金融产品。

三、重新配置风险

与传统的金融产品相比,结构化金融产品涉及风险的重新分配,即由发行人或投资人转移给其他更适合或更愿意承担风险的持有者。如果公司设计出一种符合某一类投资人风险报酬偏好的有价证券,也可以通过这一有价证券来重新分配从而达到获利的目的。

四、降低交易成本

结构化金融产品是由两种或者以上的金融产品组合而成的,而两种及以上的证券合并交易成本通常要比各证券单独交易的总成本低,因此结构化金融产品可以降低交易成本。相比较而言,直接进行组合投资有以下三项额外成本:第一是组合投资需要复杂的技巧,需要专业人才操作,人力成本较高;第二是为构建一定的投资组合需要进行股票、债券、期权和期货等交易,这就产生了几笔交易费用;第三是组合投资不完全能够对冲风险,不确定性的存在增加了投资成本。而结构化产品,投资者只需支付一次性费用,节约投资成本。

现代的结构化产品可以为发行人提供有用的风险管理和财务管理的工具。发行结构化产品有三个方面利益:第一,增加业务品种,提高盈利能力;第二,降低融资成本;第三，对冲风险。发行人可以先通过各种金融技术，借入债券、期权等基础性资产，然后将其包装成复杂的结构化产品再在市场上出售。经过金融工程师们的精细计算，可以将这个过程的风险降到最低，从而获得巨大的低成本低风险的利润。例如，著名的美国高盛证券负责发行结构化产品的部门在 2005 年所实现利润占整个公司利润的一半以上。通过发行结构化产品还能对冲发行人的市场风险，发行人通常也是金融市场的投资人，当他的投资过于集中在某类资产（或风险）时，就有必要将部分这类资产（或风险）出售。发行结构化产品就是一个很好的方式。例如，美国联邦住房贷款银行（FHLB，Federal Housing Loan Bank）发放了大量的住房贷款支持证券，利率风险较为集中，因此它通过发行结构化产品对冲了较多的利率风险。FHLB 也因此成为美国最大的结构化产品发行人之一。

五、突破市场分割

市场分割使得某种资产的价值不能够被正确估计，从而引发了套利机会。但是，这种套利机会的产生同某些投资者没有参与现有的市场交易有关。管制是投资者不能参与某类市场交易的首要因素。在这方面，一个最明显的例子就是外汇管制。在外汇管制的情况下，尽管投资者存在着现实的对冲风险或者投机需求，但无法直接参与境外汇率衍生品市场的交易。一个简单的外汇挂钩产品就可以比较有效地解决这样的问题，如指数货币期权产品。由管制所导致的市场分割还发生在其他领域。例如，保险公司不能直接参与企业的贷款业务，但是通过投资信用挂钩产品，保险公司可以获得企业信用风险头寸，其结果类似于直接发放了一笔贷款。投资者不参与某类市场交易同其偏好、财富多少等因素有关。例如，风险规避型的投资者可能会将资产配置在债券市场，而不是股票市场。这种状况无疑会损害股票市场的投资者基础。为此，可以通过本金保护型的股权挂钩产品来吸引风险规避型的投资者。实际上，投资者不愿意参与某类市场交易的主要原因还是信息的缺乏。例如，如果采取传统的过手证券化方式来实施信贷资产证券化，其发行的信贷资产支持证券具有同样的信用风险，这可能会导致信息匮乏的投资者不参与这个市场，进而达不到证券化的目的。通过 CDO 的分档技术，可以依照投资者掌握信息的多寡，发行信用风险不同的证券。

六、规避管制

管制除了会造成市场分割以外，还会导致其他类型的市场失灵现象。在这些情况下，利用结构金融来绕开管制可以创造额外的经济价值。就金融活动而言，金融管制无疑具有最强大的影响。以对银行业的资本管制为例，在银行业的经营过程中，会遇到两种类型的资本：一种是由历年巴塞尔协议确定的监管资本，另一种是根据银行自身业务特点确定的风险资本或经济资本。监管资本是监管当局强制要求的，它可能同银行业的经营目标相冲突；风险资本是银行用以覆盖非预期损失、防止银行出现破产倒闭危险的资本，它与银行的经营目标是一致的。当监管资本超过风险资本时，相对于银行所承受的风险来说，资本就太多了，此时银行业就可以通过三种方法来减少监管资本要求：第一，从银行业务账户中去除一些金融工具（如高质量贷款），因为对它们的监管资本要求大大超出了实际的风险水平;第二,重构金融合同,将表内资产转化为监管资本要求较低的表外资产;第三,将某些金融工具(如信用衍生品)从银行业务账户转移到交易账户上,因为前者以加权风险资产方法计算的监管资本大于后者以模型法计算的监管资本。银行业的这种做法被称为资本套利。结构金融产品尤其是信用挂钩产品中的CDO是银行业实现资本套利的重要工具。在CDO交易中,一方面,商业银行可以将等级较高的档次(优先级和中间级)转让出去,同时保留次级和股权证券;另一方面,通过这种转化,商业银行可以将原先处于资产负债表内的信贷资产转化成表外资产。由此,通过利用CDO,商业银行即可达到减少监管资本要求的目的,而这样的目的已经成为CDO市场迅速发展的主要原因之一。

第七节 结构金融风险与监管

一、结构金融的风险

在所有的金融活动中,获取金融收益必然要求承担金融风险,追求的收益越高,所承担的风险也就越大。结构金融中除了承担利率风险、汇率风险、信用风险等已经客观存在的金融风险外,在担负诸多金融功能的同时,还会产生额外的风险,主要包括三类:模型风险、道德风险和法律风险。

(一)模型风险

模型风险是指在运用数学模型为某种证券或某类金融风险估价、套利的过程中出现错误的可能性。结构金融活动极其依赖于数学模型,其复杂的风险结构、交易结构决定了模型风险极其重要。

模型风险可能产生于设定模型的前提条件、选择模型框架、构造模型参数等几个方面。无论来自哪个方面,其最终的后果必然是:第一,定价错误,导致结构金融活动的参与者发生损失;第二,套期保值错误,即对冲风险的头寸设置错误,可能导致结构金融活动的参与者,尤其是组织活动的投资银行承担本来不愿意承担的风险。对于模型风险,并没有一个标准和统一的解决方案。除了具备扎实的专业知识,并小心谨慎地修正和检验数据和模型之外,选择一个尽可能简单的模型是避免模型风险的有效方法。

(二)道德风险

由于金融活动涉及风险和收益在不同主体间的跨时间分配,由信息不对称导致的道德风险是金融活动中普遍存在的问题。结构金融中的道德风险首先来自资产原始权益

人与结构金融产品最终投资者之间的信息不对称。在资产池是由非市场流通证券构成的时候,如由银行信贷构成的资产池,这种问题显得非常突出。此时,道德风险主要表现为贷款发起银行为了转移风险可能有意夸大资产质量,或者在信贷资产转移给 SPV 后,贷款发起银行作为服务机构丧失继续监督借款人的激励。

结构金融中的道德风险还发生在信息优势不同和风险偏好不同的投资者之间以及组织活动的投资银行和投资者之间。为了吸引不同的投资者,在结构金融活动中,一般采取分档技术:处于信息劣势和风险规避型的投资者可以购买优先级证券,具有信息优势和风险偏好型的投资者可以购买次级证券。在实际运行过程中,享有信息优势并购买次级证券的投资者一般是资产原始权益人(如贷款发起银行)、机构投资者或者就是组织整个流程的投资银行,而这些投资者又常常同时肩负着管理资产池、对冲风险以及分配收益等职责。信息优势和实际控制权的结合必然会产生利益冲突。例如,在对资产池进行管理的过程中,次级证券投资者更愿意用风险高、但收益也高的资产来替代低风险、低收益的资产;或者,当资产池中的资产出现违约时,次级证券投资者有动力推迟对这些资产的清偿,尽管清偿是有效率的。

对于结构金融活动中可能发生的道德风险,第三方当事人(如受投资者委托的受托机构、评级机构等)具有一定的约束作用。但是,归根到底,还是依赖于对合约条款的严格规定。

(三)法律风险

作为一种证券设计活动,由于涉及各种复杂的交易,结构金融活动对合约的完备程度具有很高的要求。因此,与其他金融活动相比,在结构金融活动中需要更加关注由合约不完备所引致的法律风险。

法律风险首先产生于取得资产的过程中。当资产池中的资产是由市场流通的股票、债券和交易所交易的衍生品组成的时候,资产的取得在法律上具有明确的界定。但是,当资产池是由不可交易的资产(如信贷)以及场外交易的衍生品构成的时候,就必须认真对待其中蕴涵的法律风险。

在构造结构金融产品的过程中,如果采取设立 SPV 的方式,则需要依据不同法律环境来选择适当的 SPV 模式。除了设立 SPV 过程中的法律风险以外,在结构金融活动中,主要的法律风险还来自场外的衍生品交易合约,因为整个活动过程都涉及这种交易:资产池中可能有场外衍生品,在构造活动中需要进行大量的场外衍生品交易,最终出售给投资者的结构金融产品本身通常也蕴涵某类衍生品交易。鉴于此,衍生品交易合约是否完备至关重要。

二、结构金融的监管

任何国家的金融监管,其监管体制都要与其金融的发展水平相适应,不能滞后于金融业的发展水平,也不能过度超前。就我国而言,随着金融创新的不断涌现和混业经营的到来,监管体制和监管手段都相对落后。结构金融作为一种金融创新对传统的监管模式产生了极大的挑战。由于我国结构金融起步较晚,因此在监管方面还存在许多不完善的地方。

(一) 多头共管

目前,我国金融监管模式实行的是"分业经营、分业监管""一行两会"分工合作制度。由于结构金融业务的特殊性,其产品的创设、发行、审批、交易、监管等环节分别涉及"一行两会"三个监管机构,多头监管必然导致监管效率低下、监管成本上升、责任划分不清等弊端,从而限制结构金融的发展速度与规模。

加强金融监管机构协调合作的主动性以弥补我国金融监管模式的不足。当前,我国的金融监管协调机制采取的是自愿合作的形式,缺乏法律约束,难以调动各监管机构协调合作的积极性。建议通过制定规范性文件的形式将各监管机构的协调合作职责法定化。由于各监管机构被赋予了监管协调的法定职责,国务院和全国人大及其常委会可以据此建立问责机制,向监管机构问责,给予其来自法律层面的压力,促进其提高监管协调合作的主动性。

(二) 自律监管薄弱

监管主要包括内部监管和外部监管,内部监管机构侧重于金融机构自身的自律监管机制,外部监管则更加侧重于国家法律等外部机构的强行控制。但是,长期以来我国对于自律机构并未给予足够的重视,且对各种自律机构未在法律上给予详细的限制和要求。在我国当前仍然坚持分业经营、分业监管,且不同行业监管者之间缺乏有效协调的情况下,行业自律显得尤为重要。自律监管能够积极促进金融市场主体依据结构金融的特殊性制定相关监管规则,使得市场监管更加切合实际。

(三) 信息披露制度不完善

结构金融活动参与主体众多,如何避免道德风险,有效保护投资者利益是结构金融监管核心,而完善的信息披露则是关键环节。证券发行者通过信用评级向投资者传递了证券化产品的质量信息,引导其根据风险偏好选择不同的投资对象,从而获得广泛的投资群体。而金融监管机构则站在保护投资者利益的角度,通过要求操作者承担特定的证券化信息披露义务,使投资者及时获得资产的充分信息和了解风险所在。

我国目前为止颁布的与信息披露相关的各个法律文件,只是规定了相关责任主体的法定披露义务和职责,并未对违反决定披露义务或信息披露不作为时应当承担什么法律责任有所规定,使得这些披露规则形同虚设。当资产池中的基础资产被"真实出售"给受托机构 SPV 之后,资产的所有权和风险全部转移,在这一过程中,由于信息不对称和对利润的过分追求,很有可能出现逆向选择和道德风险。发行人如果提供的信息片面、模糊、滞后的话,投资人很难根据这些宏观的信息做出精确的投资选择,会损害投资人的利益,但是却没有相关的政策对这种情况所应承担的法律责任加以规制和约束。因此,下一步发展和完善结构金融的信息披露制度,必须要做的工作是完善信息披露的责任主体、违反披露原则或者披露不作为时所应承担的法律责任。

思考题

1. 简述结构金融的概念及其诞生意义。

2. 结构金融在中美两国发展至今分别经历了哪几个阶段？对比结构金融在两国的发展历程,你能得出什么启示？

3. 作为金融创新的产物,结构化金融产品按照不同的划分标准包括哪些类型？

4. 简述结构金融发展及应用中面临的主要风险。你认为可以采取哪些可能的措施予以防范或应对？

5. 2008年美国面临自20世纪30年代"大萧条"以来最严重的金融危机,这场危机波及美国抵押贷款业、投资银行业、保险、银行等众多产业,对美国经济造成重创。同时,由于经济全球化程度加深及全球金融体系长期失衡,这场源于美国的金融风暴很快席卷全球,各国经济体系都遭受不同程度的冲击,纷纷出现市场动荡、流动性短缺、出口下降等系列现象。请简要分析美国次贷危机产生的原因及影响(如消费模式、金融监管政策、金融机构运作方式等)。本轮次贷危机的爆发对我国市场应用结构化金融工具或产品有什么启示？

第二篇

结构化融资理论与方法

第二章
结构化融资理论基础

第一节 结构化融资基本理论

一、结构化融资概述

结构融资是指借由"资产分割"方式,将原本资金需求者持有的金融资产与资产持有者分离,其目的是将该资产和资金需求者的破产风险隔离,并调整当事人之间的债权债务关系。从实际操作角度讲,结构化融资就是以现金资产将企业特定资产从其资产负债表中进行替换即资产置换,在资产负债率不变的情况下,增加高效资产。其功能意义上,结构化融资被视为一种信用体制创新,是区别于传统间接融资和直接融资的第三种融资模式。

Cash and Synthetic CDOs; Collateral Debt Obligation Pricing; Residential MBS

结构化融资过程分为两个部分:一部分是关于资产分割的组织架构的调整,另一部分是资产迅速变现的过程。也就是说前一部分是架构,后一部分是融资。对于架构部分,所有结构融资产品的设计与流程大致相同;而对于融资部分,不同的结构产品针对自身特点可以设计不同的融资方式。在结构化融资理念产生初期,融资方式大多采用非证券化形式,原始债权人将债权直接卖给买方,买方负责对购买的债权向债务人进行追索。这种方式不是通过发行债券来筹集资金,而是通过发行资产支持合约来出售未来可回收现金流,且绝大多数情况下,资产支持证券的发行人是该证券基础资产的发起人。结构化融资运用到金融领域后,才逐渐分别在欧洲和美国等地形成了全面覆盖债券和资产证券化产品。可以说,

结构化融资实质上是一种技术、一种理念和一个过程。

由于结构金融证券是通过"组合基础资产未来现金流"的机制来发行的,因此一般又被称为资产支持证券。从会计的视角来看,发行结构金融证券与各级政府、公司或其他组织通过发行债券的方式来筹措资金是不相同的。具体来说,通过发行结构金融证券来融资具有以下五个明显的特点。

(1) 证券的发行需要通过一个特殊目的机构(SPV,Special Purpose Vehicle)。
(2) 发行结构金融证券在会计处理上表现为资产出售而不是债务融资。
(3) 结构金融证券需要为投资者提供基础资产的"维护服务"。
(4) 结构金融证券的信用主要取决于基础抵押资产的信用。
(5) 总是需要为结构金融证券进行信用增级。

结构金融通常又称为资产证券化,但是在严格条件下结构金融比资产证券化概念更为广泛。资产证券化强调的是证券化,主要是将非流动性的资产或流动性欠佳的资产通过资产组合的方式发行新的证券化产品的过程。结构金融强调的是结构化,是将非证券化或证券化的金融资产在资产组合的基础上通过结构化重组发行新的证券资产的过程。在一个特定的结构金融中,新证券资产的风险与收益结构不仅互不相同,而且也与基础资产的风险与收益结构迥异。

二、结构化融资的优势

与传统的债权融资和股权融资相对应,结构金融实际上是一种资产融资形式。资产负债表由基本的三个部分——资产、负债和所有者权益组成。这三部分分别对应的融资方式是结构融资、债权融资和股权融资。

在第一章中介绍到,传统的融资方式主要是考虑了资产负债表的右半部分,即通过对外发行债券获得债权融资和对外发行股票来获得股权融资。通过增加企业负债来融资会提高资产负债率,而发行股票则会增加盈利压力,且债权融资和股权融资都具有一定限度,并且会对经营带来一定影响。由于企业的正常经营离不开持续不断的资金支持,因此在融资需求不断增加的推动下,为了解决那些无法完全依靠债权融资和股权融资来解决的资金问题,融资企业不断地创新融资方式,从而产生了结构化融资。

随着结构化融资方式的出现,资产负债表左侧融资越来越成为一种重要的融资方式,融资重点也由单一的资产负债表的右侧转向资产负债表的两侧。借助结构化融资,企业可以根据自身的财务特点,对资产负债表中特殊项目进行调整和优化,如应收账款等,可通过结构化融资将其剥离,从而实现应收账款融资。在严格风险控制的前提下,通过结构化融资及其他金融技术,企业提高了自有资金使用杠杆,增加了股本回报率。

而对于本身并不符合融资条件的企业,通过结构融资的增信措施,企业也可以以较低的融资成本获得企业发展需要的资金。例如当企业以发行债券形式进行融资时,投资者对债券的认可及债券利息的确定,最主要的依据就是权威评级机构的评级。如果企业发行债券,评级机构需要对企业整体经营水平和财务状况进行评估,并以此做出评级。对于拥有部分优质资产但整体状况不佳的企业,或者对于一个整体状况良好但资产负债率过高的企业而言,它们获得的信用等级往往都不会太高,因此融资成本比较高,而过高的融资成本将直接影响企业的经营水平。如果企业借助于结构化融资,将部分优质资产

"真实出售"给 SPV，可以实现出售资产与原企业资产的"破产隔离"。当 SPV 以这部分资产发行债券时，评级机构只需对 SPV 进行评级，而 SPV 可以通过各种增信方式对拟发行债券的资产进行增信，提升自己的信用等级，从而降低自身的融资成本，实现低成本融资的目的。

第二节 结构化融资的参与者

结构金融工具交易过程中最主要的参与者当然是投资者，但是其他一些参与者也发挥至关重要的作用。本节主要介绍结构金融工具交易过程中的参与者以及他们的作用。

一、资产管理人

资产管理人的主要作用：负责向债务人收取每期应付的本金和利息，用于支付投资者和其他中介机构的费用；在债务人违约时，处理相关的违约事宜。由于证券化产品的现金流主要依赖于债务人偿付本息的情况，所以服务机构的收款能力十分关键。一般来讲，资产原始权益人尤其是银行，在出售资产后，同时担任资产管理服务机构，并获得相应的服务费。在这种情形下，结构金融工具的风险实际上并没有完全与发起人脱钩，发起人作为服务机构对证券化产品的信用表现仍有一定的影响。

二、承销商

承销银行在整个结构金融工具交易中的责任主要是构建交易和为交易提供渠道，这其中包含很多内容，比如如何精细化地构建一个结构金融工具，找出合适的分层水平，让交易员在有效撮合层级债券交易的同时，也能吸引更多的权益投资者，并且能够根据评级机构的要求或者特点来保证层级债券达到相应的评级。

三、特殊目的载体

特殊目的载体（SPV）是证券化过程的核心机构。SPV 代表投资者承接债权出售者的资产，并发行证券化的收益凭证或证券，是证券化产品的名义发行人。所谓特殊目的，指它的设立仅仅是为了发行证券化产品和收购资产，不再进行其他的投融资或经营活动。SPV 有信托、公司等多种组织形式，一般视税收或法规限制情况而定，但以信托形式居多。需要注意的是，SPV 自己并不管理基础资产，而是交由受托机构来管理。受托机构不仅负责向投资者支付本金和利息，而且需要保证整个证券化交易过程中投资者利益不受侵害。

四、信用增级机构

在结构金融中，证券化产品可能面临债务人违约、拖欠的风险，为使这种产品更受投资者的青睐,通常会进行信用增级。所谓信用增级,就是发行人运用各种手段与方法来保证能按时、足额地支付投资者利息和本金的过程。信用增级可以补偿资产现金流的不足,使证券化产品获得"投资级"以上的信用评级。具体的信用增级措施分为内部和外部两种,内部增信可通过优先/次级分层、超额机制和储备金账户等方式实现,外部措施是寻找第三方的担保,如保险公司、银行这些提供信用担保的信用增级机构。此外,当证券化产品本息支付的时间和基础资产现金流的时间不匹配时,还有专门提供流动性的机构来保证本息的及时偿付,但所提供的资金尚需偿还。这类机构和信用增级机构的职能是不同的,后者提供的资金支持一般情况下无须偿还。

五、信用评级机构

投资者在面对众多的券种时往往无法识别其所面临信用风险的大小,而信用评级机构为投资者提供了这种便利,在结构化领域有三个比较著名的评级机构:穆迪、标准普尔以及惠誉。评级机构通过审核资产池能承受的风险强度,然后赋予合理的评级,以方便投资者对信用风险进行定价并做出相应的决策。此外,在将证券化产品分割为不同信用级别的证券时,信用评级机构决定各自规模的分配比例,以保证各层次品种达到相应的评级要求。评级机构在为资产证券化产品进行信用评级时,往往关注如下几个方面:①基础资产本身的品质;②证券化产品的发行框架;③特殊目的载体能否完全隔离资产原始持有人的破产风险;④信用增级是否足以涵盖所有信用风险;⑤特殊目的载体本身因其他因素破产的可能性。但需要注意的是,信用评级仅衡量了信用风险,并没有体现提前偿付风险、市场风险和经营风险等。

六、互换交易对手

结构金融工具的参与者如图2-1所示。一份结构金融工具可能会涉及互换交易,进行利率对冲、汇率对冲或者其他合成式的互换,而对冲的交易对手当然就是互换交易的另一方。有些情况下,一份结构金融工具可能会通过基差互换或者汇率互换来"平滑"抵押资产所产生的现金流。

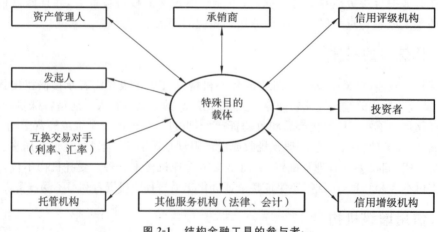

图2-1 结构金融工具的参与者

第三节 结构化融资工具

按照美国分类方法,结构化融资工具主要通过资产证券化的方法设计和发行,资产证券化产品又可分为广义 ABS 与 MBS。其中广义 ABS 又包括狭义 ABS(应收账款、汽车贷款、信用卡)与 CDO(CLO,Collateralized Loan Obligation;CBO,Collateralized Bond Obligation),MBS 又包括 RMBS(Residentied Mortgage-Backed Securitization)与 CMBS(Commercial Mortgaged-Backed Securitization)。

一、ABS

(一) ABS 概述

ABS 是英文 Asset-Backed Securitization 的缩写,意思是资产支持证券。广义上来说,资产支持证券包括住房抵押贷款证券(MBS),但由于住房抵押证券是最早的一类资产支持证券,而且发展规模比其他各类资产支持证券都大,因此在美国的一些研究著作,甚至权威的统计数据报告中,都将二者区别开来。为了避免概念混淆,此处的 ABS 为狭义的资产支持证券,基础资产不包括住房抵押贷款。ABS 融资模式是指以设备租赁费用、应收账款、基础设施未来收益等为基础设立资产池,通过在国际资本市场上发行高档证券来募集资金的一种项目融资方式。简单地说,ABS 融资模式就是把那些缺乏流动性但又能产生可预测的稳定现金流的资产汇集起来,通过一系列的结构安排将风险与收益进行分离,对其进行信用增级和评级,然后在金融市场上以此为基础发行证券进行融资,其实质在于将基础资产未来产生的现金流转化为可用的资金,从而达到融资的目的。

ABS 融资最早起源于美国,1985 年美国斯佩里金融租赁公司发行了世界上第一支 ABS 证券,该证券以 1.92 亿美元的租赁票据为担保。在这之后 ABS 的应用范围相继扩展到贸易应收账款、信用卡应收账款、消费者应收账款等基础资产。虽然 ABS 证券 1985 年才出现,但其发展速度惊人。1985 年 ABS 证券的发行额大约只有几十亿美元,但到 1997 年其发行额已经高达 2146 亿美元。其中发行额最大的三种证券分别为住宅权益贷款支持证券、信用卡应收账款支持证券和汽车贷款支持证券,分别占当年证券化资产总额的 30%、22% 和 21%。

美国 ABS 融资的成功对其经济巨大的促进作用引起了国际金融市场的关注。很多国家纷纷针对本国的资产现状和融资结构等情况引入了 ABS 这种融资工具。欧洲是美国之外世界上最大的证券市场,但仅仅是英、法两国的 ABS 融资程度比较高。在亚洲,直到 1997 年金融危机,ABS 融资业务仍处于萌芽状态,与美欧等国的发展水平相差较大。之所以产生这种情况,是因为对于ABS融资方式,亚洲国家还存在着很多不利的发展因素,如法律制度框架不完善,市场主体对融资的认知水平不足,投资者不成熟,资本市场的发展不充分等。

我国的ABS融资始于20世纪90年代。珠海公路有限公司于1996年6月7日,以本地车辆登记费以及非本地车辆过路费作为支持,发行了12亿美元资产支持证券。该资产支持证券经国际知名信用评级机构标准普尔、穆迪公司评级,其中优先级债券8500万美元,期限10年,信用评级为BBB;次级债券111500万美元,期限12年,信用评级为BB。该项目的整体运作程序符合ABS融资方式特征,为珠海高速的建设募集了比较充足的资金。这次融资是ABS融资方式在我国的有益尝试,为后来我国进行融资积累了宝贵的经验。此后ABS在我国快速发展,基础资产愈加丰富,汽车贷款、企业应收款、企业贷款、门票收入、基础设施收费等可以在未来产生现金流的众多资产均可作为ABS的基础资产。截至2018年1月,我国ABS项目发行1174支,发行总额达2.19万亿元。

(二) ABS运作流程

ABS融资模式是指以项目所属的资产为基础,以该项目资产所能带来的预期收益为保证,通过在国际资本市场上发行高档证券来募集资金的一种项目融资方式。ABS融资是一个涉及众多利益主体、技术比较复杂的过程。

(1) 选择基础资产,将其汇集成一个资产池。在进行ABS融资时,首先要对自己所拥有资产的未来现金流稳定性、风险大小、信用等级等有一个大概的了解。选择那些有稳定现金流而流动性又比较差的资产,对其进行估算和信用考核,把这些资产汇集起来,形成资产池。

(2) 组建特殊目的载体(SPV)。成功地组建SPV是ABS能否成功的关键,SPV作为没有破产风险的实体,一是指本身不易破产;二是指基础资产由原始权益人"真实出售"给SPV,从而实现了破产隔离。

(3) 证券化资产的"真实出售"。ABS融资模式能够有效地实现破产隔离,其关键在于原始权益人对证券化资产的"真实出售",即原始权益人将资产所有权转让给SPV。

(4) 信用增级和信用评级。为了使SPV发行的证券能够在金融市场上顺利发售,并取得良好的融资效果,SPV需要运用一系列操作为基础资产进行信用增级。信用增级可以分为内部信用增级和外部信用增级两类,具体手段有很多种,如内部信用增级的方式有划分优先和次级结构、开立信用证、进行超额抵押等;外部信用增级主要通过金融担保来实现。信用增级完成后,需要聘请专业的评级机构对增级后的证券化资产进行信用评级。证券的信用等级越高,表明证券的风险性越小。

(5) 证券的发行和交易。在完成了信用评级并获得证券监管机构批准后,SPV可以将证券交由承销商进行销售,这样证券便可以在资本市场上自由流通。

(6) SPV利用证券销售收入向原始权益人支付购买价款。SPV将从证券承销商处获得的部分证券销售收入支付给原始权益人,作为资产"真实出售"的购买价款。在这一过程中,原始权益人才真正拿到了自己所需要的外部融资额。

(7) 资产的管理和兑付。在证券发行销售之后,SPV会聘请专门的服务机构和受托机构对抵押贷款资产池产生的本金和利息进行管理。服务机构负责收取原始借款人偿还的本金和利息,而后转交给受托机构,由受托机构负责对投资者支付相应的投资收益。

(三) ABS 特点

ABS 融资尽管产生时间并不久远,但已充分体现出其特点和优越性,主要表现在以下几个方面。

(1) ABS 融资方式通过"真实出售"将原始权益人自身风险和基础资产隔离。债券的还本付息资金来源于基础资产的未来现金收入,而与原始权益人自身信用状况无关,并不受原始权益人破产等风险牵连。此外,在国际高档投资级证券市场发行的债券是由众多的投资者购买,从而分散了投资风险。

(2) 债券的信用风险得到 SPV 的担保和增级,并且可以在二级市场进行转让,流动性较好,变现能力强,投资风险小,对投资者有较大吸引力,易于发行和推销。

(3) ABS 融资借助了 SPV 的良好信用等级,在国际高档证券市场上发行债券,利率一般较低。而且,这个市场容量大,资金来源渠道多,因而可以进行大规模筹资。

(4) ABS 融资过程更加规范化。由于 ABS 融资方式是在国际高档证券市场上筹资,其接触的多为国际一流证券机构,要求投资者必须抓住国际金融市场的最新动态,按国际上规范的操作流程行事。

(5) 我国许多中小企业由于自身资产负债质量不高,因而信用等级较低,市场融资能力较弱。而 ABS 融资方式通过发行高档投资级债券进行筹资,不会反映在原始权益人的资产负债表上,从而避免了原始权益人资产质量的限制。这样,ABS 融资方式就为我国那些有发展前景而筹资困难的企业提供了一条有效的融资途径。

(四) ABS 类型

1. 信用卡 ABS

20 世纪 80 年代中后期,在美国,信用卡证券化作为拥有信用卡业务的商业银行丰富其融资来源的一种方式出现。除此之外,采用 ABS 技术还可以帮助商业银行满足当时监管层施加的愈发严格风险导向的资本金标准。资产出表的实现大大释放了银行原本用于提高头寸以满足监管要求而占用的资金,进而使得银行有条件发展其在其他领域的业务。随着消费者逐渐开始使用信用卡支付包括食品、医疗费用等在内的越来越多的产品服务,整体信用卡市场的增长愈发迅猛。

信用卡 ABS 使信用卡银行得以进入证券化市场,通过资本市场募集资金。这样一条直接连接信用市场投资人的渠道打通以后,专业银行能够以资本市场提供的便宜资金替代传统商业银行的零售存款。

1) 信用卡资产支持证券的结构

图 2-2 展示了信用卡资产支持证券的结构及整个流程,该流程现在被大多数大型信用卡资产支持证券发行人所采用。信用卡贷款人将账户以及相关应收账款抵押给信托,信托向投资者发行带评级的证券。在经典主信托结构下,其发行的每只证券在资本结构上都会包含优先级和次级,可能还包括一个现金抵押账户。每只证券的各层级都拥有该只证券的特定增信措施。主信托会根据基础应收账款的增加或是为了偿付先到期的证

券而持续增发更多只证券。

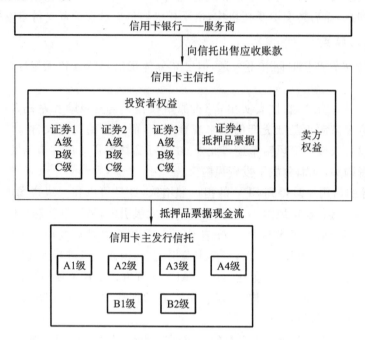

图 2-2　信用卡资产支持证券的结构

应收账款、本金和利息所产生的现金流将按比例分配给外部债券持有人（投资者权益）以及应收账款的发起人（卖方权益）。卖方收益是抵押资产池中归属信用卡银行的剩余权益部分。信用卡收取的财务费用部分将被用于支付债券持有人利息、信托日常开支以及弥补信用损失。信用卡持有人的本金还款部分如果不用于赎回到期债券，则被用于购买信用卡账户产生的新的应收账款。这一部分还款的本金购买新应收账款的过程，很好地处理了信用卡贷款的循环特性问题。

2）卖方权益

如前文所述，卖方权益是应收账款池中归属信用卡银行的权益部分。这种结构的一大优点就是将信用卡银行和外部投资者的利益捆绑起来，所有的现金流和信用损失都按比例进行了分配。

从 ABS 投资者的角度看，卖方权益存在的最大好处就是可以吸收未偿还应收账款的周期波动影响，还可以帮助稀释商品退货和不合格应收账款产生的不良影响。卖方权益无法直接对 ABS 投资者的潜在信用损失起到信用提升作用，其增信效果主要体现在主信托结构中的次级设计以及超额利差等其他措施中。

3）主发行信托

信用卡主信托结构不断演变，使得发行人在发行新的证券时拥有了很大的灵活性。大多数发行人开始转而使用融合现有主信托结构和最新结构融资技术的主发行信托结构。如图 2-2 第二个步骤所示，一个现有的信用卡主信托将向主发行信托发行一张抵押凭证，这张凭证被视为等同于其他各只原始主信托的投资者权益项下证券，一样可以按比例收到本金和现金流，只是需要通过主信托完成该分配。

对发行人来说，采用主发行信托结构的优点众多。不同级别的票据可以以不同规模、任意期限、在不同时间发行，这样的结构便具有了企业发行中期票据的灵活性。因此发行人能够做到为市场以及投资者及时提供最能满足他们需求的债券。例如，如果一个发行人觉得市场中当前有 10 年期 A 评级债券的需求，而之后一周有 5 年期 AA 评级债券的需求，那么在此结构下就可以同时满足这两个需求，拥有足够的灵活性。

主发行信托的这种设计使得所有次级债券（所有 B 级和 C 级）都作为该信托优先级债券的支持，这被称为增信共享证券，优先级债券只能在已发行次级债券充足的情况下发行。也就是说，一个新设集合发行信托的发行人在发行任何 A 级债券之前，必须先发行足够额度的 B 级和 C 级债券。不过 B 级和 C 级债券之间可以拥有不同的到期日，也可以不同于它们所支持的 A 级债券到期日。而在传统的主信托模式下，同一组的各级债券间应拥有大致相同的平均期限及到期日。值得注意的是，优先级债券只能在其所需要的额度范围内享受信用支持，在此之外即使发行额外的次级债券，优先级债券也不能享受这份额外增信。

2. 汽车贷款 ABS

汽车贷款 ABS 自 1985 年在美国推出以来，发行量始终保持稳定增长。该板块的持续增长归因于汽车金融市场的发展，证券化已经成为很多贷款人为其新增贷款提供资金的一种极具吸引力的方式。

汽车类 ABS 通常使用委托人信托或者所有者信托中的一个结构形式。在委托人信托模式下，凭证代表了信托的一部分收益权，而且本金和利息按比例传递给投资人。发行给委托人信托的凭证可能被分为优先级和次级，但是不可以在不同份额间安排不同期限。

相比之下，所有者信托允许发行人根据不同的投资者期限偏好，发行不同期限的多个优先级债券。所有者信托拥有不同的法律形式，这使得连续发行债券成为可能。比如，AAA 评级债券可能包括 1 年期以下的货币市场层级以及平均期限 1 年、2 年和 3 年的各种层级。

典型的汽车类 ABS 交易以所有者信托结构向投资人发行，包括优先级和次级债券。通常会提供 4 种 AAA 评级的优先级债券，平均期限为 0.3 年至三四年不等，并划分成不同份额。优先级债券被设计为按顺序偿还，现金流中的本金部分首先用于偿还货币市场的分级。其他优先级债券将排序在其之前的组别偿付完毕后得到本金偿还。

3. 学生贷款 ABS

学生贷款是用于支付大学（本科、研究生等）费用以及广泛的职业和贸易学校的学费，由学生贷款支持的证券普遍被称为学生贷款资产支持证券（SLABS）。

最常用来进行证券化的学生贷款是美国联邦家庭教育贷款计划（FFELP）的贷款。在这个计划中，政府通过私人贷款人将贷款发放给学生，私人贷款人将贷款发放给学生的决定并不是基于申请者偿还贷款的能力。如果贷款发生违约且贷款已完成妥善服务，那么政府将保证高达本金和应计利息的 98%。

一只或多只联邦贷款可以被合并成为新的 FFELP（Federal Family Education Loan Program），称为合并 FFELP，表 2-1 和表 2-2 分别是 FFELP 和合并 FFELP 交易实例。

FFELP 和合并 FFELP 在交易架构上有所不同。不合并 FFELP 在分层上通常被架构为 5 只或更多 A 层优先级债券和一个 B 层次债券。A 层次债券可以获得 AAA 评级,而 B 层债券通常可获得 A 评级或 AA 评级。本金部分的偿付按次序进行分配,即第一笔债券的本金余额归零后下一笔债券方可以获得本金偿付。B 层债券除利息偿付劣后于 A 层债券外,其本金偿付也劣后全部 A 层债券的本金偿付和利息偿付。

表 2-1 FFELP 交易实例

层级	初始本金额(百万美元)	初始加权平均存续期(月)	评级	利率
A1	687.000	1.00	AAA	3 个月 LIBOR－0.02%
A2	825.000	3.00	AAA	3 个月 LIBOR＋0.00%
A3	335.000	5.00	AAA	3 个月 LIBOR＋0.04%
A4	483.000	7.00	AAA	3 个月 LIBOR＋0.08%
A5	162.293	8.38	AAA	3 个月 LIBOR＋0.10%
B	77.082	8.38	AA	3 个月 LIBOR＋0.20%

合并 FFELP 在架构上均采用了按次序分配、优先-次级的设计,但是只要作为信托的学生贷款累计损失没有超过特定水平,次级债券就将在缩减日开始获得本金偿付。因此次级层(B 级)的初始加权平均存续期要短于最后获得本金偿付的那只 A 债券。

表 2-2 合并 FFELP 交易实例

层级	初始本金额(百万美元)	初始加权平均存续期(月)	评级	利率
A-1	199.000	1.00	AAA	3 个月 LIBOR－0.02%
A-2	384.000	3.00	AAA	3 个月 LIBOR＋0.01%
A-3	245.000	5.00	AAA	3 个月 LIBOR＋0.03%
A-4	384.000	7.00	AAA	3 个月 LIBOR＋0.07%
A-5	465.000	10.00	AAA	3 个月 LIBOR＋0.10%
A-6	469.500	14.43	AAA	3 个月 LIBOR＋0.14%
B	66.500	10.95	AA	3 个月 LIBOR＋0.25%

(五) ABS 的定价

目前国外对 ABS 的定价有以下三种比较成熟的方法:静态现金折现法(SCFY,Statistic Cash Flow Yield)、静态利差法(SS,Static Spread)、期权调整利差法(OAS,Option-Adjusted Spread)。

1. 静态现金折现法

在 ABS 的定价模型发展中,最早的定价方法就是 SCFY 法。该方法的基本思想是在不考虑利率的影响下,计算现金流的到期收益率。这里的到期收益率是将当前市场债券价格的折现率等价为未来现金流的折现的现值。而这种方法往往没有考虑利率的浮动情况、提前偿付率的波动等多个因素的影响。假设提前偿付率一定,且折现率保持稳定。其公式如下:

$$P = \frac{CF_1}{1+r} + \frac{CF_2}{(1+r)^2} + \cdots + \frac{CF_n}{(1+r)^n} \qquad (2-1)$$

其中：P 表示债券价格；CF_i 表示第 i 期预期的现金流，r 表示静态现金流折现率。

2. 静态利差法

静态利差法（SS）以国债到期收益率为基准加上固定利差作为定价的贴现率。该方法改进了 SCFY 法中未考虑利率波动等因素的缺陷，考虑了不同期限的不同利差，并反映了证券化产品与国债的差别。因此，报酬收益率中确定债券价格的方式是以债券的平均收益率为基准，而 SS 法中确定证券化债券价格的方式是以整条到期收益率曲线为基准。其公式如下：

$$P = \frac{CF_1}{1+r_1+SS} + \frac{CF_2}{(1+r_2+SS)^2} + \cdots + \frac{CF_n}{(1+r_n+SS)^n} \qquad (2-2)$$

其中：SS 为固定利差。

3. 期权调整利差法

期权调整利差法（OAS）同时改进了 SCFY 法和 SS 法的不足，以计算机模拟的市场利率代替普通利率，考虑了不同利率路径下未来现金流的不同情况。以模拟的利率来贴现现金流，其计算结果是数以万次模拟计算的平均值。该方法的定价相较于前两种方法更为科学。其公式如下：

$$P = \frac{C_1}{1+r_1+OAS} + \frac{C_2}{(1+r_2+OAS)^2} + \cdots + \frac{C_n}{(1+r_n+OAS)^n} \qquad (2-3)$$

其中：P 表示债券的市场价格，OAS 表示期权调整利差，r_i 表示第 i 期的即期利率。

4. 模型优缺点对比

SCFY 定价法是所有资产证券化定价模型中，出现时间最早、理论内容简单明了的定价方法。它的主要理论是利用单一的贴现率来得到现金流，并没有考虑到利率模型的不同带来的差异。对于时间长短不同的现金流，有着不同的估计结果，当时间偏短时，可能出现低估，当时间偏长时，可能出现高估。SCFY 法为其他方法奠定了理论基础，其他方法都是在此种方法基础上进行的改进。

SS 定价法是目前应用最为广泛的定价模型，尤其在中国。该方法的优点是考虑了不同期限下的贴现率可能不同的问题，引入了静态利差。但是缺点跟 SCFY 法一样，也没有考虑不同路径或提前还款率等因素浮动所导致的现金流波动。OAS 定价法是目前最为周全的方法，考虑了各种风险、利率波动的影响，同时也涉及了不同利率路径带来的影响。其缺点是该模型对提前偿付率及利率结构模型都具有高度依赖性，并且其运算过程也比较复杂。

二、MBS

（一）MBS 概述

MBS 是英文 Mortgage-Backed Security 的缩写，即住房抵押贷款支持证券，是广义资产支持证券的一种，与狭义的 ABS 区别在于 MBS 以住房抵押贷款为基础资产，而狭义 ABS 的基础资产为住房抵押贷款以外的资产。金融机构把持有的流动性不足但具有可预测未来现金流的住房抵押贷款,根据其贷款利率、贷款期限、还款方式等特点进行打包重组,形成贷款资产池,并且通过信用增级等方式转换成市场投资者可以接受的证券,这类证券收益来源于原始贷款人定期的还款现金流。MBS 不但实现了资金的融通,同时分散了风险,极大地促进了资本市场和房地产市场的发展,对维持银行体系的稳定性具有显著的意义。

　　MBS 诞生于美国,第二次世界大战后,全世界的金融市场都开始复苏,各个国家都在大力发展经济。在 20 世纪 60 年代,美国房地产市场发展迅速,为房地产业提供住房抵押贷款的金融机构主要包括商业银行、储蓄机构以及人寿保险等。当时的很多金融机构的资金来源主要是储蓄存款和定期存款,而住房抵押贷款的期限经常长达 20 至 30 年之久,加上通货膨胀、利率攀升等因素,储蓄资金呈下降趋势,很多金融机构的固定资产收益率开始无法弥补高额的短期负债成本。同时,美国政府规定,不允许银行和储蓄机构跨州经营,只能由地区性储蓄和信贷协会等储蓄机构依靠所在地区居民储蓄存款向个人提供住房抵押贷款,这就导致了一些地区资金供给过量、利率低,而其他地区资金缺乏、利率高,资金无法得到有效配置,制约了房地产的发展,也产生了很大的信用风险。在这样的金融环境下,各住房抵押贷款机构纷纷将其所持有的住房抵押贷款组成资产池,并以此作为抵押或担保,发行住房抵押贷款证券,有效地解决了资产流动性不足的问题,为房地产业的发展资金来源开拓了新途径,这就是最初形成的 MBS。

　　我国最初于 1992 年开展 MBS,在海南省首次推行了地产证券化,引起了全国房地产业内人士和相关经济专家的关注。但由于当时住房抵押业务在中国发展不成熟,没能形成良好的一级抵押市场,导致 MBS 这种融资方式发展缓慢。1998 年中国人民银行牵头,开始组织研究如 MBS 之类的资产证券化的金融衍生品。与此同时,在现实的房地产领域也发生了全面的改革:住房按揭制正逐步替代了住房分配制。到了 2000 年,国家正式将中国建设银行和中国工商银行作为试点单位运作 MBS,可是由于这两家银行制定的 MBS 方案一直未能将证券化的资产进行真实出售,所有权依旧属于银行本身,并未能降低破产风险,所以运作方案一直未获批准。直到 2005 年,中国建设银行采用了借助信托机构融资的办法,终于获得了国家正式批准运行,成功发行了"建元 2005-1 个人住房抵押贷款支持证券",发行额 30.18 亿元。在 2007 年 12 月,建行又发行了第二只 MBS,发行额 41.6 亿元。由于 2008 年全球金融危机的影响,我国 MBS 的发展产生了停滞,直至 2014 年 7 月中国邮政储蓄银行发行了"邮元 2014-1 个人住房抵押贷款支持证券",中国 MBS 又再一次进入了快速发展阶段。截至 2018 年 1 月,我国发行了 70 支 MBS,发行总额达到 4311.41 亿元。目前,我国对 MBS 的探索和实践已经取得了一定成果,但是与发达国家相比仍有一定差距。

　　(二) MBS 运作流程

　　MBS 与 ABS 区别仅在于基础资产的不同,因此 MBS 的运作流程与 ABS 类似,其流程如下。

　　(1) 构建资产池,形成贷款组合。住房抵押贷款发放银行根据分散性、规模性和同质性的原则,选择适当的基础资产纳入资产池,并将这些资产进行结构性重组,形成能够产生稳定的未来现金流的贷款组合。

(2) 组建特殊目的载体(SPV)。特殊目的载体是专门为 MBS 设立的一个特殊机构，组建的目的是将资产池中的住房抵押贷款与银行隔离。SPV 作为没有破产风险的实体，一是指本身不易破产，二是指基础资产由原始权益人"真实出售"给 SPV，从而实现"破产隔离"。

(3) 实现贷款出售。银行将资产池中的贷款组合真实出售给 SPV，使资产池中的贷款组合从其资产负债表中剥离出去，原始权益人的其他债权人对资产池中的资产没有追索权。由于"真实出售"，银行的破产风险和投资者隔离起来，因此由 SPV 发行的证券信用级别较高。

(4) 信用增级和信用评级。SPV 在获得资产池之后，需要运用信用增级的手段提升贷款组合的信用等级，尽量保证投资者的收益能够得到按时偿付，以吸引更多投资者来降低发行成本。之后，由信誉良好的信用评级机构对证券提供可靠的评级，以作为投资者进行投资决策的依据，降低投资者的搜寻信息成本。

(5) 发售债券信用评级结果公布后，将经过信用评级的债券交给证券承销商去销售，可以采取公开发售或私募的方式来进行。由于这些债券一般都具有高收益、低风险的特征，所以主要由机构投资者如保险公司、投资基金和银行机构等来购买。

(6) SPV 利用证券销售收入向原始权益人支付购买价款。

(7) 资产的管理和兑付。证券发售后，SPV 会聘请专业的服务商对资产池中的资产进行管理，对资产产生的现金收入将存入受托管理人的收款专用账户中，用来对投资者支付本息。

(三) **MBS 的特点**

MBS 与 ABS 的主要区别在于基础资产的不同，因此 MBS 也具有 ABS 融资模式的分散风险、易发行推销、成本低等一系列特点。由于 MBS 基础资产为住房抵押贷款，所以 MBS 对房地产行业有重要意义。我国现有房地产主要融资方式比较单一，房地产开发企业主要融资方式是银行贷款和收取预付款，房地产消费者融资主要采用的是住房抵押贷款。由于我国目前房地产融资领域过于依赖银行贷款，房地产企业贷款金额一般较大，房地产消费者的住房抵押贷款期限长并且不确定因素多，这大大增加了银行风险，不利于银行的稳健发展，而 MBS 模式可以有效解决这些问题。MBS 的特点如下：

(1) MBS 可以分散银行承担的贷款风险，拓宽融资渠道。目前我国房地产行业无论是开发者还是消费者融资途径主要来自银行，而像住房抵押贷款这样的贷款期限通常是 20 到 30 年，房地产企业开发项目贷款金额巨大，并且资金回笼也是属于长期活动。银行仅仅依靠储蓄资金和自身一些盈利项目很难满足这样大的贷款金额，同时银行本身也独自承受了违约风险，这不利于银行发展。MBS 融资模式通过将银行的住房抵押贷款出售给 SPV，SPV 通过一系列结构化手段向投资者发行证券，从而将风险分散，获得更充足的资金。

(2) 开展 MBS 能强化银行的资本管理，提高银行表外的盈利能力。开展 MBS 业务本身不需要增加银行的资本，也不需要在资产负债表上反映，属于表外的盈利方式。同时银行还可以获得一定的服务利润,增加收入来源。

(3) MBS 模式为银行提供了一种融资成本相对较低的筹资工具,银行可以在被动吸储融资的同时开展 MBS 进行主动融资。通过"真实出售"和"破产隔离"等结构化设计,借助 SPV 和一些信用增级手段,可以发行信用级别较高的证券,从而以较低成本筹得资金。

(四) MBS 的分类

根据基础资产类型,可将 MBS 分为 RMBS 和 CMBS 两类,前者的基础资产为居民住房抵押贷款,后者的基础资产为商业住房抵押贷款,RMBS 的规模远大于 CMBS。在实践中,MBS 以 RMBS 为主。RMBS 的发行人可以分为两类:一类是政府支持机构,例如美国的房地美和房利美、日本的住房支援机构,商业银行等信贷机构可以将符合要求的优质居民住房抵押贷款出售给政府支持机构,由其实施证券化,这类机构在证券化方面拥有显著的规模优势、风险分散优势和担保优势。另一类是私人金融机构,包括商业银行、储蓄贷款协会和信托银行等。在美国和日本,政府支持机构是 RMBS 最主要的发行人。

根据现金流结构方式的不同,MBS 可以分为过手型 MBS、担保抵押贷款凭证(CMO)和剥离式 MBS。其中,过手型 MBS 不对抵押贷款资产池产生的现金流进行任何剥离和重组,直接将本息按比例支付给投资者;CMO 会根据投资者对风险、收益和期限等的不同偏好,对抵押贷款资产池产生的现金流进行剥离和重组;剥离型 MBS 将抵押贷款资产池产生的现金流本金和利息进行分离。

1. 过手型 MBS

过手型证券是 MBS 最初的也是最基本形式,指按照投资者购买的份额将基础资产产生的现金流直接转售给投资者以转移债券风险,同时支付本金和利息。因此,过手型证券的现金流完全代表抵押贷款组合的现金流。组成过手型证券的抵押贷款要求具有相似的特征,即贷款的期限和利率结构相似,这样在预测现金流时可以将贷款池作为一个单笔贷款处理。

在具体运作过程中,基础资产的持有者将抵押贷款组合后出售给特设机构,特设机构发行以该组合为担保的证券,资本市场的投资者购买这些证券,按月收取本金和利息。被证券化的抵押贷款的所有权在证券发行的过程中被真实地出售,不再计入发行人的资产负债表,被证券化的基础资产的风险也从发行人完全转移给投资者承担。

信用评级制度的使用使得过手型证券信用级别较高,但是由于其本金利息的现金流完全取决于抵押贷款组合的现金流,有提前支付的风险存在,同时投资者接受的是相同的风险和相同的利息支付,不能满足不同投资者对风险和收益的偏好。

2. CMO

为了能够在更准确地预测现金流量的同时充分利用基础资产,担保抵押贷款凭证(CMO)产生了。CMO 采用分档技术,根据投资者对期限、风险、收益的不同偏好把证券设计成不同的类别,即对构成偿还现金流的基础资产的本息进行重组以满足不同投资者的偏好。同时,CMO 将基础资产按照期限和利息的不同分档,每类债券半年付息一次,各类债券的本金在各类债券到期时归还,在一定程度上分散了部分提前偿付的风险。

CMO 对基础资产期限和风险的分割,使其具备了过手型证券没有的优点:该分割分散了原来基础资产的整体风险,不同偏好的投资者可以根据自己的需求购买不同风险和期限的债券,降低了融资成本,也使得转付型证券拥有了更稳定的现金流。

一个典型的 CMO 可以分为 A、B、C、Z 四大类,其中前三类可以从基本的担保品中依次获得定期的利息支付,即当 A 类证券完全被偿清后,所获得的全部本金再用来偿付 B 类债券,依次类推。而 Z 类在其他各类债券利息被偿付之前不能获得利息,属于一种应计利息累积债券,类似于一个零息票的债券。

3. 剥离型 MBS

剥离型 MBS 主要是将一个抵押贷款组合中的利息和本金按一定的比例重新分配,形成两个或多个剥离式抵押支持证券,以获得来自基础抵押品一定比例的本金和利息的现金流。包括的品种可分为获得较少利息和较多本金的折价类以及获得较多利息和较少本金的合成溢价类。

在这里我们可以将抵押过手型 MBS 和 CMO 券以及抵押剥离型 MBS 作一个横向的比较,如表 2-3 所示。

表 2-3　MBS 主要产品的比较

项目	过手型 MBS	CMO	剥离型 MBS
本金传递	直接	顺序	不均衡分配
到期日	不确定(依赖抵押品提前还款的经验)	部分确定(最先偿还的证券期限易预测,后面几档相对不易预测)	不确定(依赖利率对提前还款的影响)
现金流的稳定性	相对不稳定	相对稳定	不稳定
信用级别	从政府担保的 AAA 级到 A 级私人传递证券	绝大多数是 AAA 级	大多数是 AAA 级

从表 2-3 可以看出,抵押过手型 MBS 由于设计、发行技术相对简单,现金流相对不稳定,到期日也不确定,使得投资者面对较大的风险,限制了投资者的投资,投资者的范围也相对狭小,主要是传统的住房抵押贷款市场的参与者;剥离型 MBS 按本金和利息的不同比例将抵押贷款组合重新分配,再将其支付给不同的证券投资者,现金流的不稳定和到期日的不确定使得抵押比例证券的投资者为高风险的投资者,特别是投机者。而与这两种产品相比较,CMO 因其现金流的相对稳定性和到期日的相对确定性获得了较广阔的投资者市场。CMO 下设具有不同到期日和息票率的证券品种,本金传递的顺序优先性也使得不同品种的收益率不完全相同,投资者可以根据自己对风险、收益的偏好进行选择。同时,其较稳定的现金流和较低的筹资成本较受 MBS 发行人欢迎,因此可以说 CMO 兼顾了住房抵押贷款二级市场供需双方的利益。

(五) MBS 的定价

MBS 的定价主要有:静态现金流分析和蒙特卡洛模拟法。其中后者是最常用和稳健的方法,本节对这两种估值技术进行专门描述。

1. 静态现金流分析

任何金融工具的收益都是使得其预期现金流的现值等于它的市值加上应计利息的内部利率。对于 MBS,计算的收益叫现金流收益,但是计算过程中存在的问题是:受提前偿付的影响,证券的现金流是未知的,所以要确定现金流收益,必须做出关于提前偿付的一些假想。假定提前还款速度是一个恒定的速率(以一个百分比的 CPR 来确定)、一些既定斜坡的百分比(后一章节的 PSA 模型)或提前偿付路径等。

2. 蒙特卡洛模拟法

MBS 的估值依赖许多变量的结果,这些变量包括未来利率、收益率曲线的形状、预计的利率波动、提前偿付率、违约率和违约的发生时间以及回收率等。利用蒙特卡洛模拟法进行 MBS 定价分析的步骤如下。

步骤一:模拟短期利率和再融资路径

利率路径首先模拟抵押期内的利率,利率的随机路径应从利率的未来期限结构的无套利模型产生,无套利意味着模型复制今天的利率期限结构,模型的输入使得在模型内,对于所有未来的日期,都没有套利的可能。

当短期利率路径最终用于贴现 MBS 的现金流时,它们同样由于产生提前偿付路径,从而每个利率路径的现金流相对不稳定。决定提前偿付的因素是每个时间点的再融资率,再融资率代表抵押人每个月面对的机会成本。如果再融资率相对抵押人的原始息票利率更高,抵押人将有较小的再融资激励;相反,如果再融资率相对抵押人的原始息票利率更低,那么抵押人则有再融资的激励。

步骤二:预测每个利率路径的现金流

计算给定利率路径的任何一个月的现金流,它等于抵押池的预定本金、净利息和提前偿付款。计算很简单,只需根据前一个月的预计抵押贷款余额进行。提前偿付模型决定那个月假定的非计划本金还款(如提前偿付)。

步骤三:确定每个利率路径的现金流现值

鉴于利率的现金流量,路径的现值可以计算出来。确定现值贴现率是利率路径每个月的模拟即期利率加适当的利差。路径的即期利率可以从模拟的一个月利率确定。n 路径 T 月的模拟即期利率和模拟未来单月利率的关系是

$$Z_T(n) = \{[1+f_1(n)][1+f_2(n)]\cdots[1+f_j(n)]\cdots[1+f_T(n)]\}^{1/T} - 1 \quad (2\text{-}4)$$

其中,$Z_T(n)$ = 模拟 n 路径 T 月的即期利率;$f_j(n)$ = 模拟 n 路径 j 月未来一个月的利率。所以,模拟未来一个月的利率可以被转换为模拟月度即期利率的利率路径,因此,以 T 月的模拟即期利率贴现的 n 利率路径 T 月现金流的现值加上某利差是

$$PV[C_T(n)] = \frac{C_T(n)}{[1+Z_T(n)+K]^T} \quad (2\text{-}5)$$

其中,$PV[C_T(n)]$ = n 路径 T 月现金流的现值。

$C_T(n)$ = n 路径 T 月的现金流。

$Z_T(n)$ = 模拟 n 路径 T 月的即期利率。

K = 利差。

n 路径的现值是 n 路径每个月现金流的现值之和,即

$$PV[Path(n)] = PV[C_1(n)] + PV[C_2(n)] + \cdots + PV[C_T(n)] \tag{2-6}$$

这里,$PV[Path(n)]$ 是 n 路径利率的现值。

步骤四:计算 MBS 的理论价值

如果该路径真正实现,一个给定利率路径的现值可以被认为是现金流的理论价值。可以通过计算所有利率路径的平均理论价值确定过手的理论价值。

$$\text{理论价值} = \frac{PV[Path(1)] + PV[Path(2)] + \cdots + PV[Path(n)]}{N} \tag{2-7}$$

这里 N 是利率路径数。

三、CDO

(一) CDO 概述

抵押债务凭证(CDO)是一种在现今资本市场中不断发展和演变的结构金融工具,在分类上,CDO 属于广义的 ABS。在定义上,CDO 是专门指一种类型的证券,该证券的回报和一篮子特定资产的表现相挂钩。CDO 通常采取三级结构:优先级(senior tranch)、中间级(mezzanine tranch)和股权级(equity tranch)。三个等级的证券对应共同的底层资产,但是由于现金流分配和损失承担规则的特殊设计,不同等级的证券分别拥有不同的风险和收益率。现金流分配的规则是,由资产池产生的现金流依次按优先级、中间级和股权级向证券的持有人支付利息,若现金流不足,则优先向级别更高的证券持有者支付利息。而损失承担的规则与现金流分配规则相反,由股权级证券持有人最先开始承担资产的违约损失,其次再由中间级和优先级证券的持有人承担。通过设立前述的优先-次级结构,CDO 实现了内部信用增级,使得优先级较低的证券为优先级较高的证券提供了一定程度的保护。这种保护也使得资产池的主要违约风险集中在股权级证券,因此股权级证券享有最高的收益率。不同 CDO 层的本息偿付顺序不同,信用等级往往也不同。偿付顺序最高的层通常获得 AAA 的评级;中间层可能包括数层,信用评级也各有不同;最末一层通常不评级。

CDO 将一池子标的资产的原有信用风险在新创造出来的各个层级中进行重新分配,而新的产品结构本身既不会增加也不会减少原有标的资产的信用风险。一份合法的 CDO 产品是由特殊目的载体(SPV)作为载体,通过 SPV,用负债端融到的资金去购买资产组合,标的资产可以由不同的债券组成(见图 2-3)。

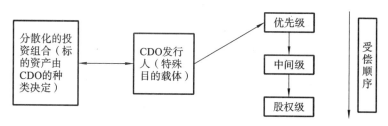

图 2-3 CDO 产品结构示意图

典型的 CDO 通常包括 5~7 层，中间层可能包括数层不同信用评级的债券。分层结构的设计通常与发起人希望获得的融资成本有关。一般来说，高级层比重越大，融资成本越低。通常的 CDO 结构中，高级层占 70%~80%，中间层占 5%~15%，权益层占 2%~15%。不过具体的层结构还与基础资产情况有关。

CDO 最早出现在 20 世纪 80 年代的美国，当时美国资产证券化正处于创新与全面发展的阶段，住房贷款标准化以及二级市场的逐渐成熟为资产证券化产品的发展提供了良好的条件。1970 年诞生了首个住房抵押贷款转付证券（MBS），其采用的现金流重组技术为后来产生的各类资产证券化产品提供了可能。1983 年，美国联邦政府支持机构房地美创造性地将 MBS 的现金流打包重组为期限不同的债券以满足不同类型投资者的需求，实现了当时 MBS 结构的重大创新，由此诞生了担保债务凭证（CMO，Collateralized Mortgage Obligation）。CMO 的出现是美国资产证券化史上的重大突破，同时也为后来资产证券化的快速发展以及 CDO 产品的出现奠定了基础。随着证券化技术被广泛应用于住房抵押债券以外的其他债券资产，美国资产证券化领域逐渐完成又一重要创新，产生了 CDO 这一结构形式更为高级的资产证券化产品。

第一个债务担保凭证产生于 1987 年的美国，由 Drexel Burnham Lambert I 发行。CDO 不同于传统的 ABS 产品，其标的资产可以是在资本市场上交易的现金或合成资产，且来源广泛，分散性强，资产的相关性较低。同时，CDO 具有结构化的特点，其将资产池中的抵押贷款、ABS、企业债券等按照风险分级并重新包装后，发行不同等级、不同优先次序的债务凭证以满足不同类型投资者的需求。基于以上优点，CDO 自诞生之后发展迅速，1997 年以后，CDO 成为资产证券化市场成长最快的产品之一。从 1998 年至 2005 年，CDO 市场规模以平均每年 150% 的速度增长。CDO 业务不仅在美国发展迅猛，在欧洲和亚洲证券市场也有较快的发展。根据"资产支持警示"网站（www.abalert.com）提供的数据显示，2000 年，全世界范围内 CDO 的发行量为 650 亿美元，到 2006 年这一数字已增加到 4310 亿美元。

始于 2007 年的美国次贷危机，引发了全球性经济衰退，是全球 CDO 发展阶段的分水岭，对 CDO 业务产生了重大冲击。次贷危机中与次级贷款有关的损失，一半以上可能来自 CDO 的风险暴露。

我国证券化发展的时间并不长，和美国、欧洲等成熟市场相比存在一定差距，目前仍处于发展的初期阶段。2005 年 3 月我国开展了资产证券化试点工作，但在 2008 年金融危机的冲击下被迫暂停，随后 2012 年又开展了新一轮的 CDO 证券发行，2013 年 8 月，第二轮信贷资产证券化试点开始，试点额度确定为 4000 亿元人民币。与国际金融市场相比，我国结构金融市场发展还不太成熟。但是，近几年来我国金融行业发展突飞猛进，国内主要商业银行的信贷资产质量不断改善，国内信贷市场发展呈稳态增长之势，质和量的改善均取得了显著进步，我国 CDO 的发展必将进入快速发展阶段。

（二）CDO 运作流程

CDO 主要分为现金流 CDO 和合成型 CDO，两者主要区别在于：在合成型 CDO 中，资产组合本身并不从发起人转移到 SPV，转移的仅仅是与资产组合相关的信用风险。

1. 现金流 CDO 的运作流程

(1) 发起人将资产负债表上的信贷资产组合转移给 SPV,这种转移与 ABS 一样,是真实出售。

(2) SPV 以该信贷资产未来产生的现金流为基础发行各级 CDO 证券,分为优先级、中间级和股权级。

(3) SPV 销售上述证券,其中优先级和中间级通常销售给商业银行、保险公司、投资银行、对冲基金等机构投资者。股权级证券一般销售给发起人本身。

(4) SPV 用销售 CDO 证券获得的资金向发起人支付购买资产组合的价款。

(5) SPV 用信贷资产组合产生的现金流向投资者还本付息,分配原则遵循"优先级—中间级—股权级"的先后顺序。

2. 合成型 CDO 的运作流程

合成型 CDO 的运作建立在 CDS(信用违约掉期合约,Credit Default Snap)的基础上。合成型 CDO 没有实现资产的真实销售,与之相对应,SPV 销售 CDO 证券获得的收入也不支付给发起人,而是由 SPV 投资于无风险资产,用于未来的还本付息。

(1) 针对一个特定的资产组合,发起人向 SPV 购买 CDS,发起人作为 CDS 买方,定期向 CDS 的卖方 SPV 支付保费,与此同时,资产组合的信用风险也转移到了 SPV。

(2) SPV 以签订的 CDS 合同为基础,发行优先级、中间级和股权级证券。

(3) SPV 销售证券。

(4) SPV 用销售 CDO 证券获得的资金投资于高等级的债券。

(5) 如果没有违约事件发生,那么 SPV 利用 CDS 的保费和高等级债券产生的收益向证券投资者支付利息;如果发生违约事件,那么 SPV 出售高等级债券向发起人进行赔付。

(6) CDO 证券期满未发生违约事件,则 SPV 出售高等级债券向投资者支付本金。

(三) CDO 特点

CDO 作为结构金融产品的一种,将银行的不良资产的违约风险转移给第三方,使得资产负债表可实现稳定收益。此举可提高银行的风险偏好,进而盘活存量。同时 CDO 的发行,满足了不同投资者的风险偏好,丰富投资渠道,有助于提高金融市场的效率,CDO 具有以下特点。

(1) CDO 有一个由一系列信贷资产构成的资产池,并以该资产池产生的现金流为基础,向投资者发行不同等级的证券。CDO 是一个典型的证券化过程。

(2) 证券的级别一般包括优先级、中间级和股权级。所有等级的证券都对应于同一个基础资产池,却具有不同的收益率与风险,这是由现金流分配规则或损失承担规则决定的。现金流分配规则是指,由资产池产生的现金流,先向优先级证券持有人支付利息,如果有剩余,再向中间级证券持有人支付利息,若还有剩余,最终全部支付给股权级证券持有人。损失承担规则与现金流分配规则的顺序相反:如果资产池中的信贷资产出现违约,所有损失先由股权级证券持有人承担,如果股权级证券持有人不能完全承担,再由中间级证券持有人承担,如果中间级证券持有人也承担不了所有损失,最终才由优先级证券持有人承担。换句话说,股权级证券为中间级和优先级证券、中间级证券为优先级证券均提供了一定程度的保护,这种优先-次级结构是证券化经常采用的一种内部信用增级方式。上述规则导致资产池的信用风险主要集中于股权级证券,因此股权级证券的收益率也是最高的。通常而言,优先级和中间级证券向投资者发行,需要进行信用评级;而股权级证券往往由发起人自己持有,不需要进行信用评级。

(四) CDO 的结构分类

从理论上来说,任何能够产生未来现金流的资产都可以作为结构金融的基础资产。由于基础资产的多样性、衍生工具的嵌入以及结构的复杂性,CDO 很难有一个准确的归类。欧美市场近些年来发行的 CDO 产品往往是以下 CDO 分类方法的复合表达(见图 2-4)。

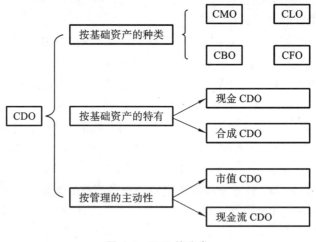

图 2-4 CDO 的分类

1. 按基础资产的种类划分

1) CMO

当 CDO 的基础资产由房屋贷款抵押证券(MBS)组成时,这种 CDO 就称为 CMO。MBS 将来自资产池中的现金流按比例分配给证券的持有人,而 CMO 则是将比例分配改为不均等分配,从而创造出一种价格/收益关系完全不同于基础资产的新证券。最常见的风险分配方法是将所有的利息分配给一部分债券(IO,Interest Obligation),而所有的本金部分分配给另一部分债券(PO,Princial Obligation)。PO 证券没有票面利率,以面值的一个折扣价出售。投资者实现的回报取决于提前偿还的速度,提前偿还越快,投资者的回报率越高。IO 证券没有面值,与 PO 投资者相反,IO 投资者希望提前还款速度尽量放慢,因为 IO 投资者收到的利息取决于本金的余额。IO 和 PO 证券在抵押贷款利率波动时都会表现出巨大的价格波动性。

2) CLO

当 CDO 的基础资产由工商业贷款组成时,这种 CDO 就可称为 CLO。CLO 有助于银行应对其面临的越来越多的挑战,如利润下降、金融管制压力、流动性要求等。在国外,经过短短几年的实践,CLO 已展示出独特的优势,受到越来越多银行的青睐,成为发展最快的证券化工具之一。

3) CBO

当CDO的基础资产由公司债券、政府债券和主权债券等组成时,这种CDO就可称为CBO。CBO是主要的现金流CDO类型,在CBO中基础资产的信用状况是决定CBO各层收益与风险的主要因素。第一个被公开评级的CBO产生于1988年,其基础资产为高收益债券。通常,CBO的基础资产池会包括一些贷款资产,但主体还是债券。CBO通过风险的再分配,成功实现了高风险、高回报资产向低成本、高评级债券的转换。由于CBO的目的是分散和重新分配风险,因而,对有银行担保的信用评级为AAA的公司债券进行CBO结构金融是毫无意义的。

4) CFO

当CDO的基础资产由对冲基金组成时,这种CDO就可称为CFO(Collateralized Fund Obligation)。CFO是典型的市值型CDO,资产管理经理的经验与过往投资业绩表现是CFO成功的关键。由于对冲基金投资收益的波动性较大,所以CFO的权益层往往比以高收益债券为主要基础资产的CBO的权益层"厚"许多。通常CFO的权益层"厚度"高达30%～40%,而评级为AAA的高级层只有40%～50%。CFO必须保持一个特定的抵押比率,该比率的计算方法为CFO各层债券的面值与基础资产市值的百分比。CFO还有波动性测试的概念,即如果连续12个月的基础资产收益的波动性超过了一个预定的阈值,或基础资产收益的波动性连续3个月超过一个预定的阈值,则CFO必须通过新的基于新的抵押比率的超额抵押测试。CFO资产采取每月盯市值度,即每月定期计算基础资产的市值,并计算当期的抵押比率。

2. 按基础资产的持有划分

1) 现金CDO

在现金CDO中,SPV持有实际的基础资产,并以基础资产的现金流或者出售这些资产获得的现金流支持CDO本息偿付。基础资产的真实出售是现金CDO的最主要特征。以住房抵押贷款为主要基础资产的CMO、以商业贷款为主要基础资产的CLO以及以企业债券为主要基础资产的CBO都是现金CDO的类型。

2) 合成CDO

随着结构金融构建技术的不断复杂和深化,合成CDO逐渐取代现金CDO,成为CDO构建发展速度最快的类型。在合成CDO中,SPV仅对CDO基础资产的违约风险给予补偿,即交易一方支付固定收益,在CDO基础资产损失时获得另一方支付的补偿。该种情况下,SPV仅持有信用衍生产品,如CDS,基础资产并没有发生"真实出售"。

在合成CDO中,发起人将一组债务资产打包,由于该资产的所有权并没有从银行转移到SPV,故称为参考资产。发起人与SPV签订信用风险互换协议(CDS),并定期支付SPV固定金额的CDS费用。此时,CDS相当于是一种信用保险,当发生信用事件时,发起人可依契约从SPV处获得全额或部分的赔偿。和现金CDO一样,SPV将发行不同系列的债券;不同的是,此时SPV将发行债券所获现金另购买一组高信用品质的债券,这些高信用品质的债券被称之为抵押物或抵押资产,以确保SPV对发行银行在风险事件下的或有支付和CDO债券在未来的本金偿还。上述CDS费用与抵押资产的利息,则作为支付 SPV 所发行的各系列债券利息的来源。

3. 按管理的主动性划分

1）市值 CDO

在市值 CDO 中，CDO 的本息现金流来源于对基础资产的积极管理，要求对 CDO 基础资产定期进行盯市计算，通常每季度计算和调整一次。对不同的基础资产，相应于不同的信用级别，设定一个低于 1 的折算比率。将基础资产的市值与这个折算比率相乘后加总得到资产组合的净值。CDO 通常规定各层的净值要求，一旦要求无法达到，组合管理人便要卖出资产直至要求重新满足为止。通常，市值 CDO 管理人交易的权限较大。

2）现金流 CDO

在现金流交易中，资产管理经理的目的是不通过积极的债券买卖就能满足优先系列和中间系列的现金流要求。现金流 CDO 除了对资产现金流不匹配进行必要的对冲操作和必要的资产置换外，并不允许积极的交易。在现金流 CDO 中，CDO 的本息现金流完全由资产池中的资产产生的现金流支持，资产的市值变化并不影响现金流，仅违约才会影响。与市值 CDO 相比，现金流 CDO 的管理人权限则很小，处置持有的债券必须依照专门的条款，最常见的是受信用风险的管理指导。此外，在构建资产组合时，资产经理必须满足评级机构对此项交易所规定的标准。

（五）CDO 的定价

CDO 产品定价的基础是可违约债券的信用分析，其核心在于如何刻画资产组合中的违约相关性，从而得到资产组合的违约损失概率分布。用于 CDO 产品的定价模型有很多种，按照是否研究了 CDO 的具体违约机制，可以分为简约化模型和结构化模型，这两类模型经过引入违约相关性扩展之后能够实现对 CDO 产品的定价。另外，流行的 Copula 方法通过选择合适的 Copula 函数来刻画不同信用违约事件之间的非线性相关性，进而确定违约损失分布实现定价。Vasicek 模型不显示模拟违约的过程，而是使用类似简约模型的方法直接给出违约概率，并基于此概率计算违约资产价值下跌的幅度。这几类方法的差异性主要体现在它们引入违约相关性的方法，本节中主要对简约化模型和结构化模型进行介绍。

1. CDO 定价的简约化模型

CDO 的简约化定价模型主要采用穆迪开发的 CDO 风险分析模型。该模型的关键指标是表示可比较组合中债券个数 n 的抵押资产池的分散度。穆迪的 CDO 风险分析模型的主要原理是，通过对某个给定抵押池的资产按照某种规则进行重构，从而构造出一个拥有相同违约概率的新的理想资产池，并以该资产池近似替代实际资产池的违约损失分布。重构资产池的主要准则有以下五条：

（1）可比较组合的总面值与抵押池的总面值相同；

（2）可比较组合中的债券拥有相同的面值；

（3）可比较组合中的债券独立等可能地违约；

（4）可比较组合的债券与抵押池的参与者有相同的平均违约概率；

（5）在某些风险度量下可比较组合和抵押池拥有相同的总违约风险。

模型有2个重要参数需要确定,分别是可比较理想资产组合的违约概率和资产组合的分散度。违约概率的确定方法是根据抵押池资产的加权平均评级指标,给定一个平均的评级得分获得相应的违约概率。

分散度的计算则主要遵循以下过程:给定资产池信用个数为 N,总金额为 F,理想资产组合的信用个数,即分散度为 S,理想资产组合单个资产的面值为 F/S,理想资产组合与实际资产组合的违约总损失的方差相等。为了计算分散度 S,首先需要计算实际资产池违约损失的方差。令 d_i 表示在给定时间 T 内实际资产池中第 i 个资产发生违约的次数,L_i 表示第 i 个资产违约的本级损失。L_i 是一个随机变量,总违约损失的方差为

$$\mathrm{var}\Big(\sum_{i=1}^{N} L_i d_i\Big) = E\Big[\Big(\sum_{i=1}^{N} L_i d_i\Big)^2\Big] - E\Big[\Big(\sum_{i=1}^{N} L_i d_i\Big)\Big]^2 \qquad (2\text{-}8)$$

在基本仿射模型的假定下,公式(2-8)中的各项均可以通过计算得到。对于任意两个债券,分别用 $p_{(1)}$ 和 $p_{(2)}$ 表示他们的联合概率分布的边际分布,则违约总损失的方差可以简化为

$$\mathrm{var}\Big(\sum_{i=1}^{N} L_i d_i\Big) = N p_{(1)} E(L_i)^2 + N(N-1) p_{(2)} E(L_i)^2 - N^2 p_{(1)}^2 E(L_i)^2 \qquad (2\text{-}9)$$

将简化后的总违约损失方差与理想资产组合的方差进行比较,可得到

$$\frac{N}{S}(p_{(1)} E(L_i)^2 - p_{(1)}^2 E(L_i)^2) = p_{(1)} E(L_i)^2 + (N-1) p_{(2)} E(L_i)^2 - N^2 p_{(1)}^2 E(L_i)^2$$

由此,可以得到分散度 S 的表达式如下:

$$S = \frac{N(p_{(1)} E(L_i)^2 - p_{(1)}^2 E(L_i)^2)}{p_{(1)} E(L_i)^2 + (N-1) p_{(2)} E(L_i)^2 - N^2 p_{(1)}^2 E(L_i)^2} \qquad (2\text{-}10)$$

在完成分散度 S 和违约概率 p 的计算之后,可以得到所构造的组合的违约损失的概率分布函数 $q(k,S)$,表示组合中 S 个证券有 k 个出现违约的概率:

$$q(k,S) = \frac{S!}{(S-k)!k!} p^k (1-p)^{S-k} \qquad (2\text{-}11)$$

最后,根据违约损失的分布函数 $q(k,S)$ 可求出违约损失的期望值,而结合具体 CDO 产品的现金流可以得到期望收益,基于资产池损失期望现值等于收益期望现值的无套利原则,即求解出相应的利差,从而完成对 CDO 的定价。

2. CDO 定价的结构化模型

CDO 定价的结构化模型主要采用蒙特卡洛模拟方法来实现。将 Black 和 Cox 模型中连续时间阈值离散化,仅仅考虑 $t_0, t_1, \cdots, t_n$ 等离散时间点的阈值,根据违约阈值的模拟算法,能够得到每个时间区间 $t_0, t_1, \cdots, t_n$ 内的违约概率大小,以及通过下式计算得到的连续时间阈值的逼近值:

$$p_i(t, t+T) = N\Big(\frac{\beta_i + \gamma_i(t+T) - X_i(t)}{\sqrt{T}}\Big) + \exp[2(X_i(t) - \beta_i - \gamma_i t)]$$
$$N\Big(\frac{\beta_i + \gamma_i(t+T) - X_i(t)}{\sqrt{T}}\Big) \qquad (2\text{-}12)$$

首先，需要确定每个时间区间内的违约次数 d_k。在 Δf_k 和 Δu_{ik} ($1 \leqslant k \leqslant n$, $1 \leqslant i \leqslant N_c$) 满足标准正态分布的假定下，可以模拟出 X 的三条对偶路径如下

$$f_k^m = f_{k-1}^m + (-1)^m \Delta f_k \sqrt{\Delta t}$$

$$u_{ik}^j = f_{i,k-1}^j + (-1)^j \sqrt{1-\alpha_{ik}^2}\, u_{ik} \sqrt{\Delta t}$$

$$X_{ik}^{mj} = f_k^m + u_{ik}^j \tag{2-13}$$

其中 $m = 0,1$；$j = 0,1$。

在上式中，X_{ik}^{mj} 表示在 t_k 时刻由 m 和 j 给出的特定路径上 X_i 的值，α_{ik}^2 表示 α_i 在时间区间 (t_{k-1}, t_k) 上的值，并假定 α_i 在每个时间区间 (t_{k-1}, t_k) 上保持为常数。如果 X_i 在时间 t_k 首次小于阈值，则假定公司 i 在时间区间 (t_{k-1}, t_k) 内违约。通过上述方法，即可确定每个时间区间内发生的违约次数 d_k。

在确定了 d_k 之后，还需要求出发生违约之后的未尝名义本金。假定合成 CDO 中的每个 CDS 的名义本金等于 1，以及资产组合中每个信用的回复率为常数 R。设 CDO 分层的附着点 α_L 和 α_H 可以映射到的损失个数分别为 n_L 和 n_H，其中 $n_L = \alpha_L N_c/(1-R)$，$n_H = \alpha_H N_c/(1-R)$，N_c 表示标的资产的个数。在以上假定之下，发生 d_k 个违约之后名义未偿本金的表达式如下：

$$P(d, \alpha_L, \alpha_H) = \begin{cases} (\alpha_H - \alpha_L) N_c, & d < m(n_L) \\ \alpha_H N_c - d(1-R), & m(n_L) \leqslant d < m(n_H) \\ 0, & d \geqslant m(n_H) \end{cases} \tag{2-14}$$

其中 $m(x)$ 表示比 x 大的最小整数。

最后，还需要确定违约后的现金流现值。现值的计算包括以下三部分：

$$A = \sum_{k=1}^{n} (t_k - t_{k-1}) P(d, \alpha_L, \alpha_H)\, e_{tk}^r \tag{2-15}$$

$$B = \frac{1}{2} \sum_{k=1}^{n} \{P(d_{k-1}, \alpha_L, \alpha_H) - P(d, \alpha_L, \alpha_H)\} e^{-\frac{r(t_k - t_{k-1})}{2}} \tag{2-16}$$

$$C = (1-R) \sum_{k=1}^{n} \{P(d_{k-1}, \alpha_L, \alpha_H) - P(d, \alpha_L, \alpha_H)\} e^{-\frac{r(t_k - t_{k-1})}{2}}$$

其中 r 表示无风险利率，A 表示 1 元年金的现值，B 表示因为违约而减少的名义本金所发生的收益支付，C 表示违约损失。单位名义货币保险的价值为 $sA + aB - C$。通过蒙特卡洛方法得到 A、B、C 的模拟值 $\hat{A}$、$\hat{B}$、$\hat{C}$ 后，可得到公平信用利差为 $\hat{s} = \hat{C}/(\hat{A} + \hat{B})$，即为 CDO 定价的结构化模型。

（六）CDO 的风险管理

1. 常见风险

CDO 产品结构复杂、涉及参与方较多，并且易受到多种经济因素影响，因此可能含有较多种类的风险。CDO 的常见风险包含以下几种。

资产池违约风险：CDO 的基础资产通常是各种债权，其种类较多并且追踪研究风险历史的难度较大，因此当债权发生违约时会造成严重损失。

利率风险：部分 CDO 发起的目的在于获取高利率资产和低成本资金之间的利息差，

所以当利率发生较大幅度波动时CDO的收益也会一同波动。

流动性风险：从微观角度看，CDO的流动性风险体现在，资产池和CDO的付款周期、付款日期等方面的差异可能导致资金短缺，从而无法顺利支付证券的利息或本金；从宏观角度看，流动性风险则体现在由于资产证券化而导致的流动性过剩催生了经济泡沫，加剧了整个市场的系统性风险。

避险交易对手违约风险：SPV有时为了规避风险会与第三方签订利率互换、货币互换等协议，而这些避险交易对手能否正常履约，会影响CDO运行流程中的风险。

法律风险：CDO的发起过程汇总各方之间需要签订不同的协议书，SPV的设立也会涉及以何种法律形式存在等问题，对于存在跨国交易的CDO还需要考虑不同国家法律、制度之间的协调。

主权风险：当CDO的资产池中包含了来自不同国家的贷款或债券时，证券化产品的评级会与各国的主权评级存在密切关联，从而带来额外的风险。

CDO的定价和评级风险：一方面，各类CDO的定价模型通常会进行一定的简化，引入一些假定，同时模型本身亦可能存在缺陷，从而导致无法足够准确地估计CDO的价格。另一方面，评级机构所采用的评级模型也会在不同程度上存在不完善的地方，使得对CDO的评级不能够真实地反映其风险，产生了对投资者的误导。同时，由于评级机构会在CDO的运行流程中深度介入，机构自身与CDO各参与方之间可能存在复杂的利益关系，致使评级机构无法做出公允的评级。

监管风险：从企业内部的角度看，监管风险体现在，对于资质较低的贷款人盲目放贷而导致违约率较高，未能实现"真实出售"资产而导致潜在的破产清算，以及抵押贷款公司为了获取高收益而未全部转让贷款从而积累的风险。从政府的角度看，监管风险则主要体现在监管机构未能充分履行其职责，以及金融监管制度与金融行业的发展出现脱节。

2. CDO的风险管理——监管视角

督促企业内部建立健全的风控体系。通过美国次贷危机可以发现，由于金融机构存在诸多对CDO等衍生品的风险管理漏洞，美林、UBS等投资银行遭遇了巨额损失，并且将金融危机大规模扩散。由于企业具有追求高收益的动机，往往可能忽视风险大量购买CDO。诚然，这样的交易在经济形势符合企业预判的情形下能够为企业带来高收益，然而当经济形势与预期有较大差异时，持有CDO的风险将会以极其危险的方式释放出来，给投资者带来巨大损失的同时也会造成金融市场的动荡。此外，CDO的发行方也存在为了加速发行流程而忽视贷款质量的审查和"真实出售"确认的问题，从而引发风险。金融监管机构应当约束CDO各个参与方的高风险行为，并要求建立健全的风控体系，进而实现从源头上抑制风险。

强化对CDO市场的监管。政府监管作为宏观调控的重要手段，在市场失灵时应当发挥自身的作用，修正市场上的不规范行为。随着CDO的不断发展和扩张，其产品形态越来越纷繁复杂，隐藏在CDO中的风险因素更加难以洞察，并且容易向其他领域渗透。传统以银行为核心的CDO监管体系已经渐渐无法适应新的金融体系的需求。因此，监管层为实现CDO的风险管理，应当建立一个既能适度鼓励金融创新，又能精准识别金融风险的监管体系。要完善信贷机构的信息披露机制,规范贷款的发放,保证贷款人的利益。同时,规范信贷机构的行为,要求市场参与者向投资者充分解释金融衍生产品的收益和风险的形成机理。此外,应当严厉打击金融机构的欺诈兜售行为,规避信息不对称而产生的道德风险对贷款人利益的损害。

推动信用评级的发展。我国目前的资产证券化正处于初期发展阶段,信用评级机构采用的评级方法主要集中在定性分析和定量测算相结合来进行现金流预测,并通过压力测试对不同情景下的现金流大小和时间进行预测。国内机构采用的评级方法与国际先进的评级机构相比,还存在一定的差距。由于国内的信用 CDO 发展时间较短,尚不存在足够的历史统计资料来分析历史违约率和回收率,导致部分评级方法无法在国内得到应用。评级手段的落后有可能导致 CDO 产品的信用风险无法被充分客观和准确地揭示出来。另外,由于信用评级机构的大部分收入来自发行方所支付的评级费用,以及评级机构所开展的如风险咨询等其他业务的相关利益,评级机构存在产生利益冲突的可能性。利益冲突的出现同样会使得评级机构无法做出公允的评级,因此监管层为防范相关风险应当加强评级机构利益冲突规避机制的建设。

充分完善资本市场。CDO 产品需要容量足够大的货币市场和国债市场作为基础,才能够拥有较大的流动性和产品市场,从而充分分散 CDO 的资产池以实现风险分散化。监管方应当建成一个高度成熟并且具有深度和广度的资本市场,同时保障充足、稳定和可持续的长期资金供给。此外,市场参与者的构成也应当得到优化。普通投资者的分析能力有限,并且资金量较小,抵御风险能力较差,因此对于 CDO 这样过于复杂的产品往往不具备投资能力,难以根据市场情况及时调整自己的投资组合和投资策略。从发达国家的经验看,此类市场的主要参与者通常是养老基金、保险公司、商业银行等机构投资者,而个人投资者仅占极小的一部分。对于机构投资者,同样应当设置一定的准入限制,例如养老基金和教育基金等重要机构投资者,可以适度限制其投资 CDO 产品,或规定其投资的比例等。

3. CDO 的风险管理——评级机构视角

标准普尔、穆迪、惠誉等评级机构一直关注 CDO 投资者所面对的风险。这些机构的部分观点是基于统计模型而得到的。例如,穆迪的评级是一种被称作"预期损失"的评估,一个 CDO 层级的预期损失被评估出来之后,还要和各种各样的特定目标相比较。标准普尔则是运用"违约概率"的概念,估计一个投资者遭受任何损失的可能性。前述方法均是以某种方式估计 CDO 投资者在整个交易过程中可能面临损失的概率。传统意义上损失的定义局限于从买入并持有的投资者的角度,因此损失仅仅是由于违约引起的,但现在评级机构也开始关注和评估按照市值调整的价格风险。因此,为分析一笔交易直到到期日由于违约所带来的潜在损失,假定一个资产组合,包含有 N 个不同债务人合约的 CDO,第 i 个债务人合约的违约时间为 τ_i。如果 τ_i 小于该份 CDO 的到期 T,那么该份债务人合约的损失为 $L_i = N_i(1-\delta_i)$,其中 N_i 为第 i 份合约的违约风险暴露,δ_i 为该合约的回收率。这样可以得到该组合到 T 时刻的违约损失为

$$L(T) = \sum N_i (1-\delta_i) \times 1_{\{\tau_i \leqslant T\}} \tag{2-17}$$

其中 $1_{\{\tau_i \leqslant T\}}$ 为第 i 份合约违约的示性函数。

以上述结论为基础，假设模型计算出组合的损失分布 $F_{L(T)} = p(l(t) \leqslant l)$，并且每份合约的违约时间 τ_i 是可得的。以下是一些评级机构常用的风险管理指标。

层级违约概率。给定一份 CDO 层级 T_j，其中该层级承担损失的起始点为 A_j，承担损失的分离点为 D_j，那么该层级的违约概率，即组合在到期日 T 损失超过 A_j 的概率为

$$\text{PD}^{T_j} = 1 - F_{L(T)}(A_j) = P(L(T) > A_j) = E[1_{\{\tau \leqslant T\}}] \quad (2-18)$$

预期层级损失。在关注 CDO 层级投资者是否遭遇损失的同时也应当关注损失有多大。假设层级 T_j 在到期日 T 的损失为 $L^{T_j}(T)$，那么可得到

$$L^{T_j}(T) = (L(T) - A_j) 1_{\{A_j \leqslant L(T) \leqslant D_j\}} + (D_j - A_j) 1_{\{L(T) \geqslant D_j\}} \quad (2-19)$$

预期层级损失为

$$\text{EL}^{T_j} = E[L^{T_j}(T)] = E[(L(T) - A_j) 1_{\{A_j \leqslant L(T) \leqslant D_j\}} + (D_j - A_j) 1_{\{L(T) \geqslant D_j\}}]$$

$$= (D_j - A_j) Q_{L(T)}(D_j) + \int_{A_j}^{D_j} (l - A_j) d F_{L(T)}(l) \quad (2-20)$$

层级违约损失率。在层级损失率和层级违约概率不相关的假设下，通过预期层级损失和层级违约率可以简单求出层级损失率为

$$\text{LGD}^{T_j} = E[L^{T_j}(t)] / \text{PD}^{T_j} \quad (2-21)$$

4. CDO 的风险管理——投资人视角

作为 CDO 的投资者，其关注的风险不仅仅包括信用违约风险，还会关注 CDO 的市值风险，例如利差、凸性、相关敏感性还有波动率和相对价值（风险/回报）。除此之外，买入并持有的投资者则主要关注期限内的风险以及关于市值风险暴露的内部评估报告。相关交易员还要设计一定的结构用来充分满足对冲策略的需要，并且从相对价值的角度寻找比较低的凸性、波动率和相关性。敏感性度量则是着重观察当市场行情和定价参数发生变化时 CDO 层级的价格变化情况。这对于 CDO 层级尤其重要，特别是当上述变化对优先级和厚度不同的层级产生巨大影响时。表 2-4 是 CDO 常用的一些市值敏感性指标。

表 2-4 CDO 市值敏感性指标

敏感性指标	含　义
利差敏感性：delta	CDO 层级价格相对于信用利差发生微小变化时的敏感性。通常情况下该敏感性既会涉及单一标的信用利差变动，也会涉及整个市场的变动
层级杠杆：lambda	在给定 CDO 层级的名义规模下，杠杆通常会成倍放大该层级的 delta 值，并体现利差在不同层级之间的传递
利差凸性：gamma	CDO 层级价格相对于信用利差发生较大变化的敏感性。当 delta 中性时 gamma 是一个关键指标，因为该指标能够使投资者了解到在单个标的利差或整个市场利差发生较大变动时层级市值的变动
时间衰减：theta	CDO 层级价值随着时间流逝所发生的变动。当投资组合是 delta 中性时，保持其他参数不变，随着时间的推移投资组合可能不会继续维持利差中性，此时 theta 是一个重要指标

续表

敏感性指标	含义
相关性敏感性:rho	当隐含的复合相关性或基本相关性发生变化时CDO层级的价格变化
违约敏感性:omega	表示违约时价值(VOD,Value of Default)或者跃迁至违约(JTD,Jump to Default),这一指标对于delta对冲的头寸有重要作用

第四节 结构化融资流程

在结构化融资中往往将资产通过投资银行等金融中介打包成资产池并以此作为基础资产,这其中还经常涉及资产池的风险收益特征的重新组合,进而形成结构化产品来满足不同投资者的风险偏好,凭借基础资产形成的未来持续稳定的现金流发行证券。因此,结构化融资按照流程划分可分为打包、构造、风险隔离三个步骤。

一、打包

打包实质上是对资产的收集,即对形成基础资产的那部分资产的获得过程,对资产的类别没有严格的限制,可以是证券、债券、固定资产、商品买卖契约甚至桥梁或者公路的收费权等一切可以产生未来持续稳定现金流的资产。其中部分特定资产比如基础证券等在进行打包处理的过程中,需要原始权益人将资产的权益在法律上严格转移给金融中介,其余的资产也往往需要由资产的特定属性进行特定处理、考量。

二、构造

构造的意义在于对基础资产中资产进行重新分割处理构造出新的风险收益结构来满足投资者的不同需求,这其中可能还会涉及衍生品的嵌入,其作用就在于构造出原来基础资产中不存在的风险收益特征,经过以上处理后的产品本质上属于嵌入衍生品的固定收益证券,所以结构化产品可以分解为普通的固定收益证券以及嵌入的衍生品,而其中衍生品的作用在于可以放大或缩小结构化产品中某种风险的发生概率,同时创造某种风险。

构造完毕后则需要引入评级机构的评级,由于结构化产品较为复杂,普通投资者甚至部分机构也难以对其进行良好的评估,因此引入专业评级机构对其评级就显得尤为重要,也可以让投资人更好地了解结构化产品的风险收益。

三、风险隔离

风险隔离在任何一个结构化产品中都起到不可或缺的关键性作用,现实中往往采取两种方式来加以实现:引入一个高信用等级的投资银行或创造一个特殊目的载体(SPV)。第一种方式在构造上更为简单,但在资产池较为复杂时第二种方式就有着明显的优势,此外就灵活性以及风险隔离的效果来看,第二种方式也都要优于第一种。

思考题

1. 简述结构化融资的含义和特点。
2. 对比不同融资方式,结构融资、债权融资和股权融资的主要区别是什么?结构融资具有哪些优势?
3. 简述结构化融资流程及主要参与者。
4. 从基础资产、运作流程和融资特点等角度分析 ABS 和 MBS 的异同点。
5. 根据不同基础资产划分,MBS 有哪些主要类型?各类 MBS 产品分别具备什么特点?
6. CDO 通常采取的结构包括哪三个等级?简述 CDO 三级结构中现金流分配规则和损失承担规则。
7. 简述现金流 CDO 和合成型 CDO 的区别。
8. CDO 产品在运用中主要面临哪些风险?基于监管机构、评级机构、投资人等多方视角,应如何开展相关风险管理。

第三章
结构化融资技术

第一节 特殊目的载体

结构融资的前提和核心是构造一个相对独立的特殊目的载体（Special Purpose Vehicle，SPV）作为发行主体。特殊目的载体（SPV）也称为特殊目的机构/公司，是指接受发起人的资产组合，并发行以此为支持的证券的特殊实体。以此实体的名义发行结构融资工具，首要功能就是实现风险隔离。

Overview of SIV and SPC; PACs; Economics of Structured Finance

由于 SPV 业务范围被严格地限定，所以它是一般不会破产的高信用等级实体。SPV 在结构化金融产品中具有特殊的地位，它是整个结构化过程的核心，各个参与者都将围绕着它来展开工作。SPV 有特殊目的公司（Special Purpose Company，SPC）和特殊目的信托（Special Purpose Trust，SPT）两种主要表现形式。一般来说，SPV 没有注册资本的要求，也没有固定的员工或者办公场所，其所有职能都预先安排外派给其他专业机构。SPV 必须保证独立和破产隔离。SPV 设立时，通常由慈善机构或无关联的机构拥有，这样 SPV 能按照既定的法律条文来操作，不至于产生利益冲突而偏袒某一方。SPV 的资产和负债基本相等，其剩余价值基本可以不计。SPV 可以是一个法人实体，也可以是一个空壳公司，还可以是拥有国家信用的中介。

一、SPV 产生的背景

资产支持证券（Asset-Backed Securitization，ABS）起源于美国。美

国国民抵押协会于1968年发行了首支担保证券,标志着该融资方式的诞生。同年,美国国会通过了《住房及城市发展法》(Housing and Urban Development),并借由该法案授予美国政府国民按揭协会(The Government National Mortgage Association)对住房按揭贷款进行购买和收集的权力,并有权对这些根据按揭贷款所组合而成的股份向公众投资者进行出售,该种操作方式即为资产的证券化。而这其中的美国政府国民按揭协会实际上起到了SPV的作用,通过对大量贷款的收集,贷款之间的风险可以达到彼此对冲的作用,从而分散风险;通过将住房按揭贷款组合成股份出售给投资者来加速资金的周转。

现代市场经济条件下,当企业等主体发行债券等融资工具融资时,融资工具的信用评级直接影响融资成本,而债券的评级跟企业自身的信用评级高度相关,往往与公司信用评级相同或更低。这样即便公司拥有优质资产也可能会由于自身整体信用评级过低,造成发债的利率过高从而承受过大的融资成本,因此债券易受发行人主体自身的信用评级影响而得到与自身意愿不相符的信用评级。

即便有担保品,由于我国目前法律法规不健全,当公司在外的任何债券出现违约时,仍可能会出现一物多保或者在担保后担保品后期出现损耗导致自身价值下降的现象,破产法律可能会破坏担保贷款中的贷款人寻求执行担保物权,从而影响债券的偿付问题。

以上信息不对称将导致贷款人可能要求贷款利率上升来降低其损失,这将导致拥有优质资产但信用评级低的企业退出债券市场融资,进而出现"劣币驱逐良币"的现象,使借款者要求的利率进一步提高。为了避免这种现象,SPV应运而生。

二、SPV的基本原理

SPV的全称是特殊目的载体,是一种解决以上问题的有效途径。在以资产池为支持发行证券融资,用资产池未来的现金流对投资者所购买的证券进行偿付,从而让发行人提前获得资金的过程中,SPV能够将证券化中使用的担保品和寻求融资的公司(发起人)区别开来,实现破产隔离和信用风险隔离,避免融资公司由于信用等问题提前结束对债务的清算,使得投资者的风险暴露只与资产池有关,发行的证券评级和担保品的历史现金流与违约概率相关,从而得到更高的评级,降低融资成本。SPV流程图见图3-1。这其实是有边界的优化求解去做融资的过程,是对期限、信用、流动性的切分,在融资后需要找更好的项目去投资,以覆盖SPV建立过程中需要承担的成本。通过投资更优质的项目获得收益,并以此为基础建立SPV融资,再投资,如此往复,最终达到改善企业、提高公司评级、增进企业发展的目的。

具体的,个人或者企业将债务合约等或者其他类别的资产委托给金融机构,金融机构将其打包后与SPV进行真实交易,真实出售后实现破产隔离。SPV再将资产池分为优先层、中间层、权益层,并以资产池的未来现金流为基础发行证券化资产出售给投资者。通过资产证券化将流动性差的资产转变为流动性高的证券化资产来加速资金周转,并通过分层使得证券不同层级得到资金偿付的优先顺序与当资产损失时受损的先后顺序不同,从而使不同层级拥有不同风险,并满足不同投资者的风险偏好。

实现真实出售是实现破产隔离的前提。在真实出售下,SPV的构建需要经过一系列严格的操作来保证无论发起人出现什么问题,都不会波及SPV。SPV必须具备独立法人主体资格,成功受让原始资产所有权人转让的财产权时,才能实现上述目的。我国《证券

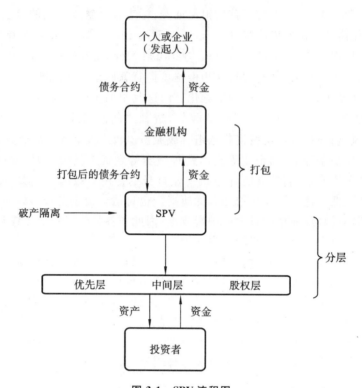

图 3-1 SPV 流程图

公司及基金管理公司子公司资产证券化业务管理规定》虽然已经明确 SPV 是独立于投资人、管理人、发起人的独立主体,但这毕竟只是监管部门颁发的文件,目前法律上仍然尚未明确赋予 SPV 独立主体资格,这直接影响资产证券化中资产隔离机制的运作。

中国目前的法律体系不存在一套像美国法律体系那样对真实出售的严格定义,对破产隔离和真实出售的界定还只是单纯从民商法的角度判断,而这种判断的结论往往难以刻画客观事实。

总体来说,目前对资产池的转移是否能实现破产隔离,多数采取《合同法》《破产法》综合判断,但这样既会提高法律搜索成本,也不利于理解。在这种大环境下,证监会以其丰富的资产证券化事务的处理经验来作为主管证券公司资产证券化的职能机构就显得尤为必要。

客观而言,资产证券化市场的规范离不开司法的审理、判决,更离不开相关职能部门的常态化监督与经验总结。证监会作为该市场的主管部门,其对资产证券化市场具体态势和问题的理解相较于许多司法机关而言更为深刻。加强证监会对当前阶段的市场管控,有利于其接触更多的市场案例,进一步积累、强化其在资产证券化方面的专长优势,形成更加合理有效的对策方法和机制体制。证监会的管控,不仅能在具体案例中弥补法律规制上的一些漏洞,更能为后期相关法律规制的完善积累提供宝贵而专业的经验,可谓一举两得。

通过资产证券化,即便是一组高收益的垃圾债券,经过打包后,也可能会由于债券数量多而实现风险分散,从而使得分层后的优先层获得高信用评级,实现"变废为宝"的目的。在实际构建 SPV 的操作中,特殊目的载体的种类很多,各自有其相应的特点,如何选择合适的载体从事业务,则和我国监管体制、发起人具体目的等多方面因素有关。

三、SPV 的法律形态

参照各国的资产证券化实践和相关立法,SPV 的法律形态主要有信托、公司、有限合伙三种。

(一) 信托形式

1. 信托形式概况

信托是一种起源于英、美的制度设计,其基本含义是"委托人基于对受托人的信任,将其财产权委托给受托人,由受托人按委托人的意愿以自己的名义,为受益人的利益或特定目的,进行管理或者处分的行为"。从信托法上来看,信托主要有以下特征:

(1) 信托是为他人管理、处分财产的一种法律安排;
(2) 委托人向受托人转移财产权或财产处分权,受托人成为名义上的所有人;
(3) 受托人是对外唯一有权管理、处分信托财产权的人;
(4) 受托人任务的执行、权利的行使受受托目的的约束,必须为受益人的利益行事(而不是受委托人的控制)。

从其运行机制上来看,应当遵循两个最基本的法律原则:一是信托财产的所有权和利益分离。即信托一旦成立,委托人转移给受托人的财产就成为信托财产,所有权由受托人取得,但信托财产本身及其产生的任何收益不能由受托人取得而只能由受益人享有。二是信托财产的独立性。即在法律上,信托财产与委托人、受托人及收益人三方自有财产相分离,运作上必须独立加以管理,而且免于委托人、受托人及受益人三方债权人的追索。

以信托形式建立的 SPV 被称为特殊目的信托(SPT,Special Purpose Trust),其在英美法律中归属于普通法上的商业信托(business trust)。这种信托运行机制是由发起人将证券化资产转让给 SPT 成立信托关系后,由 SPT 向发起人发行代表证券化资产享有权利的信托受益证书,然后由发起人将受益证书出售给投资者。在资产证券化操作中的信托关系表现为:发起人是委托人;SPT 是受托人,通常是经核准有资格经营信托业务的银行、信托机构等营业组织;信托财产为证券化资产组合;受益人则为受益证书的持有人。

2. 我国的信托形式

截至 1995 年 3 月,全国具有法人资格的信托机构达 392 家,总资产达 6000 多亿元,大概占全部金融资产的百分之十。信托业的发展弥补了我国传统单一银行信用的不足,为利用社会闲散资金、引进外资、拓展投资渠道、促进市场经济的发展提供良好的途径。由于历史的原因,信托投资公司熟悉贷款业务,与银行保持良好的关系;从事证券承销业务,对证券市场比较熟悉。某些由地方财政、政府职能部门、银行全资设立的信托投资公司有一定的官方身份,对政策性较强的不良资产、住房抵押贷款的证券化有着独特的意义。同时,我国政府自 1998 年对信托业开展整顿以来,信托投资公司进行了大规模的关停并转,保留下来的少量信托投资公司,大多由地方财政控制,资本金充足,资金结构合理,资信比较高,特别是中国国际信托投资公司还在国际金融市场有一定的影响,在国外发行过很多证券,是我国最早引进外资的窗口。因此,某些信托投资公司有条件成为资产证券化试点。

(二) 公司形式

1. 公司的法律地位

在英美法律体系中,公司是指由法律赋予其存在,并与发起人、董事和股东截然分开的法人团体,公司可分为以营利为目的的商事公司和发展慈善、宗教、教育等事业的非营利公司。作为特殊目的机构的公司只能是商事公司。以美国为例,公司的形式主要包括普通公司、S公司和有限责任公司等。

普通公司从税收角度看,必须按联邦所得税法 C 章的规定缴纳所得税,所以普通公司也被称为"C 公司"。评级机构要求 C 公司作为特殊目的公司时应满足以下条件:公司至少有一名独立董事;在特殊目的公司进行提交破产申请、解体、清算、合并、兼并、出售公司大量资产、修改公司章程等重大活动时,必须得到包括独立董事在内的所有董事的一致同意;特殊目的公司不能被合并。

S 公司是指那些选用联邦所得税法 S 章的规定,避免以实体身份缴纳联邦所得税的公司。S 公司本身受若干规章和条件的限制,如股东数目不得超过 35 人,股东不得是公司和非本国国籍的居民等,这就限制了 S 公司成为特殊目的公司的可能。

有限责任公司以某些特殊的形式经营,它在责任方面像普通公司,在税收方面又像 S 公司。评级机构要求有限责任公司作为特殊目的公司应满足下列条件:有限责任公司至少有一名股东是破产隔离的主体,通常为特殊目的公司;特殊目的公司在进行提交破产申请、解体、清算、合并、兼并、出售大量公司资产、改组公司组建文件时,必须得到包括公司独立董事在内的董事的一致同意;有限责任公司不能被合并;一般要求税收意见书,以确认有限责任公司是以合伙而不是以公司的身份纳税;在税法许可的条件下,组建文件应该规定,在某股东资不抵债时,只要其余股东的大多数同意,有限责任公司就会继续存在。如果其他股东不同意有限责任公司继续存在,则组建文件必须规定:有限责任公司只有在获得评级证券持有者的同意后,才能对抵押品进行清算。

2. 我国的公司形式

我国的公司分为五种:有限责任公司、股份有限公司、无限责任公司、两合公司和股份两合公司。我国的有限责任公司指由不超过一定人数(50人以下)的股东出资组成,每个股东以其出资额为限对公司承担责任,公司以其全部资产为限对其债权人承担责任的企业法人。我国对有限责任公司的立法较完善,特殊目的机构可采用此形式。这里有两种情形可做详细分析。

一种情形是国有独资公司。可以借鉴美国的政府国民抵押协会、联邦国民抵押协会、联邦住宅贷款抵押公司,以及中国香港的按揭证券公司。设立一个由政府支持的国有独资公司,其经营业务为购买商业银行发放的住房抵押贷款,发行资产支持证券。其首笔注册资金由政府拨专项资金投入,其后可以发行公司债券以募集资金,所募资金专门用于购买住房抵押贷款。这种模式应以《公司法》中有关国有独资公司的规定为依据,依照《公司法》,国有独资公司也有发行公司债券的资格。因此,此模式具有现实性和可操作性,基本上不存在法律障碍。

3. 资产管理公司的适用性

需要指出的是,为借鉴亚洲金融危机的教训,化解金融风险,推进国企改革,我国在1999年分别成立了中国信达、长城、东方、华融四家资产管理公司。资产管理公司是国务院下属的国有独资金融企业,他们从四家国有商业银行中分离出来,又独立于四家国有商业银行,其100亿元资本金全部由财政部投入。有人认为可以将现在的四大国有投资公司直接作为特殊目的机构,其实这是对特殊目的机构法律性质的误解,二者并不具有兼容性。主要体现在以下几点。

(1) 从设立目的看,资产管理公司是为了化解各国有专业银行的信贷风险,该信贷风险主要表现为不良信贷资产所产生的信用风险;而特殊目的机构将原始权益人不具有流动性的资产以证券的形式发行,转化为现金,盘活原始权益人的资金,实现资本的充足率。

(2) 从发行证券项下资产的性质看,资产管理公司发行的证券是以其自身整体资产和信用做担保;而特殊目的机构所发行的住房抵押债券则是以特定化的所谓的证券化资产做担保(支撑)。

(3) 从存续期间来看,目前资产管理公司是永续性企业,而特殊目的机构的存续期间往往与发行住房抵押债券的期间相当。

4. 其他特殊机构

另一种情形是由商业银行或证券公司等金融机构设立特殊目的机构。从国外经验看,由发起人(如银行)设立一个附属融资子公司来担任特殊目的机构的情形是很常见的。商业银行设立特殊目的机构有很多优势,比如能避免在贷款出售时烦琐的定价、评级、讨价还价问题,简化资产证券化的部分程序,还能从资产证券化中获得超出服务费收入的更多的利润。但是,我国的商业银行在业务上有限制。《商业银行法》规定:"商业银行在中华人民共和国境内不得从事信托投资和股票业务,不得投资于非自用不动产。商业银行在中华人民共和国境内不得向非银行金融机构和企业投资。"《证券法》和《信托法》也规定:"证券业和银行业、信托业、保险业分业经营、分业管理。"因此,我国的商业银行目前不能投资于非银行的金融机构,不能成为以发行资产支持证券为主要业务的特殊目的机构的控股股东。而且,商业银行设立特殊目的机构容易被管理者、投资者认为是商业银行的变相融资,而非资产证券化运作。同时,特殊目的机构和商业银行之间的子母关系还可能导致内部的关联交易,不能实现"真实销售"和真正的"破产隔离",证券投资者的利益容易受到侵害。另外,这种方式特殊目的机构发行的债券的评级也会受到商业银行本身信用的重大影响,增加信用增级的开支。因此,一般来说,我国不宜由商业银行出资设立特殊目的机构。

5. 股份有限公司的适用性

我国公司法承认的另一种形式是股份有限公司。它是指全部资本分成等额股份,股东以其所持股份对公司承担有限责任,公司以其全部资产对公司债务承担责任的企业法人。由于我国公司法对设立股份有限公司的要求较高,注册资本最低要达到500万元人民币,并要遵守公众公司信息披露的要求,且设立手续烦琐,成本耗费巨大,审批程序复杂,从经济效益上考虑不适宜采取这种方式设立特殊目的机构。

(三) 有限合伙形式

1. 有限合伙的概况

有限合伙由一个以上的普通合伙人与一个以上的有限合伙人组成。普通合伙人承担无限连带责任;而有限合伙人不参与合伙事务的经营管理,只根据出资额享受利润,承担责任,即承担有限责任。评级机构一般要求特殊目的机构有限合伙满足以下条件:有限合伙至少有一个普通合伙人为破产隔离的实体,通常是特殊目的公司;在进行提交破产申请、解体、清算、合并、兼并、出售公司大量资产、修改有限合伙协议等活动时,必须得到破产隔离的普通合伙人的同意;如果普通合伙人不止一个,那么有限合伙协议应规定,只要有一个普通合伙人尚有清偿能力,有限合伙就会继续存在,而不会解体;一般要求特殊目的机构有限合伙不能被合并。

2. 我国的有限合伙制

我国已经于1997年颁布了《合伙企业法(草案)》。提交全国人大常委会审议的《合伙企业法(草案)》中曾规定有限合伙,但审议中以"问题比较复杂"等理由否定了关于有限合伙的规定。另外,一般认为,英美法系的有限合伙与大陆法系的两合公司较为一致,但我国《公司法》未规定两合公司的形式。所以,以此形式设立特殊目的机构在中国目前没有法律依据。《合伙企业法》已由中华人民共和国第十届全国人民代表大会常务委员会第二十三次会议于2006年8月27日修订通过,修订后的《合伙企业法》自2007年6月1日起施行,新法中已规定了有限合伙人条款及章节,其中涉及有限合伙企业的包含第六十条至第八十四条,尽管并无对此形式下设立特殊目的机构的具体细则,但也意味着采用有限合伙制有了基本的法律依据。

四、SPV 的作用

(一) 改善公司资产结构

资产真实销售后,由于公司将资产(如长期资产)转让给 SPV 获得折价现金收入即现金资产,公司的资产结构能有效得到改善,将长期资产转化为现金资产,降低长期资产比例而不提高公司资产负债率,同时提高流动比率获得表外融资优化公司报表,为以后低成本融资提供基础。投资者承担的资产池中剩余的损失风险还可以通过进一步的信用增级来减轻。

例如,随着汽车销售额的不断扩大以及人们消费观的改变,越来越多的人会选择通过贷款的方式购车,汽车金融公司为大量购车者提供汽车消费信贷服务,因此其拥有大量债权,且因为债务人的分散度高,未来现金流相对有保障,风险较小。但是其应收账款过高,资金周转速度较慢,公司通过将此类资产出售给特殊目的信托,由受托人向投资人发行证券,并以资产池未来的现金流支付证券的本金及利息,便可以盘活存量资产,改善资产结构。

(二) 增加筹集机会,促进企业的发展

部分筹资人可能面临自身信用评级过低、融资成本过高的问题。通过 SPV 可以让

发行的融资成本只与基础资产未来的现金流有关而与筹资人自身信用评级无关,只要基础资产未来现金流有保障,便可以较低的成本融资,增加筹资机会。企业通过建立SPV实现低成本融资,相应会有更多的资金用于企业的发展,缩短企业的成长周期。

(三)破产隔离

在构建SPV中,能否实现破产隔离尤为重要。破产隔离强调的是经过特殊处理后的资产权益能够被投资者所拥有,保障基础资产的定向受偿,能够与其他机构实现有效隔离,不因其他机构破产而影响资产的权益归属,或者说当相关机构发生破产清算时,经过特殊处理的资产不应当纳入破产人的破产资产。在常见的资产买卖形式中,计划管理人代表资产支持专项计划与原始权益人签署基础资产买卖合同,购买基础资产并支付交易对价。在资产证券化实践中,资产支持专项计划通常都按照符合商业公平的有效价值向原始权益人支付基础资产买卖对价,符合《合同法》《破产法》规定的公平交易原则。基于此,只要该笔资产买卖完成,资产支持专项计划的基础资产就具备了实现破产隔离的交易基础,这是实现破产隔离的必要条件。因此,符合《物权法》规定、权属清晰的不动产权、债权(比如租赁债权、信贷资产、应收账款)等基础资产通过资产证券化,是可以实现与原始权益人破产隔离的。

(四)税收中性

构建SPV结构后,SPV所负责的此笔资产证券化业务往往是唯一的业务,否则当SPV从事其他业务发生亏损时,可能会有破产风险,损害投资者利益。由于基础资产获得的现金流的绝大部分收入都支付给了投资者,所以SPV几乎不用纳税。

从营业税、企业所得税的角度看,在信贷资产证券化的情形中,SPV构建之前,企业依法缴纳营业税与企业所得税;SPV构建之后,受托机构按照其获得的资产现金流收入缴纳营业税,并将收入分配为受托机构报酬、贷款服务机构报酬、其他中介机构报酬、证券投资人的证券利息收入,前三者缴纳营业税与企业所得税,证券投资人获得的收入缴纳所得税。

在证券公司资产证券化的情形中,由于构建后的SPV所发行的证券对应的基础资产种类较多,并且每个资产对应的税种也有所不同,因此其税收没有明确的规定,管理人与税务机关有一定的探讨余地,在很多情况下,对于税收问题,由原始权益人和投资者自行处理。

上述两种情况,由于它们对应的SPV并不是合格的纳税主体,当基础资产为固定资产这种不动产时,其折旧带来税收优惠不能被良好地体现,此时公司型资产证券化就体现出其特有的优势。但是相应的,公司型资产证券化建立的公司由于其结构的原因,双重征税的现象在所难免。

(五)信用增级

发行人自身融资需要承担与自身信用评价相应的融资成本,然而通过将基础资产转让给经过设计后的SPV后,融资成本则与基础资产未来的现金流的保障度强相关。因此当未来基础资产现金流有保障时,融资成本则相应较低,反之则高。当建立SPV后融资成本仍然较高时,可以通过内部增信或者外部增信来进一步降低融资成本,即便达到

AAA 评级,不同的证券由于一些原因融资成本仍然会有细微差别,但只要增信成本低于证券增信后降低的成本,则应该选择增信使得总体成本降低。现实中可以使用内、外部增信联合来降低融资成本。

五、SPV 的主要风险

(一) 资产证券化中的道德风险

在金融产品交易中,金融产品的供给方通过对产品的风险收益计算定价,购买方则通过对金融产品风险的衡量来考虑自身的交易头寸的配置并确定止损止盈策略。但是资产证券化操作中存在止损机制的缺失:虽然资产池通过真实销售出售给 SPV,但是在实际发行资产支持证券过程中却缺少监督者。当相关机构参与者获得自身利益后,由于 SPV 中存续资产池价值的高低以及风险收益结构被极大地忽视,同时 SPV 的结构以及资产池往往过于复杂,动态监管需要较大成本,因此普通投资者的利益往往不能有效保障。

(二) 破产隔离的失效

发起人对资产池的风险收益了解更加深入,当由发起人设置 SPV 并作为控股股东时,若发起人破产清算,SPV 的资产可能也会有被破产清算的风险,此外由于发起人特殊身份可能会带来关联交易的极度便利性。这里可以考虑参考我国台湾的监管要求,即 SPV 必须由金融机构设立,并且金融机构与发起人不得为关联企业。

(三) 会计处理不规范

资产证券化业务涉及很多的会计问题,主要有:会计处理问题、会计计量问题、会计报表合并问题。其中的会计处理问题较为模糊,没有严格细致的规定致使其中的操作性很大,而处理方式的不同产生的结果也会对各方面产生不同影响,对监管部门监管也带来挑战。

(四) 不合格资产的证券化

并非所有资产都适用于资产证券化。当资产池中资产未来的现金流偿付风险达到一定程度时,资产证券化带来的不确定风险过高,此类资产就不适用于资产证券化。从国外的经验看,适合证券化的资产类别有:应收账款、抵押和担保贷款、有固定收入的贷款、商业贷款等。针对我国当前资产证券化乱象以及存在不合格资产证券化的现象,应当完善我国立法,减少不恰当资产的证券化的发生。

(五) 风险防范机制的欠缺

SPV 常是空壳公司,尽管通过真实交易取得了资产池的所有权,但是为了防范风险,在实际操作中也是按照设置 SPV 前的规定来单一地处理资产池,且作为金融创新的产物,其本身不需要职员及办公场地,绝大多数为委托他人经营,因此其风险防范机制欠缺。

(六) 评级乱象频发

资产证券化是一个涉及会计、法律、金融的复杂过程,SPV 通过交易得到资产池后,往往通过相应的增信来提高信用评级以降低融资成本。然而次贷危机导致评级乱象频发,错误的评级对外提供的是错误的投资信息,进而对投资决策产生重大影响,因此评级机构的评级机制的完善对金融市场的秩序稳定具有重要意义。我国目前评级缺乏足够的经验且带有浓厚的政府色彩,缺乏独立性,因而主要依靠外援进行。为了防止评级乱象的发生,可以采取至少两个评级机构对同一金融产品进行评级的方式来减少评级的主观性以及内部可操作性。

六、SPV 在中国的实践

从立法上看,对于 SPV 的设立无论是在基础性法规还是在专门性法规上,都主要是对信托型 SPV 的规范,对其他形式的 SPV 的规范并不完备,从而限制了我国可设立 SPV 的形式。

从现行立法与实际操作上看,信托型 SPV 虽然是最为成熟的,但是在资产支持证券的发行与流通上仍然存在问题。从发行角度看,按照《信托法》规定,信托确立以后,基础资产就完成了所有权与受益权的分离,受托人以资产未来的现金流发行受益权证,但是这种受益权证严格意义上并不属于《证券法》上的证券,并且就发行证券的种类上来说,信托型 SPV 由于其性质的原因,一般只能发行受益凭证融得资金。从流通角度看,虽然按照《信托法》第 48 条规定,这种受益权证可以依法转让,但这种转让并不像证券那样具有普遍的流通性,而只是个别主体单独协商的结果。根据《消费金融公司试点管理办法》第 42 条规定,资产支持证券在全国银行间债券市场发行结束之后 2 个月内,受托机构可根据《全国银行间债券市场债券交易流通审核规则》的规定,申请在全国银行间债券市场交易资产支持证券,但是其流通范围也只限于银行间债券市场,对流通性的改善较为有限。

而对于公司型 SPV 而言,新公司法的出台使得有限责任公司最低注册资本和机构人员设置的门槛大大降低,并给了了一人有限公司法律地位,但是目前在我国设置公司型 SPV 仍然任重道远。首先,我国对股份有限公司注册资本门槛仍然很高,最低为人民币 500 万,且要求设置股东大会、董事会、监事会,这对于 SPV 这种尽可能降低融资成本的"空壳公司"而言难以接受。其次,一人有限公司虽然得到立法的支持,但我国发行证券需要通过严格的法律条件和程序,并且还需通过有关部门的审批,因此证券发行资格的获取成为新的障碍。并且新公司法引进了"法人人格否定原则",当股东不能证明公司的财产与自身财产相互独立时,应当对公司承担连带责任。但是此项法规我国目前缺乏相关的司法解释与实践经验的支持,使得公司型 SPV 的不确定性进一步增大。再次,我国法律规定在公司分配当年税后利润时,应当提取利润(当年净利润)的 10% 列入公司法定公积金;公司法定公积金累计额为公司注册资本的 50% 以上的,可不再提取。而 SPV 由于自身性质的特殊性,无法满足此项法规。最后,在实践中适用的合并法律还未出台。实质合并问题中母公司的倒闭势必引起子公司的破产,而目前防止母、子公司发生连带责任的法律仍未出台,虽然在《企业破产法》中别除权对债权人的受偿问题加以明确,但是力度依然需要提高。

第二节 结构化融资工具设计

一、本金现金流设计

将本金现金流定向分配给一个交易里的不同部分,这是满足不同类别投资者不同需求的债券设计的主要办法。从现金流分配的角度来看抵押担保证券,就是通过创建一个或多个成套的还款规则来分配现金流。这些还款规则规定了每月还款的现金流是如何分配的,并根据设计的债券类别的不同而有所不同。比如说,偿付规则可能规定,结构中的一个债券在被完全还清之前都可以收到担保品偿付的所有的本金还款,待该债券还清后,本金会流向下一个债券。这里,我们介绍机构 CMO 交易中所使用的基本的结构化技术,由于有机构在资产池层面提供担保,因此没有涉及信用增级。

一个 CMO 代表一个本金的"封闭世界"。如果一个交易的本金面值是 4 亿美元,意味着可以偿付的本金总额就是 4 亿美元。那么在较快的提前偿付速度下,本金现金流偿付给投资者越早,交易剩余期限里留下的可用现金流就越少。然而,利息是变动的而不是固定的,它是任何时间点时未偿本金余额的函数。另外一点需要注意的是,结构化首要一步是确定一个合适的提前偿付假设,关键在于所选用的技术,"结构化速度"决定了该交易的现金流分配和不同债券部分的比例的预测。然而,担保品不可能在其整个生命期间按照预定速度进行提前偿付,即随着时间推移和交易进行,所有的结构都会演变,同一个交易中不同类别债券的属性也会改变。因此,如同资产负债表一样,所有的结构都应被视为某个单一时点的快照。

(一)期限分级

结构化最基本的形式就是期限分级,也就是从担保品组或者是原有的父债券中设计出一系列具有不同平均期限和久期的债券。一般地,本金现金流依次分配给这个系列里的各个债券类别。所有的本金还款都先分配给最快到期的债券直到它被完全摊销为止。然后本金分配给第二个到期债券直到它被完全摊销,以此类推,直到所有的本金被完全摊销。过手证券被结构化为短、中、长期三类。注意,担保品不是必须被转付,如上所述,可以设计出其他分级类型并继续进行期限分级。

在结构化一组系列债券时,第一步要设计序列分级的数目并确定相关的平均期限。有一个债券作为一个"插件",在所有其他债券收回实现它们平均期限目标所需本金后,再接收现金流。使用提前偿付定价速度计算开始和结束日期,以便满足各个类别债券的平均期限目标,剩余的现金流分配给插件债券。在某些情况下,结构化也需要考虑其他参数。比如,序列分级债券的结构可以设计为在特定月份一次性偿清,平均期限受分类结果的属性的影响。注意,由于结构化模型使用了担保品的现金流,因此结构化操作中很大程度上取决于相关现金流的可用性,即不是所有的结构都能被设计出来;设计一个能够满足一系列平均期限和到期目标的结构,受制于所需设计的结构的现金流可用性。

为说明一个顺序型偿付CMO,现在来讨论交易1——一个为了说明结构的基本特征而假设的交易。这个CMO的担保品是一个总面值为4亿美元的过手证券,其要素如下:过手证券票面利率为5.5%;加权平均利率是6.0%;加权平均期限是357个月。

这个4亿美元的担保品,假设提前偿付速度为165% PSA,我们可以设计出4个债券类别,其序列型偿付结构见表3-1。这4个类别的总面值相当于担保品(即转手证券池)的面值。在这一简单结构中,每个类别的票面利率是相同的,与担保品的票面利率也相同。在收益率曲线陡峭且短期利率相对较低时,平均期限较短的结构的债券尤其适用这种情况,因为它往往会令债券的美元价格过高。

表3-1 交易1:4个类别的序列型偿付结构

类 别	面值(美元)	票面利率(%)	平均期限(年)
A	194500000	5.5	3.4
B	36000000	5.5	7.3
C	96500000	5.5	10.9
D	73000000	5.5	19.8
担保品	400000000	5.5	8.6

如上所述:CMO的设计,是在偿付规则的基础上将利息和本金的现金流重新分配给不同的债券类别。表3-1中的偿付规则说明了担保品产生的每月现金流是如何分配给4个债券类别的。票面利息和本金的偿付有不同的规则,这里的本金是常规计划本金还款和任何提前偿付的总和。

在交易1中,每个类别都根据它的未偿本金余额来收取定期票面利息还款。但是本金的分配要按照交易的偿付规则进行。没有一个债券类别有权在排在它前面的类别的本金完全偿清之前收取本金。具体地,类别A先得到全部的本金偿付,直到它的全部本金拖欠额1.945亿美元被还清;然后,类别B开始得到本金偿付并继续收取直到支付完其3600万美元;然后类别C收到本金偿付,直到其完全被偿清,最后类别D开始收到本金偿付。

虽然分配本金还款的偿付规则是已知的,但是各类别实际收到的本金的精确数额却是未知的。这要取决于担保品产生的本金现金流,而它又取决于担保品的实际提前偿付率。因此,发行时预设的现金流和债券类别规模与实际实现的情况之间总是存在着差异。

假定担保品的提前偿付速度为165% PSA。在第一个月,担保品的现金流组成包括734171美元的本金还款和183万美元(0.055乘以4亿美元,再除以12)利息。利息以4个类别各自的未偿本金面值为基础分配。所以,类别A收到183万美元中的891458美元(0.055 乘以 1.945 亿美元,再除以 12)。但是,本金就全部分配给类别 A。因此,类别 A 第 1 个月的现金流就是 1625629 美元,第 1 个月月底的本金余额是 193765829 美元(初始本金余额 1.945 亿美元减去本金还款 734171 美元)。没有本金还款分配给其他三个类别,因为类别 A 依然还有未偿本金余额。第 2 个月到第 78 个月也是这样的。

第 78 个月后,类别 A 的未偿本金变成 0。担保品第 78 个月的现金流是 3081817 美元,由 2130792 美元的本金还款和 951025 美元的利息组成。在第 79 个月的月初(第 78 个月的月末),类别 A 的未偿本金余额是 1996526 美元。因此,担保品的本金还款 2130792 美元中的 1996526 美元分配给 A。这笔还款完成后,类别 A 的本金余额已经变成 0,因此不再需要将本金分配给它了。担保品的剩余本金还款 134266 美元就分配给类别 B。根据 165% 的 PSA 的提前偿付速度假定下所做的预测,类别 B 从第 79 个月开始收到本金还款。

我们可以预测类别 B 在第 97 个月被偿清,当月类别 C 开始接受本金还款,类别 C 直到第 172 个月才能被完全偿清,当月类别 D 开始接受剩余本金还款。在 165% PSA 假设下,这 4 个类别的预测到期期限(即本金完全被偿清所需的时间)为:类别 A 需要 78 个月,类别 B 需要 97 个月,类别 C 需要 172 个月,类别 D 需要 357 个月。

一个类别的本金偿付时间窗口,就是该类别的本金还款在指定提前偿付假定下从开始到结束的时间段。比如类别 A 的本金偿付时间窗口就是 165% PSA 假定下的第 1 个月到第 78 个月,类别 B 就是从第 78 个月到第 97 个月。这个时间窗口也用本金还款开始到本金还款结束的时间长度来定义。这样的话,类别 A 的窗口就是 78 个月,类别 B 是 19 个月,以此类推。

下面再来看一下 CMO 的设计。首先,在前面章节我们看到转手证券在提前偿付速度为 165% PSA 时的平均期限是 8.6 年。可以看到,这 4 个类别的平均期限包含了比担保品的平均期限长或短的情形,因此吸引了对担保品平均期限有不同偏好的投资者。

需要注意的是,交易 1 中的所有类别的平均期限都有重大变化。序列型结构提供了一定程度提前偿付保护,更长期限的类别(即类别 B、C 和 D)不接受任何本金,直到排在它们前面的类别(即类别 A)的本金已经全部偿清。因此,即使提前偿付速度较快,由于更短类别债券的存在,后期(或者"封闭")类别也会受到一定程度的保护,虽然它们的平均期限和久期都随着提前偿付速度的加快而变短。

(二)计划摊还证券类别和 PAC 支持结构

计划摊还证券(Planned Amortization Class,PAC)支持结构可以用来设计降低提前偿付风险和现金流不确定性的抵押债券,也可以设计诸如公司债券等目标为吸引一次性结构的买方的证券。结构化的过程包括将一个交易的可用现金流划分为两组或多组,指派一组优先收取担保品的每月计划本金还款金额。其结果是在预先设定的提前偿付速度范围内,优先组(和来源此分级的债券)发行时的平均期限、久期和现金流窗口是不变的。但是,优先级较低的债券,其现金流波动较大,并且为了吸引投资人,一般收益较高。

结构化 PAC 的实现过程包含如下步骤:

(1)指定提前偿付速度的范围,在该范围内一些类别的本金现金流保持不变(被称为

PAC 带或 PAC 双限);

(2) 使用 PAC 带的上限和下限的速度,生成本金还款时间表。

发行时的 PAC 带(有时被称为结构化带)一般是在当前的利率环境下,所选择的能覆盖担保品提前偿付速度范围。在机构交易中,带的下限一般是 100% PSA 区域附近,上限一般是 250% PSA 或者更高。带的上下限以及带幅,通常反映了对市场上风险的感知。例如,在利率上升、提前偿付速度预计放缓的环境中,债权结构带的低点大概为 75% PSA,提前偿付速度预计较快时带的高点约为 300%。

一旦结构化确定了,PAC 时间表就可以生成。该时间表是根据 PAC 带的上下限速度所代表的提前偿付速度,所生成的本金现金流量的向量来计算的。时间表推导如下:

(1) 生成带速度上限和下限的本金现金流;

(2) 取上下限这两个的单月本金现金流中的低值作为 PAC 时间表中所使用的现金流量。

下面的讨论使用一个假定的 PAC 支持交易的例子,有一个担保品为面值 4 亿美元,票面利率 5.5% 的 MBS 转手证券。设计带幅在 100% PSA~250% PSA 范围内。注意,在 250% PSA 时交易早期的本金现金流,比提前偿付速度较慢时的现金流大得多,但是,后来几年的本金现金流逐渐减少,因为更快偿付速度的效果是本金返回给投资者更快。本例中,较小的每月本金量是较低的带在第 109 个月前产生的。

PAC 结构一旦被设计,PAC 类别就可以被视为父债券,接下来就可以用前面所述方法进行期限分级,设计出有不同平均期限的债券。通常地,交易会包含短期(1~4 年)、中期(5~10 年)和长期(10 年以上)的 PAC,这取决于不同投资者的细分需求。虽然典型的 PAC 交易设计有跨曲线的平均期限的债券,但实际的结构受市场需求和可以分配给投资者所期望的债券的现金流可用程度的影响。

PAC 计划本金还款后剩余的现金流被称为支持债券或配对债券。由于 PAC 引入的提前偿付杠杆,这些债券的平均期限和久期的分布波动较大。也就是说,提前偿付速度较低时支持债券的平均期限比担保品的平均期限延伸更快,提前偿付速度较高时则收缩更多。

一个有用的类比是将 CMO 结构视为一个企业的资产负债表。在一个企业没有债务的情况下,它的每股收益不会比税收盈利波动更大。如果引入债务,由于杠杆的作用 EPS 的波动会更大,因为收益流在支付给股东前必须先支付给债务持有人。在此框架之下,没有 PAC 的结构相当于没有杠杆的企业。因此,PAC 等同于债务,支持债券相当于杠杆权益。

跟所有的结构一样,PAC 支持结构上某个时点的相对比例的一个快照,概念上可以类比企业的资产负债表。不管怎样,包含 PAC 的交易尤其重要。发行后,随着时间推移交易确实发生了提前偿付,PAC 和支持债券的相对比例就发生了变化,导致剩余 PAC 的结构带的变化。假设有一个 PAC(P)和一个支持类别(S)的简单交易。每月本金现金流将分配如下:

(1) 按照余额计划表将现金流付给 P;

(2) 将剩余的现金流付给 S;

(3) 如果 S 已被偿清,剩余的现金流都付给 P。

在持续的较快提前偿付速度下,S 很快会被偿清。在此情况下,偿付规则基本与序列结构是一致的。注意,实际的提前偿付速度不可能与结构化交易和设计 PAC 时间表时所假设的情况相当,因此,支持债券的面值,以及相对于它们所支持的 PAC 的支持债券的比例,都是随着交易的时间推移一直变化。这意味着,PAC 结构所提供的保护既不是恒定的,也不是有保证的,但是当提前偿付大幅偏离结构化带所预测的情况时可以适当削弱。

一个削弱的 PAC 带可能从发行时的 100%~250% PSA 变为 9 个月后交易结束时的 115%~235% PSA。115%~235%PSA 带叫作有效带。如果结构带进一步恶化,可能在某个时点出现"受伤"PAC;当结构带完全消除时,债券变为"断裂"PAC。注意,断裂 PAC 仍有时间表;有效带的缺失意味着没有计划表可以明确提前偿付速度。

此外,实际提前偿付速度的快慢对结构的影响是不同的,因为带的上限规定了以后现金流的时间表,较快的提前偿付速度不成比例地影响较长的 PAC,并导致上限的恶化。相反,较慢的提前偿付速度影响期限较短的 PAC 带的下限的增长,因为没有足够的本金现金流来满足时间表的要求。在此情况下,结构带不会恶化,因为慢速让支持债券的偿还期更久,给 PAC 债券提供更多支持。而当结构带趋于向上移动时,100%~250% PSA 的初始带可能变为 175%~325% PSA。

从整个担保池创设 PAC 开始就意味着 PAC 现金流在担保品的整个期限都在流动,即从第 1 个月到第 360 个月。然而,在某些交易中,还有部分 PAC 现金流是实际用来构建 PAC 类别的,这创建了有趣的结构性变换。在之前的例子中,假设交易中的 PAC 在第 20 个月开始支付本金现金流,在此情况下,短期的 PAC 现金流与支持债券的现金流在交易的早期混合起来。从这些现金流中构建的债券是杠铃式的,并且在发行时其平均期限和久期经常具有吸引力。但是,这些债券的状况会随着时间推移而改变,一个主要的变化发生在封闭期满,即结构化 PAC 开始收到本金时。由于没有更多的 PAC 现金流可以给杠铃类别的债券,这个债券就变成了纯支持债券。

(三) 设计系列 PAC 债券

大多数 CMO 的 PAC 结构都拥有一个以上的 PAC 债券类别。假设从交易 2 中的单一 PAC 债券中设计出有 6 个 PAC 债券。我们称该 CMO 结构为交易 3。6 个 PAC 债券的总面值为 2849 亿美元,这也是交易 2 中单一 PAC 债券的面值。

正如预料的那样,如果提前偿付速度在 100%~250% PSA 之间,平均期限是稳定的。注意,即使超出这个范围,有几个 PAC 债券的平均期限也是稳定的。例如,即使提前偿付速度高达 800% PSA,PAC P-A 的平均期限也是稳定的。对 PAC P-B 而言,当提前偿付速度在 100%~250% PSA 之间时,平均期限不会发生变化。

这体现了之前所述的观点,即快速的提前偿付速度对短期的 PAC 现金流的影响小于时间表上长期的部分。换句话说,至少部分支持债券是可以用来给类别 P-A 的全生命周期提供保护。例如,即使提前偿付速度为 800% PSA,支持债券也不会在第 21 个月之前被完全偿清;在这个提前偿付速度下,P-A 在第 20 个月就被还清了。

相比之下,在 800% PSA 时,P-B 债券要到第 30 个月才能被完全偿清,在支持债券被完全偿清之后。因此,PAC 债券的平均偿还期限越长,较快的提前偿付速度下支持债券未被偿清的可能性就越小,这也降低了 PAC 有效带的上限。

PAC 交易有一个隐含的时间元素,在发行审查结构时并不是显而易见的。描述它的一个方式是如果提前偿付速度偏离结构带,就计算未来某个时点的有效带。

注意,为了创造不同的平均期限,支持债券也可以像 PAC 现金流那样按照顺序进行分级。这不会改变支持债券与 PAC 之间的支持关系。像在其他结构中一样,这种期限分级也可以设计出能够满足不同客户群的投资需求的债券。例如,一个短期支持债券可以卖给一个寻求提前偿付速度保持快速水平或者较快增长的投资人;而长期支持债券经常会吸引那些对平均期限和久期的变化并不是十分敏感的寻求高现金收益的散户投资者。此外,所有支持债券的现金流都可以进一步结构化为 MBS 衍生品。

注意,一个交易中有不同现金流优先级的多个 PAC 组也可以进行结构化。在设计了一个初始 PAC 支持结构之后,支持现金流可以用来结构化第二层级 PAC。这将设计所谓的 PAC2s,它们有在第一层级 PAC 之后的现金流的次级优先级。PAC2s 的结构带一般比 PAC1s 窄,只有在 PAC1s 的时间表满足后才能满足 PAC2s 的时间表。指定 PAC1s 为 P1,PAC2s 为 P2,这个类型交易的偿付规则如下:

(1) 按照 P1 的时间表偿付 P1;
(2) 按照 P2 的时间表偿付 P2;
(3) 将剩余的现金流付给 S;
(4) 如果 S 被偿清了,将剩余的现金流付给 P2;
(5) 如果 P2 被偿清了,将剩余的现金流付给 P1。

这表明,如果提前偿付速度快到能够偿清支持债券,那么 PAC2s 就变成了 PAC1s 的支持债券。PAC 债券的其他级别也创造了结构中更多的杠杆,使得支持债券和较低等级的 PAC 的平均期限和久期变得越来越不稳定。但是,重要的是,一个交易中可以设计出具有不同优先级的多个时间表。对 PAC 结构和其他使用时间表的结构化变量来说也是如此。

(四) 目标摊还型债券

目标摊还型债券(Target Amortization Class,TAC)和 PAC 债券一样都有本金偿付的时间表。PAC 债券和 TAC 债券之间的区别在于,前者有一个相对较为宽泛的 PSA 范围,该范围为本金偿付时间表提供保护以便防范减期和延期风险。相比之下,TAC 债券只有一个单一的提前偿付速度为本金偿付时间表提供保护,导致其提供的提前偿付保护要比 PAC 债券所提供的弱。因此,PAC 债券可以防范提前偿付的双边风险,而 TAC 债券仅仅提供提前偿付风险的一种保护。

现在,我们来看一下 TAC 债券(T)和一个支持债券(S)的交易。每月本金现金流分配如下:

(1) 根据余额时间表分配给 T;

(2) 将剩余的现金流支付给 S;

(3) 如果 S 被偿清了,将剩余的现金流付给 T;

当提前偿付速度比 TAC 计划偿付速度快时,只要支持债券还有未偿金额,TAC 债券就会有保护。相比之下,当提前偿付速度比 TAC 计划偿付速度慢时,每月就没有足够的本金来满足 TAC 时间表,这就导致了 TAC 平均期限的延长。

TAC 有多种多样的结构化方式。在某些情况下,TAC 作为 PAC 替代结构,具有交易中最高的现金流优先级,它可以比标准的支持债券提供更好的紧缩风险保护。跟有 PAC 支持结构一样,有 TAC 的交易可以为被视为利用结构化技术生成一个时间表并且利用它来分配本金偿付。这两种结构都可以设计支持债券,减轻不同提前偿付速度对有时间表的债券的影响。与所有有时间表的债券一样,其区别主要在于如何设计时间表以及它在结构中的优先级位置是在哪里。

(五)累积债券和定向增加债券

Z 类债券是将利息累加进债券面值的一类债券。虽然术语"Z 类债券"或"Z"是从政府分拆市场的零息债券中借用来的,但它是一个误用,因为这个债券是有息的,只是当债券开始支付本金时,它的利息才以现金支付方式付给投资者。在封闭期内利息通常支付给父债券,利息递延并加入债券本金价值的过程叫作增值。利息定向流入结构中另一个不同的债券,这笔定向的现金流可以作为一个全新债券类别的本金,也可以并入既有类别以平滑现金流。

通过将正常的利息支付债权拆分为累积债券和定向累积债券类别,交易的整体情况可以得到提高。通过设计一个非常稳定的债券,或者是使用累积利息来提升现存类别的情况可以使它们更加适销对路。Z 债券的久期长的特点吸引了那些有长期负债结构的投资人。此外,再投资风险也得到了改善,因为 Z 类债券按照票面利率累积,只要债券在增益再投资利率就在封闭中。

使用 Z 类债券的累积利息进行结构化的债券都有非常稳定的平均期限和久期,这是由封闭期内父债券生成的利息现金流的特性决定的。一旦封闭期结束,封闭债券就停止支付而仅付利息。虽然偿付速度很慢,但最早期的本金还款通常都不会延期,所以一般 AD 债券比结构中的其他债券更具稳定性。注意,在这样的结构中,可用本金是不变的,因为 Z 类债券和任何 AD 债券的合并面值都等同于最初的父债券的面值。

定向增加领域的一个子集是 VADM(非常精确到期日)。VADM 是一个独立的 AD 债券,即使没有提前偿付,它也没有延期风险。它也有相对较短的"法定最后期限"——任何情况下本金必须支付的最后日期。为了设计这类债券,Z 类债券的金额必须相对大些,从而累积比较大的增加金额。这类债券对那些对延期风险没有容忍性的投资者很有吸引力,也吸引了寻求短期法定最后期限的债券的机构和其他保守投资者。

为说明不同的结构化技术如何使用,下面举一个简单的例子来说明,为使一个短期支持债券更受诸如银行和机构之类的保守投资者的欢迎,对其进行平滑的最有效的方式是什么?介绍一下背景,银行监管机构在 1992 年颁布了一套管理 MBS 投资的条款。它们被称之为 FFIEC 规则,规定了结构化 MBS 在购买时应当满足如下标准:

(1) 它们的基本平均年限不得超过 10 年;

(2) 它们的预计平均期限的变动,在收益率曲线增加或减少300个基点的利率环境下,若期限缩减不得减少超过6年,若期限增加不得增加超过4年;

(3) 它们预计的价格不得下跌超过17%。

在利率300个基点变动的情况下,不符合这些标准的证券被列为"高风险投资"。理论上来说,如果机构能够证明这样的购买可以降低它们的利率风险暴露,则可以购买高风险投资。在实践中,这意味着受管机构所购买的债券几乎都符合这些标准。

因此,结构化设计者所面临的挑战是使用短期支持债券,并将它们调整至符合FFIEC规则的程度,进而卖给机构投资者。在下面这个假设的例子中,我们使用了多种结构化技术来将短期支持债券转换为FFIEC合格债券或3.5年平均期限的银行债券。对交易2的支持债券进行期限分级而创设的短期支持债券的情况如表3-2所示。注意,在115% PSA时,其平均期限超过了11.5年,比基础方案规定的平均期限超了8年,这不符合FFIEC的标准。

表3-2 3.5年支持债券的平均期限和久期

PSA	100	115	125	165	200	300	500
平均期限(年)	15.4	11.5	9.2	3.5	2.4	1.5	1.0
久期(年)	10.1	7.9	6.6	3.0	2.2	1.4	1.0

一个方法是采用PAC支持交易并提供一个时间表,将支持债券做成PAC2s或者更低优先级的PAC。为达成这一点,PAC2的结构带为132%~175% PSA,在165% PSA时PAC2的目标平均期限为3.5年。这种情况如表3-3中的方案1所示,表中列了该结构和银行债券的基本细节。

表3-3 设计银行债券的不同方案

方案1:创设的银行债券为PAC2	
PAC1:结构带为100%~250% PSA,没有封闭期	
银行债券:PAC2,结构带为132%~175% PSA	
债券交易的比例	
PACs	71.3%
银行债券	7.3%
支持债券	21.5%
方案2:创设的银行债券为带有更宽PAC1结构带的PAC2	
PAC1:结构带为90%~300% PSA,没有封闭期	
银行债券:PAC2,结构带为145%~175% PSA	
债券交易的比例	
PACs	62.6%
银行债券	12.5%
支持债券	25.0%

续表

方案 3:创设的银行债券为 PAC1s 封闭时的 PAC2	
PAC1:结构带为 100%～250% PSA,20 个月的封闭期	
PAC2:145% PSA 时的时间表	
债券交易的比例	
PACs	65.5%
银行债券	18.1%
支持债券	16.4%
方案 4:通过 Z 类债券的累积利息来创设银行债券	
PAC:结构带为 95%～250% PSA,没有封闭期	
银行债券:没有结构带,从 Z 类支持债券中收到累积利息	
债券交易的比例	
PACs	69.9%
银行债券	19.9%
支持债券	10.2%

跟大多数结构化方案一样,方案 1 也有需要取舍的地方。一是 PAC2 的结构带会恶化。这意味着,这个债券的属性会随着时间的推移变化很大,尤其是在利率和提前偿付速度洗盘的情况下。二是银行债券的规模相对较小,只包含了 7.3% 的交易,因此创设这个债券只是对整个交易的执行有轻微影响。

第二个方案也是创设银行债券为 PAC2 结构,它使 PAC1 的结构带变得更宽,这样支持债券的变动就会更小些。该方案使用的 PAC1 的结构化带为 90%～300%PSA,这意味着 PAC2 的带的下限可以适应更快的提前偿付速度。

相对于方案 1,方案 2 的优势在于:银行债券规模更大;同时,在提前偿付速度低于 115% PSA 时,它的平均期限超出范围更小些。但是,这个方案的缺点是,更宽的结构带创设出的可供出售的 PAC 更少。由于 PAC 是以最低的收益来交易的,创设的 PAC 更少意味着同样的执行需要它们按照比结构带为 100%～250%PSA 的 PAC 更窄的利差进行交易。在市场上,这种成交不会总是有的。此外,由于银行债券所占结构比例增大,其必须得到比先前创设结构更有效的执行。

表 3-3 中所示的方案 3 涉及结构带为 100%～250% PSA 的 PAC1,但是头 20 个月是封闭期。银行债券还是结构化为结构带 145% PSA 的 PAC2,但是现在短期 PAC 的现金流流入银行债券,以平滑它的属性并使其交易的占比更大。注意,在 100% PSA,这种结构中的银行债券比使用更宽结构带的债券的平均期限超限幅度更小。

方案 3 结构的主要问题在于,银行债券的现金流呈现出严重的前重后轻,因为它是部分由短期 PAC 构成的。因为这两个债券有相同的平均期限,方案 3 债券的本金现金流的流动期更长一些,这就形成了本金现金流的杠铃性质。如前所述,这意味着债券的属性随着交易年龄增长和短期 PAC 债券现金流的摊还而发生改变。此现象如表 3-4 所示,表中列示了方案 3 中创设的债券在交割和在第 20 个月时的平均期限。注意,该债券的平均期限在第 20 个月的变动更大,尤其是在提前偿付速度较慢的时候。此外,这个债券的基础方案的平均期限略微长一些,即使这个债券在近两年里都是未进行偿付的。虽然它创设了一个表面上稳定的债券,但这一技术引入了 MBS 分析中不太容易理解的时间维度。

表 3-4　方案 3 中创设的银行债券在交割和第 20 个月时的平均期限

PSA	100	115	125	165	200	300	400	500
交割时的平均期限(年)	10.4	7.5	5.9	3.5	3.5	2.4	1.9	1.7
第 20 个月时的平均期限(年)	13.1	9.4	7.2	3.6	3.7	1.8	0.9	0.5

最后一个结构化方法,即方案 4,使用 Z 类债券的累积利息来提升短期支持债券的特性。在这一例子中,并没有创设 PAC2 结构。PAC 的结构化带为 95%～250% PSA。支持债券的创设是通过将支持债券分为一个短期支持债券和一个长期 Z 类支持债券,对该交易进行结构化,这样 Z 类债券的累积利息就直接给短期债券。累积利息平滑了支持债券的属性,并且使其更受银行和机构的欢迎。

这种结构化方式的银行债券面值较大,属性相对强健,其交易不受提前偿付速度的微小变化和时间推移而改变。方案 4 的主要难点在于 Z 类支持债券的市场接受度。这类债券试图以非常宽的利差和很高的收益进行交易,它们并没有 CMO 市场上的其他品种的市场大。因此,Z 类支持债券的需求是零星的。除非对这个类型债券的需求很高,否则这个结构的执行就不会像其他方案那么强健。因此,这个方案只有在对长期 Z 类支持债券的需求较大时才是可行的。

二、利息现金流设计

与本金现金流的划分和结构化类似,结构中的利息现金流也可以进行改变并重新定向。导致利息现金流结构化的因素与本金结构化的因素相同,目标是创建能够吸引不同层次的固定收益投资群体的债券,通过交易和销售产生最大化的收益。通过利息再分配,创设出不同票面水平和结构的债券,使这些债券能够适应不同程度的利率和提前偿付速度。以下列举的都是担保池或者父债券可以进行结构化的债券类型。

(1)浮动债券。利率可以参照基准指数调整的债券。受利率变动的影响最小(即久期非常短),适合那些寻求短期融资利差的投资者。

(2)仅付本金债券。不向投资者支付票面利息的债券,以大幅折扣出售给投资者,它的回报是基于本金返回给投资人时的利率。这类债券一般久期很长且变动较大,因为它们的价格不仅受现金流现值的不同贴现率的影响,还受提前偿付速度变化的影响。

(3)仅付利息债券。只向投资人支付利息的债券,以名义本金的剩余金额为基础。这类债券可以被视为年金的一种形式,其未偿还的时间越长,价值越高。

与抵押贷款相关的本金的结构化和利息的结构化之间有一些基本的差异。如前所述,交易的本金量是固定的,可用来进行分配的本金也是不变的,但利息却是未偿本金余额的函数。因此,交易中可用的利息总额依赖于担保池的提前偿付速度,改变债券的息票是利息再分配的一个过程。

利息和本金再分配的最简单的结构就是仅付利息-仅付本金信托(IO-PO trust)。在这种形式下，担保池被分为仅付利息(IO)和仅付本金(PO)两个部分。PO只接收基础贷款债务人所偿付的本金，包括计划本金还款和提前还款。IO只接收担保品产生的利息现金流。虽然IO部分有本金面值的报价，但它是名义上的，代表产生利息现金流的未偿清的本金余额。注意，IO-PO信托实际上不是结构化的证券，而是使用信托结构创建的。因此，结构中的现金流不能进行再分配或者分级，也没有任何剩余利息。

然而，结构化的交易通常可以通过结构内的利息再分配来进行优化。在某些情况下，为了降低债券的美元价格，债券的息票必须减少。对那些目标客户群为银行和其他存款机构的债券，这种情况尤其适用，高溢价的证券对这一细分市场经常是没有吸引力的。另一个常用的技术是将部分现有的固定利率债券转换为浮动利率债券。根据浮动利率债券的平均期限、上限结构和流动性的不同，浮动利率债券有各种不同的客户群，它们包括以下几种。

(1) 将高流动性浮动利率债券作为现金替代品以获取更高收益的银行和公司财务。

(2) 购买更长期浮动利率债券作为它们核心投资组合之一的积极存款机构，这些机构可以赚取相对较高的资产回报和收益而面临较小的利率风险。

(3) 进行信用风险而非利率风险管理的投资者。

这一部分主要讨论结构化交易中进行票面利息再分配的常用技术。注意，不同的方法之间并不是相互排斥的，因为一些技术都是相通的。最终，决定利息如何再分配不能不考虑本金。例如，如果它们的息票和基础担保品是相同的，一个陡峭的收益率曲线通常意味着平均期限较短的债券以高于面值进行交易。因此，创设短平均期限债券的能力经常依赖于剥离短期债券息票去创设一个售价等于或低于面值的债券的能力。

(一) 息票剥离和增加

一个常用的结构化技术是，减少或者剥离一个债券或者一系列债券的息票，以使这些债券对那些寻找按照面值或者低于面值的价格出售的证券投资者更有吸引力。如前所述，抵押贷款支持证券的固定利率担保品池和父债券的相关利息的数额在某个特定时点通常都是不变的，改变一个主MBS结构中的债券的息票，就是在结构内进行利息再分配的过程。因此，债券息票的剥离生成的利息现金流必须定向分配给结构中的其他债券或者作为IO证券或者子类别进行出售。

最简单的息票剥离的方式就是将父债券拆分成两个规模相当的自债券类别。一个债券产生的利息支付给另一个债券，进行平行拆分。例如，一个息票利率为5.5%、面值为1000万美元的债券，拆分为一个息票利率为5.0%、一个息票利率为6.0%、面值均为500万美元的债券。这个拆分表明，利率为5.0%和6.0%的两个债券的需求比原始利率为5.5%的父债券的需求更大。

IO可以在一个交易里创设出很多不同的层级。一个方法是拆分整个担保池。例如，通过创设一个IOette，Fannie Mac 6.0s可以被拆分成5.5s。即将被出售的IO的名义面值的计算方法如下：

$$\text{IO 名义面值} = (\text{剥离息票}/\text{目标息票}) \times \text{担保品面值}$$

这个例子中,利率6.0%的4亿美元面值的担保品可以通过卖出3333万美元利率为6.0%的IO债券,创设出利率为5.5%的4亿美元债券。但是要注意,虽然担保品的息票现在是5.5%,但它仍然具有Fannie 6.0s的提前偿付特征。

将这项技术进行一项改进,将担保品拆分为面值相等的PO和IO,然后选择它们中的部分进行重组,再留下一些IO信托单独出售。在这一情况下,实际上是新创建了一个信托,因此,交易的担保品是与IO和PO的规模不相匹配的。在此情况下,创设出息票为5.5%的4亿美元担保品,留下33333333美元的IO信托出售。但是这种方法并不常用,因为创设出的信托IO一般比较小而且相当缺乏流动性。

一个常用的方法是创设出IO债券子类别。与其他形式的IO一样,这种证券只接收利息现金流,并不接收任何本金还款。另外,它们的面值只是名义上的,只用来计算IO持有人每月收到的利息现金流的美元价值。例如,持有名义面值为1000万美元、息票利率为5.5%的IO债券持有人,他每月收到45833美元的利息现金流。随着父债券收到本金还款,IO名义面值下降了。由于资产生成的现金流的规模一直在下降,IO债券持有人非等比例地受提前偿付速度的影响。

例如,一个结构化设计者可能会通过尝试拆分交易中PAC来提升PAC支持结构的执行,这可以通过拆分整个PAC群组的息票或者仅仅拆分部分PAC来达成。后者常见于收益曲线陡峭和短期利率低的情况。售价为面值或者接近面值时,期限较短的PAC更受欢迎,而较长的PAC可能更容易吸引息票更高的投资者。PAC剥离出来创设的IO,叫作PAC IO。

IO债券类别的名义规模是基于债券类别相关的息票的。例如,一个息票利率5.5%的1000万美元面值的债券可以拆分为一个息票利率5.25%的1000万美元面值的债券和一个息票利率0.25%的1000万美元名义面值的债券。这个IO的息票利率通常会被向上调整,往往是与父债券的原始息票利率相一致的。这意味着,为了让IO持有人能收到同样多的现金流量,IO的名义面值必须向下调整。使用公式,息票利率0.25%的1000万美元IO债券子类可以转换为息票利率5.5%的454545美元面值的债券。

更常见的计算IO规模的公式,用原始息票和目标息票,即

IO规模=债券子类规模×(1−债券子类目标息票/原始债券类别息票)

表3-5展示了第一个债券类别拆分25个基点出来的交易4的情况。所生成的交易5的前债券与之前所描述的更早的面值相同,同时,还创设了一个名义面值为938.7万美元的IO(见表3-5)。注意,由于IO是名义上的,整个交易的本金面值还是4亿美元。

表3-5 交易5:通过创设IO对交易4再结构化,减少类别A的息票利率为5.25%

类 别	面值(美元)	息票利率(%)	平均期限(年)
A	206514000	5.25	3.4
IO	9387000	5.50	3.4
B	46302000	5.50	7.3
C	111726000	5.50	10.9
Z	35458000	5.50	19.5
担保品	400000000	5.50	8.6

另一个方法是把5.5%的父债券拆分为5.0的子债券和一个超溢价息票(如8%)的债券类别。这个超溢价类别可以作为保收债券卖给那些预期提前偿付速度比较慢的投资者，或者作为反向浮动IO组合的父债券，这种技术将在以后讨论。

计算折价-溢价拆分的债券规模的公式如下：

折价债券规模＝[(溢价息票－父债券息票)/(溢价息票－折价息票)]×父债券余额

溢价债券规模＝父债券规模－折价债券规模

例如，一个债券面值为1000万美元，息票利率为5.5%，可以拆分为息票利率5.25%和8%的两个债券：

$$5.25\%债券的规模＝[(8\%-5.5\%)/(8\%-5.25\%)]\times 10000000=9090909$$

$$8\%债券的规模＝10000000-9090909=909091$$

(二) 浮动利率债券和反向浮动利率债券组合

与众多结构化工具一样，很多现金流都可以结构化为浮动-反向浮动利率债券组合，包括整个担保池。创设浮动-反向浮动利率债券组合的目标是为了利用浮动利率债券的低收益率来提高交易执行，尤其是在收益率曲线很陡峭的情况下。基于固定利率基础现金流创设出浮动利率债券，也意味息票与浮动利率反向变动的债券的创建，被称为反向浮动利率债券。在机构和非机构交易中，反向浮动利率债券被作为模仿基础父债券本金现金流的一个单独的类别，因为偿付给反向浮动利率债券的可用利息受到偿付给浮动利率债券的利息的限制。

浮动利率债券的结构有几个值得注意的地方。

(1) 这类交易开始的时候，浮动利率交易并不包含反向浮动利率这一类别。相反，反向浮动利率债券是作为剩余利息的一部分进行出售的。

(2) 一旦经过结构化，浮动利率债券和反向浮动利率债券都可以作为父债券和再分级的基础，创设出高度复杂的结构。

浮动利率债券的息票为某一指标水平加上固定利差，并且定息调整。例如，浮动利率债券报价为"LIBOR加上50"，其意思是，浮动利率债券的息票每月按照这个指标加上50个基点进行调整。从固定利率担保池或者主要市场的父债券中创设出浮动利率债券的同时，也必须创设反向浮动利率债券。反向浮动利率息票是基于浮动利率债券利率支付后余下的固定利率父债券利息计算的。

从固定利率担保品中分割出浮动利率债券的结构化的基本原理比较简单，担保品的固定利率息票产生了可支付的总利息。在最简单的方式下，浮动利率债券最大票面利率就是固定利率债券的息票。如果浮动利率债券的息票小于利率上限，余下的利息就可以支付给另一个债券类别。因此，息票与指标反向变化的反向浮动利率债券就同时创设出来了。

注意，这个例子只是说明了现金流的分配。假设所有本金都流向了浮动利率债券，反向浮动利率债券收到的只有利息，叫作反向IO。反向浮动利率债券有时候用这种形式出售，这个技术是息票剥离和IO出售的一个替代选择。

本金还款通常是通过将父债券的面值拆分成浮动利率债券和反向浮动利率债券。

注意，浮动利率上限和担保品的票面利率是相同的。通常来说担保品的票面利率应该是远低于浮动利率投资者所期望的上限水平的。虽然可以在资本市场上购买衍生工具合约来增加浮动利率上限，但投资者通常更偏好担保品所产生的浮动利率息票收入，因为它能同时消除交易对手风险和金额不匹配的可能性。创建浮动利率上限高于担保利率的债券是可能的，但需注意：

（1）并非所有的担保品或父债券的本金都可以分配给浮动利率债券用来创设一个规模稍微小点的浮动利率债券类别；

（2）反向浮动利率息票不再跟着指标按比例变化，通常情况下，它比指标的变动更快，这意味着反向浮动利率息票对指标加了杠杆。

息票杠杆或者乘数可以定义为反向浮动利率结构的一部分。反向乘数是所选的浮动利率上限和担保品息票的函数，它决定了有多少利息可以分配给这两类债券。反向杠杆也是与面值成反比的，也就是说，一个较小的反向浮动利率债券可能有更大的乘数（杠杆）。类似于浮动利率债券的息票，反向息票按月重设，根据预先决定的公式计算。

大多数浮动-反向浮动利率债券组合结构化会创设出规模尽可能小的反向浮动利率债券。因为反向浮动利率债券是以相对高的价格进行交易的，因此最小化反向浮动利率债券的规模可以最大化整个结构的收益。此外，反向浮动利率债券的买家通常喜欢尽可能高的乘数，因为它可以最大化杠杆的作用，也暗含了可以最大化交易的收益。它也暗示，交易商有动力去推销上限尽可能低的浮动利率债券。

最大杠杆的浮动-反向浮动利率债券组合的产生是一个相当简单的过程，只要将父债券的可用利息划分给不同情况下的浮动利率债券和反向浮动利率债券。在一组简单的场景下是很容易将其概念化的。

注意，浮动利率债券的公式也包含了息票乘数，它通常是1，这也就意味着浮动利率随着指标等值变动。然而，创设出来的浮动利率债券的乘数经常不等于1，这就产生了超级浮动。跟常规浮动利率债券的乘数一样，主要市场上的超级浮动的结构也包含了一个反向浮动利率债券。

作为通用的公式，反向乘数（杠杆）计算如下：

反向浮动利率债券乘数＝父债券息票/（浮动利率上限－父债券息票）

该公式表明，反向浮动利率债券乘数是浮动利率上限和父债券息票的函数。反向浮动利率债券乘数随着父债券息票的上升而增大，或者随着浮动利率上限的下降而增大。简单来说，反向浮动利率债券乘数是浮动利率债券和反向浮动利率债券面值的比值。

（三）使用反向浮动 IO 剥离息票

如上所述，反向 IO 和 IIO 经常被用来作为剥离息票和出售 IO 现金流的一种手段。这个技术是结构化技术的组合。例如，假设一个结构化设计者打算将息票 5.5% 的父债券锁定为息票 5.25% 的债券。在反向浮动 IIO 组合中，结构化遵循以下步骤。

（1）创建一个折价-溢价拆分的变种，其中一个溢价类别的息票极高，其值相当于期望浮动利率上限。在此情况下，假设交易商希望创设一个利率上限为 8.0 的浮动利率债券。利用之前的公式，息票利率为 5.5% 的 1 亿美元的父债券可以结构化为一个息票利率

5.25%的90909091美元的类别,同时创建一个息票利率为8%的9090909美元的债券。

(2) 使用前面描述的技术,从8%的溢出债券中创设出一个浮动-反向浮动仅付利息债券组合。

因为IIO的组成成分中没有本金,所以浮动利率债券和IIO的息票杠杆都为1,但是浮动利率债券的乘数为1,而IIO的乘数是-1。不过,尽管息票杠杆是1,债券的收益依然对指数水平极其敏感,也就是说,它是高收益杠杆的。

反向IO的目标市场的受众是那些寻求对短期利率和提前偿付速度的高杠杆押注的投资者。例如,一个寻找陡峭收益曲线的投资者可能会购买反向IO。IIO的息票随着短期利率的下降而上升,而更陡峭的收益率曲线是源于更高的长期利率,它通常是预期和实现的提前偿付速度的驱动力。

(四)两层指数债券

两层指数债券(TTIB,Two Tier Index Bond),作为浮动-反向浮动利率债券组合的一部分,结合了固定利率债券和反向浮动利率债券的元素。该债券被设计为只要参考利率指数低于某个阈值就使用固定利率。如果参考利率指数高于这个指定阈值,TTIB的利率就会随着指数反向浮动,导致它从初始水平迅速下跌。这使得一个TTIB的投资概念上类似于短上限合约,只要指数低于指定水平,投资人就可以有大量的现金流。"两层指数债券"一词就是来源于影响组合债券的利率的参考指数的两个层级水平。TTIB触发利率是反向浮动利率债券的息票利率降为0时的利率,此时,TTIB开始随着指标反向变动。

除了可以满足MBS对短上限的需求以外,TTIB还可以加大对所生成的浮动利率债券的杠杆。这样的结果产生于将可用票面利息的固定比例转换为TTIB,使它的息票对指数的变动更加敏感。

TTIB的一个变种叫作数字TTIB,即允许创设这样一种条件的债券,其利率可以是固定利率或者可以为0,同时不创设真正的浮动利率债券。在这种情况下,TTIB和数字TTIB都被创设出来。TTIB包含固定利率债券,在参考指数达到一个指定水平前它接收父债券分派的利率立即降为0。

第三节 信用评级

一、信用分级和评级

结构金融拥有三个特征:把各种资产打包形成资产池;将资产池和发起人的信用风险隔离;对由资产池支持发行的债务进行分级,从而创立一种或一种以上证券,其信用评级要高于作为担保的基础性资产池的平均评级。

基于资产池发行的债务进行分档这一技术实际上将投资人分出了高低不同档次,从而保证了由资产池产生的现金偿付有序地流向不同档次的投资人。通常情况下,股本级的证券投资人承受了这些证券化资产的大部分风险。例如,如果信用事件一旦发生,股权级证券持有人首先就要承担损失(这包括本金的损失、利息支付的中断);其次才是中间级证券的持有人,它们承受着中等程度的风险暴露;而最后一档则是由优先级证券组成,其信用风险比较低。优先级和中间级证券都需要取得信用评级机构的评级,特别是优先级证券还需要最高级别的信用等级,如 AAA/Aaa。

一般来说,信用评级机构只是就债务工具的风险性提供第三方意见,而这种评估意见有助于克服非对称性的信息问题,帮助投资者对投资工具的风险收益进行正确的评估,从而做出正确的投资决策。在传统的证券市场里,信用评级意见可能并不是左右投资者决策的一个关键性变量。可是在结构金融的交易中,信用评级机构的作用却往往是决定性的,其根本原因在于其复杂性。一般的投资者很难理解结构金融交易结构,无法正确评估其风险收益,因此需要完全依赖于信用评级机构的意见。同时,结构金融产品的成功发行需要信用评级机构对交易结构的认可,并给予高档次的证券以投资级别的信用等级。这样,信用评级机构就成为了结构金融市场运行的一个中枢。所以,结构金融在某种意义上来说也成了一个评级化的市场。

几个主要的信用评级机构采取的评级过程和方法大体相仿,对信用等级的分类和标识也基本类似,都用不同的英文字母组合表示不同的信用等级。例如,穆迪将信用等级依次递减分为 Aaa、Aa、A、Baa、Ba、Ba、B、Caa、Ca 和 C,其中,前四类属于投资类。惠誉和标准普尔这两家公司所划分的信用等级则完全一致,等级依次递减分为 AAA、AA、A、BBB、BB、B、CCC、CC、C 和 D,其中 AAA、AA、A 和 BBB 是属于投资类的证券,BB、B、CCC、CC、C 和 D 则属于投机类证券。评级机构还会在这些等级的基础上,通过加入 +/−(或 1、2、3)来进一步细化风险程度。

在组织结构上,为了对某一产品发起信用评级,或者是撤销、更改,评级机构通常会临时性地成立一个评级委员会。评级委员会在对某一产品进行信用评级以前,需要和发行人保持日常的联系并进行相关的信息搜集,包括公开和非公开的信息。公开的信息一般包括证券交易委员会的各类文件、新闻报道、产业报告、债券以及股价的走势、来自中央银行数据以及代理人的报告等;非公开信息则可能包括信贷协议、收购协议、私募安排备忘录、商业计划和预测等。评级机构在发布评级结果以前允许发行人提出异议,但须提供新的重要信息,并且有时间的规定,在做出评级决定和公布评级结果之间有一个时间间隔,这个间隔可能是几个小时也可能是数天。

目前,评级机构应用两步评级法对结构性金融进行信用评级。第一步对基础性资产池的信用风险建模评估;第二步进行结构分析,评估结构性风险。基础性资产的信用风险评估涉及三个主要变量:

(1)违约概率,资产池中涉及的单个债务人的违约概率以及它们在交易过程中可能的变化;

(2)回收率,或称给定违约时的损失;

（3）违约相关性，即某一债务人违约可能影响其他债务人的风险，用来分析某一时期多个违约事件一起发生的可能性。

首先针对信用风险建模评估。评级机构通过假定以上三个变量，利用信用风险模型，对整个资产池的信用质量给出总体的评估。信用风险建模的方法是依据资产池中资产的特点（如资产的数量、同质或异质的程度）、债务人种类及其以往的绩效进行选择。例如，资产池是由数量众多、同质资产构成的 ABSs，单个资产的个体风险相对于整个资产池并不显著，可以假定基础性资产产生稳定而又可预期的损失分布；资产池的违约特点则通过大数定律进行估计，在这种情况下评级机构一般利用所谓的"精算方法"。而 CDOs 通常包括或者参考数量相对较少的非同质资产，个体和系统风险都很重要，前述用于估计 ABSs 损失分布的方法在此不再适用。CDOs 信用评级是结构性金融评级领域最为前沿的课题，评级机构也在不断开发或改进模型，穆迪开发了二项式扩展技术方法；惠誉则建立了 VECTOR 模型；标准普尔引入了 EVALUATOR 模型。但这些模型大同小异，都借助于计算机模拟技术，也都需要对违约概率、回收率以及违约相关性做出假设和估计。

评级的第二步，针对交易结构进行分析和评估。交易结构将蕴含在资产层面的风险转换成具有完全不同特征的负债层面的风险（不同档次的证券持有人具有不同的风险），而这种交易结构本身涉及了多种风险因素，简单地说有市场风险（如利率、汇率以及提前支付的风险等）、第三方风险（如与资产经理、服务商、外部信用增级提供者等的绩效相关的风险）以及法律风险（支撑结构性金融交易的法律框架合理与否）。为了正确地评估这些与交易结构相关的风险，在资产池信用风险评估的基础上，评级机构根据结构性金融交易设计方案的具体特点和细节，建立相应的现金流模型，现金流模型包含现金流入（从资产池产生现金收益）和流出（由交易结构决定现金流流向不同的证券持有人）两个部分。建立现金流模型是结构性金融信用评级的关键环节，根据该模型可以分析在压力状况下，流向不同档次证券持有人的资金如何变化或者如何转向，也可以对参与结构性金融交易的第三方的预期绩效等做出判断。最后，评级机构将前两步风险分析的结果综合成一个信用等级，评级结果由此产生。

通过资产证券化发行的证券通常称为资产支持证券，一般根据分级结构化设计由受偿顺序不同的证券组成，如优先 A 档证券、优先 B 档证券、次级档证券等。优先档资产支持证券一般有明确的票面利率，具备固定收益产品的特征；次级档资产支持证券一般没有明确的票面利率，没有还本付息的义务，具备一定的权益属性，因此也将其称之为"权益档"（equity tranche）。

资产证券化分级结构的本质是现金流的层级结构，按照支付结构，可以按时间切分，或是按层级切分；按照支付方式，则可以分为过手型或支付型；按照产品资产结构，可以分为清偿型或循环型。

二、结构化产品评级框架

结构融资产品评级框架大致分为以下五大部分。

(一) 基础资产

基础资产产生的现金流是结构融资产品本息偿付的直接来源。在评级过程中机构重点关注影响基础资产现金流的主要因素,以考察基础资产现金流分布。

根据基础资产的不同,结构融资产品可分为抵押贷款支持证券(MBS)、资产支持证券(ABS)、担保债务凭证(CDO,Collateralized Debt Obligation)等。其中,抵押贷款支持证券可进一步分为住房抵押贷款支持证券(RMBS,Residential Mortgage-Backed Security)以及商业地产抵押贷款支持证券(CMBS,Commercial Mortgage-Backed Security);资产支持证券的基础资产类型涵盖了信用卡贷款、汽车贷款、设备贷款、学生贷款等信贷资产,企业应收债权及收益权等;担保债务凭证是将银行贷款、债券以及结构金融产品进行结构化的产品,根据基础资产又可进一步分为贷款担保凭证(CLO,Collateralized Loan Obligation)和债券担保凭证(CBO,Collateralized Bond Obligation)。

不同类型基础资产的现金流驱动因素各不相同,因此评级机构在对基础资产质量进行分析时将各有侧重,并采用不同的量化分析方法。

对于债权类基础资产(如信贷资产、企业应收账款等),其现金流的主要驱动因素为基础资产的信用质量,具体包括基础资产对应债务人的信用风险及其关联性、就该项资产采取的偿债保障措施等。对于该类资产,评级机构对其考察的关键在于获得基础资产的预期违约与损失分布。

对于收益权类基础资产(如水、电、气收益权,路桥收费和公共基础设施收益权等),基础资产的现金流状况主要取决于该资产在结构融资产品合约有效期内的运营环境与运营情况。对于该类资产,评级机构对其考察的关键在于获得基础资产的预期收益分布。

不同的基础资产分析内容存在一定差异,分析时应立足于影响基础资产现金流的主要驱动因素与所产生现金流的特点,重点分析:影响现金流的主要驱动因素及其变动方向、程度与相互关系;主要影响因素与基础资产现金流的数量关系;现金流的预测依据、假定前提与压力场景等。

(二) 交易结构

交易结构的各项安排影响着现金流归集路径、规模与安全性,进而作用于各档证券的本息偿付保障程度。在交易结构分析时,评级机构重点关注现金流支付机制、增信措施以及交易结构风险。

第一,优先与次级结构安排。通过设置不同的利息与本金偿付顺序,可以以资产池产生现金流为基础发行不同级别的证券,这是资产结构化信用增级最常用的一种方式,也是有别于普通债券的最主要特征。通过内部交易结构安排,投资者的权益被分为优先级收益与次级收益,优先级证券的级别要高于次级证券,当基础资产出现违约导致现金流分配不足时,优先级证券的持有者将优先得到偿付。因此,次级证券可以为优先级证券提供一定程度的信用支持。

第二,结构安排上可能采用的其他信用增级方式。在资产结构化过程中,基础资产本身的信用可能不足以确保所发行证券的目标评级,因此,有时会安排一系列的信用增级措施提升资产支持证券的信用以获得高等级别。除上述的优先与次级结构安排外,评级机构还会关注交易安排是否含有下列措施。

一是利差账户。利差是指基础资产组合产生的现金流减去支付给资产支持证券投资者的利息以及发行证券所需的各种费用后的净收入。利差账户主要用来存放收益超过成本部分的金额,当基础资产的实际损失超过正常的违约率后,利差账户通常成为吸收资产池损失的第一道工具。当交易结构设置利差账户时,评级机构在现金流测算模型中会考虑当出现流动性不足时,利差账户转付对优先级证券的保护作用。二是超额抵押。超额抵押是指在发行资产支持证券时基础资产池未偿本金余额高于证券发行的总额,即证券本金可以获得超额本金部分提供的信用支持,这类信用增级措施较多出现在不良资产结构化和信用卡应收款结构化中。评级机构会考虑在信用事件发生时,超额抵押对优先级证券可能起到的保护作用。三是现金储备账户。通常在超额利差为零时,现金储备账户的资金可以被用来弥补税费不足或支付优先级证券持有者的本息。在测算各层证券的预期损失与违约概率时,如果存在现金抵押账户的安排,则当回收款账户不足以支付费用和证券本息时,评级机构会在资产池现金流入模型中模拟现金抵押账户对回收款账户的支付。

第三,结构安排上可能影响信用风险的其他因素。除上述的交易结构安排外,评级机构还会对可能影响到证券信用风险的其他因素进行考量,并根据缓释手段的设计完善程度来进行评级。以下是一些重要的考量因素。

一是利率错配风险。大多数的交易在选择基础资产时,会允许有固定收益资产入池,但在出售资产结构化产品时,往往采用浮动利率计息,若遇到中央银行调整基准利率,而使入池贷款和各级证券之间的利差下降,则交易将面临一定的利率错配风险。此外,入池贷款与证券利率调整方式的不同使得交易可能存在一定时间错配。评级机构在分析各层证券的预期损失时,要考虑利差不同幅度下降、利率调整时间错配等压力的影响并对回收款转付机制进行评估。二是流动性风险。流动性风险指当期收入回收款可能不足以支付优先级资产支持证券利息。在评级过程中,评级机构主要通过考察利息违约的可能性大小来考量流动性风险。同时也会关注交易结构是否通过设置现金储备账户等方式减小流动性风险。三是早偿风险。早偿风险是指贷款还款人在合同规定期内以超出合同规定的还款额度来偿付贷款本金,从而使基础资产池中的现金流处于早偿的风险。评级机构主要通过测算基础资产的早偿率来计量基础资产的现金流并对证券本息偿付机制的灵活性进行评估。目前公开市场上的结构化产品大多采用了证券过手型的设计以规避早偿风险。四是资金混同风险。资金混同风险是指如果贷款服务机构财务状况或信用状况恶化或者丧失清偿能力,入池贷款的回收款可能和服务机构的其他资金混同,从而给信托财产造成损失。评级机构主要通过考量是否有混同账户设立及资金转付触发机制安排来考查资金混同风险。

(三) 主要参与者

结构融资产品的交易结构中存在多个参与方,他们直接参与到现金流产生、归集与分配过程中,其尽职能力关系着基础资产现金流的规模与安全性,进而影响结构融资产品本息偿付的保障程度。在结构融资产品中,主要参与方包括基础资产服务机构(通常为发起人/原始权益人)、管理人(受托人)以及资金托管机构。

基础资产服务机构承担着直接管理或运营入池资产的职责,是结构融资产品最重要的参与方。评级机构主要通过治理与管理状况、基础资产运营能力、内部控制机制与风险管理水平、财务与信用状况,以及过往项目的尽职情况等方面,考察基础资产服务机构的尽职能力。

管理人(受托人)是结构融资产品的发行人与运营机构,负责结构融资产品的日常管理、资金再投资管理、资金归集与核算等工作;资金托管机构则负责资金托管与税费及证券本息的资金划拨。对于这两类机构,评级机构关注他们在相关业务上的操作经验与专业能力、内部控制机制与风险管理水平以及信用状况。

此外,评级机构还关注相关合同条款对主要参与方行为与责任的约定,以判断其是否有利于保障参与方履行其职责。

(四)模型测算

评级机构关于结构化产品的模型测算是建立在对投资者预期损失的基础上,要想得出各层证券的预期损失,必须要知道多种情况下可能发生的基础资产违约分布以及证券层面相对应的现金流状况。

1. 资产违约分布测算

以企业贷款资产为例,在完成模型测算的过程中,需要考察的因素包括每笔资产的信用级别、剩余期限、账面价值、资产的违约相关性等。在进行模拟运算时,首先,根据每笔信贷资产对应的信用级别以及剩余期限计算出每笔资产对应的违约概率;其次,根据计算得出违约概率和资产的违约相关性矩阵,对每一笔资产是否发生违约做出判断;最后,针对发生了违约的资产,计算出违约发生的时点和违约后的回收率,从而估算出资产违约的分布情况。

2. 现金流模型

在将资产违约分布情况输入现金流模型前,需要对每一笔入池贷款根据借款合同约定的本息还款计划,测算出正常情况下的本息回收时间分布情况。以此为基础,现金流模型将根据违约分布测算提供的资产违约情况,模拟出资产池内某些资产发生违约后的实际现金流入情况。在模拟资产池真实现金流入时,需要结合未来证券存续期间借款利率、资产违约后的回收率以及回收时间,对现金流入情况进行压力测试。在测算现金流出的过程中,评级机构需要根据交易安排的偿付机制以及信用增级措施来进行现金流支付的模拟。现金流支付机制包括在对投资者支付本息之前,先行扣除在专门设置的回收款账户中交易的税费,再按照优先到次级的结构安排对投资者进行资金分配。一般交易会安排不同的账户来分别存放基础资产池回收的本金、收益以及由发行人或者第三方提供的现金储备。而当证券出现违约时,交易一般会改变当前的现金流支付顺序,从而对优先级证券持有者予以更多的保护。整个现金流分配顺序的设计体现了交易对投资者的保护程度,是评级机构关注和测算的重点。最终,结合模拟的资产池真实现金流入情况与根据具体交易安排设计的现金流出情况,测算出各层证券的预期损失。

(五) 法律风险

风险隔离是结构融资产品的基本特征。在此前提下,结构融资产品可以突破发起人的信用风险的限制,从而实现以资产本身信用进行融资的目的,其有两层含义:一是,资产的卖方对已出售的资产没有追索权,即使卖方破产,卖方及其债权人也不能对结构化的资产进行追索;二是,当资产池出现损失时,资产支持证券的持有人的追索权也仅限于资产本身。实现风险隔离最典型的方式即为将基础资产"真实出售"给SPV。评级机构将在现行法律框架下,关注基础资产与发起人资产的风险隔离机制,以及结构融资产品在各项环节与安排的合法性,以保障受评证券持有人的利益。

基于上述的模型测算,评级机构得出了各层证券的预期损失分布,然后根据预期损失对应的级别标准表即可得到理论上的各层证券级别。但预期损失只是模型运行得出的结果,最终各层证券的级别应该是在综合考虑定性与定量分析相结合的基础上给出的。

第四节 信用增级

SPV的作用之一就是对资产支撑证券进行信用增级,又称增信,目的是提高资产支撑证券的信用等级,吸引更多的投资者。信用增级的方法有两种主要的分类:内部信用增级和外部信用增级。前者主要依赖于要进行结构化的资产本身,后者要看独立的第三方的信用。

一、信用增级的实质及意义

结构化产品能否发行成功,关键在于是否为投资者所接受,而投资者是否接受及接受程度又往往由信用评级机构的评级而定。信用评级机构评级的重点是基础资产能否及时提供足额现金流量以实现所支持证券的定期支付。根据结构化的流程,为了隔离风险,发起人需要把资产所有权绝对地转移给SPV,在转移之后,证券持有人的偿付便单纯依靠这些资产的收入或其清算价值。也就是说,资产结构化在隔离发起人风险的同时,也丧失了无限追索发起人的权利,从而减少了证券持有人获得完全清偿的可能性,投资者因此就要承担较高的风险。如果没有额外的现金流弥补可能出现的风险,仅仅依靠基础资产原始信用作为支撑,资产支持证券往往达不到"投资级",资产结构化的交易可能无法顺利完成。

为解决这一问题,就需要引入信用增级机制,通过信用增级技术补偿资产现金流量的不足,使资产支持证券获得所需的"投资级"级别。可见,信用增级机制的实质就是在对资产组合进行风险分析的基础上,对风险结构进行重新组合,或引入新的信用主体为原始信用提供担保,以最大限度地降低结构化资产原始信用因素中的不确定成分的过程。

信用增级对资产支持证券的发行者、投资者以及整个金融市场,都具有很积极的意义。具体来说主要有以下几点。

(一) 对发起人和发行者而言,有利于证券的顺利发行并降低发行成本

一是能够拓展发行者筹资机会。对证券信用风险和流动性风险提供信用担保,进行信用等级的提升,为信用等级较差的发行者发行债券融资提供可能。

二是增加资产支持证券的需求。某些资产风险较大的证券产品若不经过信用增级则很难出售,信用增级技术能够使这类证券的发行不主要依赖于资产的原始信用状况从而顺利出售。以不良资产结构化为例,信用增级可以使金融机构将流动性风险较高但需要未来较长时期产生现金流的不良资产继续融资,增加了对该种资产支持证券的需求,极大地盘活流动性差的不良资产。

三是有利于保护融资者的商业秘密。融资者如果采用普通发债的方式,在发债过程中,为了保护投资者利益而向投资者提供投资决策信息时,一般需要详尽地披露融资者的财务信息及经营情况。这对于那些财务状况暂时不佳的融资者,如处于初创期、希望尽快发债融资但不便披露某些信息的中小企业而言,是件很矛盾的事情。而通过运用资产结构化的信用增级技术,则可使融资者较好地规避这一矛盾。

四是提高发行收益、节省发行成本。债券信用等级越高,发行所需支付的利息就越低,因为投资者对信用增级机构的实力和技术有信心,就可能降低收益率要求。对发行人而言,就可以较低的利息成本吸引投资者并因此获得更高的发行收益。

(二) 对投资者而言,有助于保护其投资利益并节省投资成本

资产支持证券能否发行成功的关键取决于该产品投资收益能否得到有效的保护和实现。最直接的效应是,通过信用增级克服资产支持证券先天的缺陷,保障投资人权益,以增强投资者投资证券的信心。在外部信用增级的情况下,如果信用增级机构信用状况足够好,投资者甚至可以只看信用增级机构的信用状况而不必了解较为复杂的资产池的信用状况,由此还可节省投资者对投资产品信誉的"考察成本"。

(三) 对信用评级机构而言,可以降低资产支持证券信用评估费用

经过信用评级的资产支持证券对投资者一般具有更大的吸引力,投资者能够通过信用增级方式克服信息不对称的问题,做出有效的投资决策。但是信用评级是需要耗费成本的,成本大小随着评级的难易程度而变化。资产结构化信用增级简化了资产支持证券信用等级评估过程,能够有效降低资产支持证券的信用评级成本。

(四) 对整个社会而言,信用增级产生的外部正效应有利于金融市场的稳定和整个社会的诚信文化建设

金融市场的成熟在某种程度上是通过信用的提升来推动的。因为信用增级不仅具有内部正效应,而且具有外部正效应。所谓内部正效应是指证券产品的设计者、发行人通过信用增级提高资产收益,降低融资成本等。而外部正效应是指信用增级使证券产品

的可信度提高，使投资者权益得以保障，进而使得经济链条上的下一环具备了守信的基础，从而降低金融市场的系统性风险并有利于整个社会诚信文化建设。

二、信用增级的主要方法

按照信用增级提供主体的不同，增信又可分为内部增信和外部增信两种类型。

（一）内部增信

内部增信又称为卖方增信，是发起人提供的信用加强手段。主要包括以下几种方式。

1. 设计优先/次级证券结构

这种结构是指先将资产池内的资产按其优劣划分级别和比例，资产池产生的收入和损失的支付顺序按证券的不同级别进行分配或偿付。如果资产池产生了现金流或变现收入，通常根据优先/次级债券的等级，按照由高到低的顺序先支付各级证券的利息，然后再按照由高到低的顺序支付各级证券的本金，最后剩下的现金流或变现收入才能归权益持有人享有。如果资产池发生违约事件，首先由次级债券充当高级债券的缓冲器，所有的损失均由较低的次级债券承担，次级债券所承担最大的额度是其总额。其实质是下一级的资产支持证券事实上充当了上一级资产支持证券的信用担保，从而提高了优先证券的信用级别。由于次级债券一般由发起人自己认购，所以这种信用增级方式往往也被称为购买从属权利。优先/次级证券结构目前是各国普遍采用的信用增级方法，也是我国银行信贷资产结构化中信用增级的主要方法。

2. 建立超额抵押交易结构

超额抵押是指资产池中基础资产价值超过所发行证券的金额，即被结构化的项目的实际价值高于证券的实际发行额，其基础资产的超额部分作为超额抵押账户，任何损失将首先进入超额抵押账户。如果抵押价值下降到该水平之下，就必须以新的抵押品弥补该缺口。实际操作就是要求所发行的债券总额不得超过作为基础资产的项目贷款组合的一定比例。在此种结构中，出现的损失首先将被出售者承担，如果损失超过抵押数量，则剩余部分可能被投资者和必要的第三方承担。

3. 现金抵押

现金抵押的原理类似于超额抵押，只是其超额抵押品是现金而不是基础资产。现金流的超额担保可向投资者提供最后的支付保护。与基础资产相比，现金的信用质量更高也更加稳定，所以，对于支持同样组合的现金和基础资产，现金超额抵押的数量会低于基础资产超额抵押的数量。通常情况下，由发起人提供一个次级贷款，SPV 利用这个次级贷款融资结构建立一个现金账户。这个现金账户是一个完全独立的账户，在具备了一定条件后可进行预先认可的投资，以达到保值增值的目的，为 SPV 能够及时足额偿付债务提供保证，实现信用的增级。

4. 出售直接追索权

出售直接追索权的增级方式是指资产支持证券的投资者拥有对卖方的追索权，出售者承担补偿和担保的责任。如果基础资产未能如期收回应收本金和利息，投资者就可以从出售者处获得定期补偿支付。这种增级方式因为影响了实现结构化资产的真实出售和破产隔离,一般情况下不建议采用。

由发起人提供的资产结构化信用增级具有明显优势。首先,信用增级的总体成本较低。其次,利用发起人更加了解原始债务人情况这一优势,更好地规避在资产结构化过程中可能面临的风险,达到降低总体风险的目的。再次,由于这种方式对发起人有较大的约束力,发起人在创造基础资产时就会产生强烈的风险防范意识,从而在入口处提高基础资产的质量。最后,能够充分调动发起人对基础资产进行监督管理的积极性。

由发起人提供的信用增级也存在明显缺点。首先,通过发起人提供信用增级的资产支持证券的信用级别不会太高,因为评级机构对资产支持证券的评级只会低于发起人的信用级别,这直接影响资产支持证券的发行成本。其次,这间接增大了资产结构化的综合成本。发起人提供信用增级的同时必然会与出售资产之间产生关联,资产支持证券只能作为表内业务进行处理,发起人需要保留或者增加与之相应的资本储备。最后,难以实现真正意义上的破产隔离。由于发起人对基础资产承担了一定信用担保责任,发起人对基础资产的出售很难被监管部门认定为"真实出售",难以实现资产结构化过程中的破产隔离。综上所述,以上这些缺点使内部信用增级方式在实际运用中的效果有限;而且,从国外资产结构化发达市场来看,由发起人提供的内部信用增级方式占整个信用增级市场的比例很小。

(二) 外部增信

外部增信,又称第三方增信,即由结构化发起人以外的主体(一般为金融机构或大型企业)向 SPV 发行的资产证券提供信用保证。外部增信依赖于提供信用担保的第三方机构的信誉,这些机构一般是那些现金流充裕并与资产池相关性较小的机构。当 SPV 不能支付它的债务时,增信机构就要替 SPV 偿还部分或全部债务。外部增信的主要技术方式有:备用信用证、第三方担保、金融保险(单线保险和多线保险)等。每种技术都可以提供完全支持和部分支持:完全支持是指承诺在任何情况下偿付 SPV 的全部债务;部分支持只承诺对特定部分的债务偿还。

1. 备用信用证

备用信用证一般是由银行出具,承诺在满足预先确定的条件下,提供无条件支付的承诺,它可以提供部分或完全的 SPV 债务的偿还,是一种具有明确金额的信用支持。对于投资者来说,备用信用证的增级方式是最直接和最易于分析的,既不需要精确分析原始组合资产的信用状况,也不需要精确估计信用保证数量的充分性,只需要对信用增级机构的信用进行评估。因为第三者的信用质量总的来说与被提高的信用资产不相关,所以备用信用证一般不带有相关风险的特征。

2. 第三方担保

所谓第三方一般是指一些信用级别在 A 级以上的专业金融担保公司,第三方担保方式是在美国普遍应用的一种外部增级技术。在这种方式下,由专业金融担保公司向投资者提供保证结构化交易、履行支付本金和利息等义务。一旦被担保人发生违约事件,将由金融担保公司代为偿付到期本息,保护投资者的利益。这种外部增级方式特别适用于资产池质量较低的结构化资产,因为金融担保公司的信用级别决定着资产支持证券的信用级别,通过这种增级方式,可以将信用级别较低的结构化资产提升到专业金融担保公司的级别。目前,美国这种非政府金融担保行业担保的债务已超过 1 万亿美元,而且极少出现担保债务违约的现象。不过,专业金融担保公司只为投资级,即信用等级为 BBB/Bbb 之上的交易提供担保。与专业担保公司不同,企业担保可以向投资级以下的交易提供担保。企业担保是企业保证使具有完全追索权的债券持有人免受损失。企业担保可以针对整个交易,也可以针对交易中的某个档级。在许多交易中,发行人可以自己为某些较低信用等级的档级提供担保。

3. 金融保险

这种方式是由发行人向保险公司进行投保,一旦贷款组合发生坏账,资产支持证券的本息将无法得到正常偿付,投资者的损失则可由保险公司进行赔付。金融保险具体可分为单线保险和多线保险。单线保险是保险公司专门针对金融行业提供的担保,而且对所担保的标的资产要求比较严格,一般只为投资级别以上的标的资产提供保险,因此被称为单线保险。通常情况下,标的资产的投资级别是由评级机构对资产组合预先做出的评估,又叫"影子"级别。单线保险公司根据"影子"级别做出保险决策。多线保险只针对单个资产或某种组合提供保险,除此之外的其他各类资产结构化风险并不在保险范围之内。多线保险虽然对投资者也能提供一定的保护,但不是对证券持有者直接提供本金和利息偿付的保证,因此债券持有人仍将暴露于资产结构化结构、税收等风险之下。可见多线保险不能称作是担保,但当多线保险应用于一个具体的风险(如市场风险)时,它相对于单线保险的保费要低很多。

4. 购买次级证券

在这种增级方式下,次级证券将会首先承担基础资产的违约损失,以此来保证优先级证券的本息得到偿付,起到对优先级证券信用增级作用。作为对次级证券吸收风险的补偿,会预先给定次级证券一个较高的收益率,由第三方进行购买。

5. 回购条款

回购是指由信用等级较高的第三方将资产池中尚未清偿的部分购买回来,相当于第三方通过回购这种方式为投资者所持有资产支持证券的本金和利息提供保障。

相对于内部增级方式而言,外部增级方式在资产结构化实施过程中具备更多的优势,不仅能够更加有效地提高资产支持证券的信用等级,达到资产结构化信用增级的目的,而且可以为发起人保守商业秘密。同时一些初创企业也可以通过金融机构来提供外部信用增级,从而获得较好的发行条件。

在资产结构化的实践中,具体采用何种信用增级方式,需要视基础资产的不同特征以及所面对的市场环境区别对待,参与风险转移和融资的各方也需按照自身的实际情况,如风险偏好、承险准则、资金成本、融资期限和回报要求,整合其信用增级策略和目标。通常大多数发行人会配合使用内部和外部信用增级手段实现信用增级。例如,超额抵押和利差账户都可以使现金流获得投资级的信用评级,然后再利用专业保险公司提供的保险就可获得 AAA 的信用评级,使得发行证券的信用风险大为降低,信用基础也大大加强。

三、信用增级机制的风险

信用增级机制的风险主要是内部和外部信用增级机制的减退或消失,主要包括:
(1) 作为内部信用增级手段的利差降低或消失;
(2) 为结构化产品提供外部信用增级担保的第三方自身的信用风险;
(3) 为结构化产品提供服务的第三方(如服务商、支付代理人等)的风险。

思考题

1. 建立 SPV 融资的基本流程是什么?如何理解资产证券化中破产隔离的实现?
2. 简述 SPV 的主要功能。
3. 简述对于本章中 CMO 结构的理解。
4. 在本金现金流设计的序列型偿付结构中,如果实际的现金流提前偿付速度加快,对结构中各个债券类别有什么影响?
5. PAC 债券和 TAC 债券有什么区别?根据你的理解,哪一种结构对投资者更有利?
6. 简述 Z 类债券和定向累积债券的含义,并根据本章中介绍的内容简要解释其结构特征。
7. 本章中讨论了仅付利息债券(IOs),它是如何运作的?对仅付利息债券和仅付本金债券做简要对比。
8. 利息现金流设计中,息票剥离和增加这一结构化技术的本质是什么?什么是 PAC IO?
9. 结构化产品信用评级的主要依据是什么?
10. 信用增级的本质是什么?其实现对各关联方具有哪些积极意义?
11. 简述结构化产品内部增信的主要方式。

第四章
现金流模型与估值技术

第一节 现金流模型

Cash Flow Model: Building Blocks and Advanced Liabilities

对于结构化金融工具来说，现金流分析是重要组成部分。结构金融将资产和负债打包重新切割成为不同的份额，并赋予资产负债偿还义务不同的顺序级别，然后卖给具有不同收益喜好和风险偏好的投资人。风险等级不同，收益也不一样，因此，不同风险等级的产品会产生不同的现金流。何为现金流？简单来说，现金流即是某一时间段内现金流出和现金流入，是记录现金进出量的指标，一般的计息周期为月、季、年等。我们将现金流分为三大类：经营活动产生的现金流量、投资活动产生的现金流量、筹资活动产生的现金流量。本章节主要讨论结构金融所涉及的现金流量，因此，仅限于分析投资和筹资活动。作为现代公司财务中的重要概念，现金流极大地方便我们对资产端和负债端的研究。

对于结构化金融产品来说，要建立全面的现金流模型，必须对其运作机制以及整个资金流向过程完全洞悉，当然，不同的产品具体设计会有所不同，现金流安排也会有所不同，也正是这种灵活性才保证了金融市场的活力。在本章中，我们以资产支持证券这一典型的结构化金融产品为例进行现金流的分析。

首先，我们要明确资产支持证券的交易结构。管理人设立资产支持专项计划向投资者募集资金，所募集的资金用来购买基础资产(可以是债权、应收款等)，管理人委托资产服务机构对基础资产进行管理，并将基础资产的现金流归集到专项计划账户之中，最后，管理人按照合同的约定将专项计划账户中的现金分配给投资者。其中,托管行依据《托管协议》的约定,管理专项计划账户,执行管理人的划款指令,负责办理专项计划名下的相关资金往来。

在明确交易结构的基础上,我们将现金流分为资产侧(asset-side)和负债侧(liability-side)现金流。资产侧现金流,即基础资产的收益,也就是流入资产支持专项计划的现金流;负债侧现金流,即要分配给投资者的收益,也就是流出资产支持专项计划的现金流。通过后面对资产侧和负债侧相关问题的讨论和分析,我们将会更加透彻地理解结构化金融中的资产负债结构的设计以及本金摊还、利息偿付的资金走向。

一、现金流模型的构建

现金流是资产证券化的核心,资产证券化的本意就是现金流的重新分配。要定量地分析资产证券化产品的收益和风险,就必须用到现金流模型。

现金流模型可分成不同的组成部分,即假设部分、资产侧、负债侧、评估部分、收益率扩展曲线,而这些不同的模块则具有不同的功能。

假设部分(the assumption section):这是储存交易模型参数的地方,包括基本附属数据和目标资本结构的一些细节。

资产侧:是进行现金流量估算的地方。

负债侧:是实现目标资本结构的支付功能的地方。

评估部分(the evaluation section):紧随债务分析之后,主要功能是对该业务情景进行评级或者估值。

收益率扩展曲线(the yield spread curves):描绘当前资本市场均衡条件下,不同信用评级证券的收益率情况。这也是估值过程中不可或缺的一部分。

现金流模型的运行结果对资产支持证券的投资者意义重大,也是证券评级机构进行评级的重要依据。任何一个证券评级报告都不能缺少现金流的测算与分析,这是定量评估证券风险的最重要的途径,其运行结果能够直观地显示投资者在未来不同时间段可能的现金回报和预期损失。

现金流模型的构建分为两个步骤:一是根据基础资产的特征,测算基础资产的违约分布;二是将测算的资产违约分布情况输入模型,模拟资产池真实现金流入和现金流支付,并最终得到投资者的预期损失以及各层证券的预期到期期限等信息。

测算资产违约分布的模型大致可以分为两类:解析类模型和蒙特卡洛模拟。解析类模型基于完整的理论分析框架,能够给出一个封闭解,因此具有很快的测算速度,但此类模型依赖于大量的参数设置。蒙特卡洛模拟通过对现实情况的数学化抽象,建立模拟分析模型,并利用计算机技术,通过大量运算,模拟各种可能发生的情况,形成相关考察对象的概率分布,为信用质量分析提供数据基础。与解析类模型相比,蒙特卡罗模拟由于要进行庞大的运算处理,因此测算速度较慢,但由于不需要过多的外部参数,所以相比固定的解析类模型,灵活性更大、客观性更强,且能够提供较高的测算精度。至于具体的违约率、违约后回收率以及早偿率等参数设置,我们将在资产侧现金流分析一节进行详细介绍。

得到资产的违约分布情况,就可以进行具体的现金流模拟。现金流模拟需要考虑的因素主要有:交易结构、信用增级措施、现金流支付机制、信用触发机制。具体地,资产池的现金流入包括本金回收款、利息回收款和合格投资收益等,现金流出包括税费和规费、参与机构服务费用、优先档利息、优先档本金、次级档期间收益和次级档本金等。模型中产品各层的预期利率依据市场同类产品的发行利率设定。现金流模型的输出结果为资产池未来现金流的流入、流出时间分布及规模分布。此外,考虑到资产池现金流不确定的特征,除测出资产池在正常情况下的现金流分布以外,还需要考虑证券化产品在面临各种情景(压力)时现金流的分布情况,所以要对现金流进行压力测试,其主要思想是通过改变基准条件得出各层级不同情景下的临界违约率,即在目标信用水平下,恰好能产生足够现金流并按约定支付本息时的违约率。特定现金流模型的构建要根据基础资产的现金流入状况、相关税费等优先支出项目、资产支持证券(通常根据现金流偿付顺序分为优先/次级)的现金流出状况等具体条款来设计。所构建的模型要能充分体现交易结构中设计的流动性支持、信用触发事件等因素对资产池现金流入、流出所造成的各种影响。因此,对于每个资产证券化项目,有必要根据其具体的交易安排,单独设计更具体且更有针对性的现金流模型,以真实地还原实际的交易结构。

当然,引入模型是为了模拟资产支持证券现金流不确定的特性,如此评价更加符合产品本身的特征,但缺陷也是显而易见的。

一方面,量化模型的输入变量均是对现实情况进行数量化的抽象模拟,是一个将定性指标量化的过程。如何使输入指标更贴近实际情况才是关键所在。因此,加大样本数据范围是一个有效方法,企业间关联关系、行业集中度、贷款集中度、违约率等均需依靠大量历史数据的支撑才能使指标更具代表性。然而目前我国资产证券化业务尚处于起步阶段,历史数据积累不足,难以为评级机构的评估提供支持。另一方面,模型总是基于一定假设条件而成立,如何使模型假设更加贴切地反映现实情况也是未来值得进一步研究的课题。

二、资产侧现金流

资产侧现金流,即专项计划的现金流入,也就是底层资产池产生的现金流,主要由底层资产池的质量及特征决定,底层资产池的预期未来收益直接决定了该专项计划的预期未来现金流流入。

基础资产的预期收益主要由何种特征决定呢?这首先需要依靠基础资产的种类来判断,我们以目前ABS发行量规模增长最快的小额贷款资产类ABS为例来进行说明。我们将对基础资产现金流建立模型分为两个步骤:

第一步,不考虑风险,假设底层资产池内所有贷款都将按照合同约定按时还本付息,即无风险型现金流模型;

第二步,考虑逾期、坏账以及提前还款等风险事件,将早偿率、逾期率、违约后回收率、回收滞后期等因素纳入模型之中,即风险型现金流模型。

(一) 无风险型现金流模型

如果所有贷款资产都按照合同约定按时还本付息,那么资产池产生的现金流是确定的,即在资产池形成之时,便可以得出其存续时间内具体的现金流。当然,无风险的资产池是不存在的,我们的讨论只是为了接下来便于理解风险型现金流模型。在无风险的假设前提下,决定现金流的因素有以下几点。

1. 循环期与摊还期

当贷款资产的本息收回时,所收回现金流的去向可能有两种:一种是直接归集到专项计划账户之中,等待后续分配给投资者;另一种是再度投放将其贷给新的借款人,形成新的资产。而作为 ABS 基础资产的贷款资产池往往会设置循环期与摊还期,在循环期内,贷款资产产生的现金流再度投放形成新的资产,进一步扩大资产池;进入摊还期后,贷款资产的本息收入便直接归集到专项计划账户之中,不再进行新的贷款业务。

在循环期内,循环放款产生新的贷款资产,形成了子资产池,一般而言,子资产池需要单独分析,因为子资产池的借款人资质(信用记录)可能与原资产池不同,逾期率、早偿率等需要重新估计,贷款期限和利率也可能存在差异。当然,如果贷款资产完全同质,子资产池可以与原资产池合并分析。

循环期与摊还期的设置与 ABS 的整体设计以及负债端的收益分配计划相关,因为只有当基础资产池进入摊还期,专项计划账户内才会有现金流入,才可能进一步对投资者进行收益的分配。

2. 摊还方式

摊还方式,是指借款人如何偿还本息,由还款频率、本金偿还计划等组成。目前市场上的摊还方式多种多样,如等额本息、等额本金、等本等息、先息后本以及到期一次还本付息等,下面我们对比较常见的还款方式做简单介绍。

等额本息,是指将收益和本息加起来后平均到每个月,每月偿还同等数额的资金,这种还款方式由于本金归还速度相对较慢,占用资金时间较长,还款总利息较相同期限的等额本金还款法高。

等额本金,是指在还款期内把贷款数总额等分,每月偿还同等数额的本金和剩余贷款在该月所产生的利息,这样每月的还款本金额固定,因而利息越来越少。借款人起初还款压力较大,但是随时间的推移每月还款数也越来越少。

先息后本,是指借款人在贷款到期日一次性归还贷款本金,利息按月归还。这种还款方式,一般适用于几个月的中短期借款项目。

等本等息,是指借款人每月偿还的本金和利息都是相等的,利息按照本金总额计算,再平均分配至各月。

一次还本付息,即贷款到期时一次支付所有本金和利息,中间不进行摊还。

摊还方式是决定现金流如何回款的重要因素,利率、期限相同的两种贷款,可能由于摊还方式上的差异,导致现金流完全不同。

3. 利率

贷款利率毫无疑问是影响现金流的重要因素,它表示借款人进行贷款的价格,即需要按照贷款本金的多大比例支付利息。贷款的利率往往说的是年化利率,即贷款一年需要支付的利息与本金之比,对于整个同质贷款资产池来说,一般采用加权平均贷款利率。

4. 期限

贷款期限也是影响现金流的基本因素,即一项贷款在何时应将所有应付本息偿还完毕。对于同质贷款资产池,我们一般采用加权平均贷款期限以及加权平均贷款剩余期限两个指标,因为 ABS 成立发行时间与贷款资产开始计息的基准日不一定相同。

5. 未偿本金余额

截至某日的未偿本金余额,即基准日的未偿本金总额减去自基准日至该日期间所有已经偿还的本金数额。在计息日确定应付利息时,是以该日的未偿本金余额为基础,而不是按照本金总额计算。

(二) 风险型现金流模型

相对于无风险模型的不切实际的假设,风险型现金流模型中将贷款逾期、违约以及提前还款等风险因素考虑进来,通过对逾期率、违约率及早偿率等进行假设来模拟贷款资产池的现金流。在建立模型之前,我们先对提前还款、逾期及违约可能带来的影响做一个简单的介绍。

1. 提前还款

提前还款,主要是指借款人提前偿还贷款的行为。由于利率的波动,这样的行为通常会给证券投资人带来经济损失,我们定义这种投资风险为提前还贷风险。根据相关规定,借款人具备一定还款能力时,往往有权提前偿付部分或全部贷款,但是在这种情况下,贷款人提前还款的行为会影响证券持有人收到的偿付现金流。当提前还贷的速度过快时,后续偿付期间里面没有偿清的本金余额会变少,总体利息收益会相应减少;反之,当提前还贷的速度过慢时,那么偿付的时间就会比预计的时间更长,证券持有人获得资金的时间就会顺延变长,可能会错过更好的投资机会。

借款人是否提前还款往往与市场利率的变动趋向呈相反的态势。很明显,当市场利率下降的时候,借款人倾向于提前偿付,转而借入利率更低的贷款;而利率升高时,借款人倾向于滞后偿付,进而放慢还贷速度,更多地享受低息的好处。这就导致债券持有人在利率升高时,难以快速收回资金,而在利率走低时,又不情愿地收到大量廉价资金。计划摊还证券(Planned Amortization Class,PAC)是一种附加提前还款保护的债券,它可以在一定程度上对冲提前还款的风险。

PAC 不同于"正规级"债券和"剩余级"债券,属于 CMO 各层级债券中比较特殊的一级。为了有效地对冲提前还款带来的损失,债券设计者将 PAC 的偿还优先级调至最高级别,其余所有 CMO 各层级债券均被称为"附属债券",所有"附属债券"的摊还优先级低于 PAC,但依旧遵循"正规级"债券和"剩余级"债券的偿还规定。设定的提前还款率边界不同,PAC 对本金的吸纳水平也不同。当提前还款行为比较迅速时,PAC 吸纳不了的本金将会分配至"附属债券";当提前还款行为比较缓慢时,"附属债券"的摊还将会延迟而弥补 PAC 本金偿还的不足。简单来说,债券设计者将提前还款带来的现金流不确定性分摊至"附属债券",用以维持 PAC 还款的稳定性。

2. 贷款逾期及违约

贷款资产的违约一般指借款人未能按时偿还本息,造成贷款逾期或坏账,原因一般是借款人丧失还款能力或还款意愿。贷款违约对现金流的影响显而易见,不像提前还款那样复杂。

逾期率一般有几个指标来表示:M1 逾期率表示逾期 30 天以内的贷款占贷款总数的

比率,M2 逾期率表示逾期 31~60 天的贷款占比,M3 逾期率表示逾期 61~90 天的贷款占比,以此类推。而 M3+表示逾期 61 天及以上的贷款占比,M2+表示逾期 31 天及以上的贷款占比,以此类推。

在静态的层面上,逾期率还可以用来阐述贷款违约后回收率,估算方法如下:用静态池中逾期 91~120 天的金额作为基数,然后看逾期 151~180 天金额数据。则 1-(逾期 151~180 天金额/逾期 91~120 天金额)的数据就相当于逾期 90 天的贷款在 60 天内的回收率(因为逾期 90 天的贷款要么随后变成逾期 150 天以上,要么成功收回)。

3. 预付款模型

1) 条件提前偿付率

条件提前偿付率(Conditional Prepayment Rate,CPR),即是一种年化的提前偿付率,它等于每年提前偿付的金额占贷款池本金的比例。例如,若抵押贷款池的 CPR 为 8%,则表明每年将偿付本金余额的 8%。CPR 越大,表明提前偿付速度越快;反之,表明提前偿付速度越慢。CPR 的估计取决于很多因素,其中包括底层资产组合的性质、类似证券的历史提前偿付率以及当前和未来的经济环境。

CPR 通常被定义为期间实际本金摊还 $T(t)$ 减去计划本金摊还 $S(t)$,与期初资产总池平衡 $P(t-1)$ 减去计划本金摊还 $S(t)$ 的年度化比率,CPR 公式如下:

$$\text{CPR}(t) = 12 \frac{T(t)-S(t)}{P(t-1)-S(t)} \tag{4-1}$$

然而,按揭付款每月都会发生,为了估计每个月的提前偿付情况,需要把 CPR 转换成月化的比率,一般称为每月提前偿付率(Single-monthly Mortality Rate,SMM),转换公式如下:

$$\text{SMM} = 1 - (1-\text{CPR})^{1/12} \tag{4-2}$$

2) PSA 模型

PSA 模型以 CPR 模型为基础进一步发展而来,不同之处在于 PSA 模型并非采用一个单一不变的提前偿付率,而是一系列不断变化的提前偿付率,这更加符合现实情况,因为在现实中,刚刚办理抵押贷款的人不太可能提前还款。

PSA 模型基本假设:成立时间越久的按揭贷款,其提前还贷的可能性越大;成立时间越短的按揭贷款,其提前还贷的可能性越小。但是,当贷款成立的时间超过 30 个月之后,其提前还贷的比率将稳定在一个恒定的数值,而不再变化。

这种假设的理由在于:第一,新借款人在支付了首付款之后往往会处在一个资金比较紧张的状态,不大可能在短期之内能够做出提前还款的行为;第二,新的贷款的利率水平往往更加接近市场水平,不太可能出现因为市场利率的大幅降低而促使借款人提前还款的情况。因此,我们可以这样描述 PSA 提前偿付基准比率:在贷款成立之后的首个还款期,即第一个月,贷款人的提前还贷比率为 0.2%,其后每月逐月递增 0.2%,依此类推,直到贷款成立的时间达 30 个月,此时的提前还贷比率为 6%,从第 31 个月开始,数值保持在 6% 的水平恒定不变,直到贷款本息被全部还清。这一方法用标准模型,也称之为"100% PSA"表示。100% PSA 模型提前还贷比率演变过程如图 4-1 所示。

通常用 PSA 的百分比数来表示提前还贷的各种可能性,即提前还款边界。比如:

50% PSA 表示是 PSA 基准提前偿付比率的 $\frac{1}{2}$，首期提前还贷比率为 0.1%，以后每期逐月递增 0.1%，直到第 30 个月达到 3%，之后比率保持在 3% 直到本息还清。200% PSA 表示是 PSA 基准提前偿付比率的 2 倍，首期提前还贷比率是 0.4%，以后每期逐月递增 0.4%，依此类推，直到第 30 个月达到 12%，之后比率保持稳定直到本息还清（见图 4-2）。

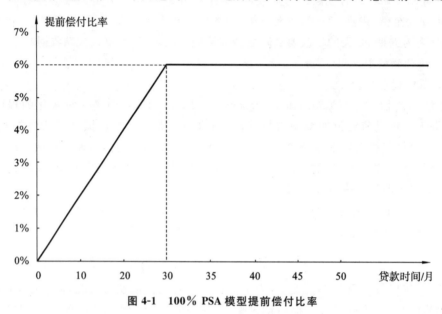

图 4-1　100% PSA 模型提前偿付比率

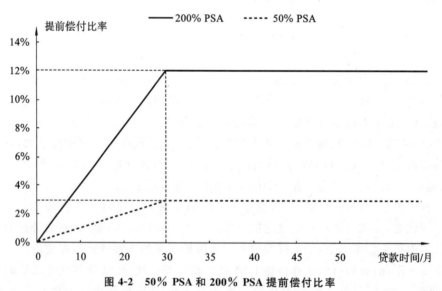

图 4-2　50% PSA 和 200% PSA 提前偿付比率

以 PSA 模型为基础的预测，初期被广泛地使用于结构金融市场，研究员通过模拟债券还款，用以预测债券的现金流水平。即使在初期，也因为现实市场的纷繁多样，PSA 模型模拟债券预付款行为容易忽略很多现实因素，因此后来人们根据实际情况发展出了更为精确且复杂的模型。

4. 风险型现金流模型

在考虑了提前还款之后，我们再将违约以及违约后回收加入模型，并进一步模拟这三者产生的预期本金损失，进而更加全面地模拟贷款资产池产生的现金流，真正建立起风险型现金流模型。风险型模型作为目前结构金融市场上较为有效的现金流预测模型，较好地模拟了现实市场中各种风险，模型使用更加广泛。

1) 模型假设

风险型现金流模型基于无风险型现金流模型，能够更加精确地模拟原始资产池的各项参数，用以更好地描述资产池状态。为方便讨论，在模型中，时间 t 只取整数，即 $t \in [0,1,2,\cdots,T]$，另外，对风险型现金流模型做如下基础设定：

原始资产池中贷款数量：$N(t)$，令 $N(0) \equiv N_0$

加权平均利率（定期）：$\dfrac{\mathrm{WAC}}{12} = r$

加权平均期限（月）：$\mathrm{WAM} = T$

实时资产池本金数额：$V(t)$，令 $V(0) = V_0$

预期本金 V_0 损失（%）为 $E(L)$。

2) 贷款状态

建立现金流模型是一个由浅入深的过程，模型从分析贷款整体的情况开始，进而分析由贷款产生的现金流。即根据资产池中各个贷款的状态，构建时间函数，并从贷款状态当中得到现金流量的大小。现金流量主要产生于借款人的还款活动，而借款人主要是以贷款账户来进行还款活动的，这使得贷款情况和现金流产生了很好的关联性。贷款有很多种不同的情况，主要可以被分为五种状态。

按时还款(performing as per the contractual schedule)：根据贷款时所签订的合同还款，其中时间表规定了还款时间以及金额。

全额预付(prepaying in full)：提前一次性还清所有贷款。

违约(defaulting)：违背贷款时所签订的合同。

部分预付(prepaying in part)：预付了大部分的贷款。

部分违约(partial defaulting)：在偿还过程当中，因某种原因已经不具有完全还款能力，但仍然偿还部分贷款。

3) 风险型模型的预期损失估计

风险型现金流模型对预期现金流进行多方面的估计，其主要由损失曲线、累积分布函数、概率密度函数、账户空间等依次构成，尽可能全面地模拟现实结构金融的步骤。

(1) 损失曲线

在开始构建信用损失模型之前，我们需要明白两个非常重要的点：第一，现金流建模的主要难点在于需要从违约行为所造成的资产池损失分布来判断债券的信用损失，即由损失分布来估计信用损失；第二，信用损失在这里指的是资产池本金的损失，而不是利息的损失（虽然损失本金意味着必然会损失一定的利息）。

我们还需要明确一个概念，损失曲线并不等于损失分布，即损失曲线不能和资产池的损失分布混淆。损失曲线是描绘单一资产池中累计损失的曲线，数据是可以被预测的。而最终随着贷款时间的推移，债券逐渐接近到期期限，预测值被发生损失的实际金额所取代，实际损失金额有可能与预测值一致，也有可能不一致。而累积分布函数（Cumulative Distribution Function，CDF）是在大量贷款样本库的基础上产生的所有可能的累计损失曲线的加总，它代表着资产整体损失的风险。

（2）累积分布函数

从数学角度出发，信用损失曲线的累积分布函数被定义为

$$F(t) = \frac{a}{1 + be^{-c(t-t_0)}} \equiv \text{CDF} \qquad (4\text{-}3)$$

从公式上可以直观地理解这个方程的含义，当 $t \to \infty$ 时，分母趋于1，此时，$F(t)$ 逐渐趋于常数 a。除此之外，我们分析其中的个别项数，当 $t < t_0$ 时，指数值为负，当 $t > t_0$ 时，指数值为正。我们可以很容易地看到边际损失曲线，即导数 $f(t)$ 必须从零单调上升，在 $t = t_0$ 时达到最大值，在 $t > t_0$ 之后单调减小。从现实角度来说，随着贷款时间的不断增长，资产池发生损失的风险会逐渐增大；但随着时间趋近于无穷大时，资产池整体损失的风险趋近于一个稳定的数值，不再发生变化，如图4-3所示。实际上，拐点 $\ln b + t_0$ 的位置经常被选为"亏损清算比"（loss-to-liquidation ratio），定义为当前违约数额所占总资产的比例除以每月摊还金的比例。参数 c 确定拐点周围的曲线的斜率，c 值越大，曲线越陡峭。最后，参数 b 决定了周期长度。我们适当地调整其四个参数，用公式（4-3）可以描述大多数资产池的信用损失行为。

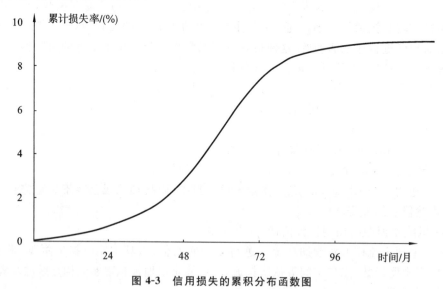

图 4-3　信用损失的累积分布函数图

（3）概率密度函数

数学中，概率密度函数（PDF，Probability Density Function）定义为累积分布曲线的一阶导数，即 $\mathrm{d}F(t) = f(t)\mathrm{d}t$。在"风险型"现金流预测模型中，我们用概率密度函数定义边际或每月损失，按百分比计算：

$$f(t) = F(t) - F(t-1) \qquad (4\text{-}4)$$

我们以月份为时间的基本单位，并将典型的参数值 a、b、c、t_0 和 T 分别取值为：$a = 0.1, b = 1, c = 0.1, t_0 = 55, T = 120$。将相应的参数值代入函数，得到图4-4所示的边

际损失曲线。

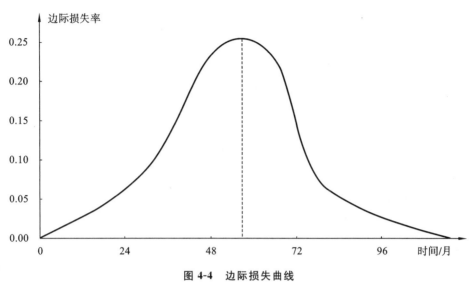

图 4-4 边际损失曲线

(4) 账户空间

账户空间 $L(t)$ 不等同于实际资产池的金额,同样,违约账户所占的比例不总是等于违约现金所占的比例。在风险型现金流模型中,我们将违约账户空间与违约金额分开进行分析。举个例子,当资产池中的账户发生违约行为,且这些违约的发生集中在具有较高余额的账户中,那么由于存在等效性原则,可能会导致对资产池本金损失的估计不足,从而低估了损失的金额。为解决这一问题,我们将累计违约账户比例与累计违约现金所占的比例相乘得到损失曲线。然而,这样得出的仅仅是违约金额,而非损失金额,因为没有考虑违约账户的回收金额。

首先我们预测违约的账户在原始资产池当中的比例 $F(t)$,然后通过 $F(t)$ 乘以原始资产池中的贷款数量 $N(0)$,以此将我们的结果映射到账户空间 $L(t)$ 上。例如,假设初始资产池包含 2000 个贷款账户,我们模拟一个 10% 的预期账户损失,那么在整个时间期限内(即 120 个月),随着时间的推移,会有 200 个账户按照公式(4-3)的模式进行违约。

(5) 归一化损失曲线

根据公式(4-3),只有当 t 无限趋近于正无穷大时,预期损失 $E(L)$ 才能达到 10%,然而贷款是有期限的,因此,按照逻辑曲线推算,$E(L)$ 永远不会真正达到 10%,这与现实不符。所以,损失曲线通常需进行归一化处理,以便正确反映资产池的预期损失。为了纠正边际损失曲线和累计损失曲线的误差,需要标准化每个月的相关变量。

定义 $L(t)$ 为累计非标准账户空间损失曲线(cumulative non-normalized account-space loss curve),$l(t)$ 为 t 时刻边际非标准账户空间损失,$n_D(t)$ 为 t 时刻边际标准累计账户空间违约率,N_0 为账户的初始数量,D_r 为累计账户空间违约率,将预期损失定义为:$E(L) = N_0 D_r$。

将 $F(t)$ 转换为 $L(t)$:$L(t) = F(t)N(0)$。

将 $L(t)$ 转换为 $l(t)$:$l(t) = L(t) - L(t-1)$,假设 T 为累积违约的 t 的集合。

将公式归一化：

$$n_D(t) = \frac{l(t)\ N_0\ D_r}{\sum_{t=1}^{T} l(t)} = \frac{l(t)\ N_0\ D_r}{[L(T)-L(0)]} \tag{4-5}$$

根据公式(4-5)得出空间损失曲线不同取值结果，如表 4-1 所示。

表 4-1　空间损失曲线不同取值结果

$t/$（月）	$F(T)$	$L(T)$	$l(T)$
119	9.983%	199.668	199.968
120	9.985%	199.700	200.000

（6）提前还款

虽然本章对预付还款做了一定的解释，但是在实际贷款中，真正的提前还款行为非常复杂。在结构金融中有很多变量对提前还款水平有较大的影响，其中最为重要的是当前的利率环境。目前，市场上存在很多可靠的预付款模型，但基本上都是有条件的预付款模型，即设定一定的已知条件。如果假设利率已知，相应的预付款利率就能够被准确地确定。当然，假设利率已知实际上就是忽视了主要问题。其实，除了 RMBS，预付款都属于次级信贷的问题，因为只有少数借款人会因为利率的变动而改变自己预付的方式。在绝大多数 ABS 资产类别的短期资产池中，预付款行为的变化主要是因为利率以外的因素，而这些都是不能够预测的。下面提供的预付款公式具有 PSA 曲线的功能形式，但是作为初始资金的函数，这个特定的假设规定，在 10 年交易的整个周期当中，20% 初始资金将会在其中某个时间点预先偿付。

边际预付款函数的每月账户空间提前还款率 $g(t)$ 从 0 开始线性上升，直到其达到稳态 t_{0p}。我们将使用累计预付曲线 $G(t)$ 计算每月账户空间的预付：

$$nP(t) = G(t) - G(t-1) \tag{4-6}$$

同时，我们定义 $G(t)$ 为

$$G(t) = \begin{cases} \dfrac{a\,t^2}{2}, & 0 \leqslant t \leqslant t_{0p} \\ \dfrac{a\,t_{0p}^2}{2} + (t - t_{0p})a\,t_{0p}, & t_{0p} \leqslant t \leqslant T \end{cases} \tag{4-7}$$

在这里，参数 a 在边际预付曲线中是 0 到 t_{0p} 的直线斜率，假设 $t_{0p}=48$，可画出如图 4-5 所示的边际预付率曲线和图 4-6 的累计预付率曲线。

这里参数 a 是图 4-5 中 0 到 t_{0p} 斜线的斜率。为了标准化这个贷款空间累计函数，令 $t=T$，则以下的账户空间边界条件成立：

$$\int_0^{t_{0p}} [at]\mathrm{d}t + (T - t_{0p})a\,t_{0p} = NP \tag{4-8}$$

通过求解方程得到斜率 a：

$$a = \frac{NP}{\dfrac{t_{0p}^2}{2} + (T - t_{0p})\,t_{0p}} \tag{4-9}$$

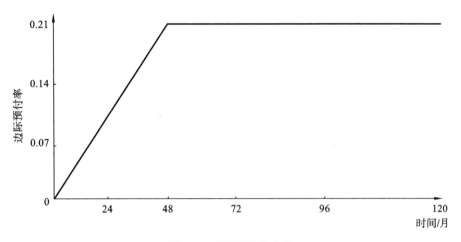

图 4-5 边际预付率曲线

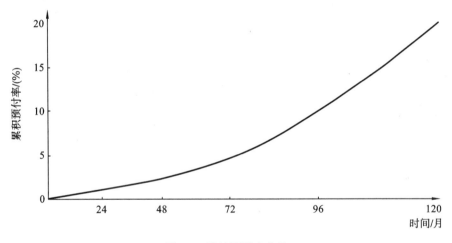

图 4-6 累计预付率曲线

注意 $G(t)$ 与参数 a 的线性关系。基于此就可以计算具有违约和预付款特征的资金池的现金流量。

5. 资产现金流

1) 贷款

假设资产池中包括 N_0 个贷款,期间利率均为 r,期限为 T 月,$B(t)$ 是随时间变化的本金余额,定义 $B_0 = B(0)$,贷款由以下一阶线性微分方程定义:

$$M\mathrm{d}t = rB\mathrm{d}t - \mathrm{d}B \tag{4-10}$$

M 为每期还款的金额,是一个常数,上述方程是可解的。方程当中的负号表示随着时间的增加,贷款的本金金额会减少。以下方程描述了同样的周期过程现象,但是能够更好地描述模型中的现金流。

$$B(t) = \frac{M}{r}\{1 - (1+r)^{t-T}\} \tag{4-11}$$

$$B(t-1) = \frac{M}{r}\{1-(1+r)^{t-1-T}\} \tag{4-12}$$

令两个边界条件 $B(0) = B_0$ 和 $B(T) = 0$：

$$M = \frac{B_0 r}{1-(1+r)^{-T}} \tag{4-13}$$

在后续的章节当中，我们用方程(4-11)和方程(4-12)的表达式将每个月的付款划分为利息和本金现金流量。

2) 期末贷款余额

每月月末，贷款余额定义如下：

$$N(t) = N(t-1) - n_D(t) - NP(t) \tag{4-14}$$

3) 利率

用公式(4-11)与(4-12)计算利率，令 $I(t) = [N(t-1) - n_D(t)]rB(t-1)$，则

$$I(t) = [N(t-1) - n_D(t)]M\{1-(1+r)^{t-1-T}\} \tag{4-15}$$

方程右边的是活期账户数和利率的乘积，左边是贷款账户数额，$N(t-1)$ 是 $(t-1)$ 期末尚未偿还贷款的数额，$n_D(t)$ 是本期间偿还的贷款数量。

4) 本金

每个月收到的本金包括常规本金金额 $P_R(t)$ 和预付金额 $PP(t)$。常规本金金额由每月固定摊销，利用方程(4-11)与(4-12)计算得到，其中大括号中的部分表示账户余额摊销的折现因子变化：

$$P_R(t) = [N(t-1) - n_D(t)]\frac{M}{r}\{(1+r)^{t-T} - (1+r)^{t-1-T}\} \tag{4-16}$$

预付金额等于预付贷款的个数乘以 t 时刻的期末余额，因为每月摊销额度已经通过上面式子得到，因此我们首先使用余额来计算预付款：

$$PP(t) = NP(t)\frac{M}{r}\{1-(1+r)^{t-T}\} \tag{4-17}$$

则该时期的总本金金额为

$$P(t) = PP(t) + P_R(t) \tag{4-18}$$

5) 违约

违约金额 $D(t)$ 等于违约贷款的数额乘以在 $t-1$ 时间点的尚未偿还的本金金额：

$$D(t) = n_D(t)\frac{M}{r}\{1-(1+r)^{t-1-T}\} \tag{4-19}$$

6) 违约损失率

违约金额通常受回收金额 $R_C(t)$ 影响，比如抵押品在延期 t_r 后被出售或者拍卖，而收益将通过信托机构来返还，那么

$$R_C(t) = D(t-t_r)[1 - LGD(t-t_r)] \tag{4-20}$$

在上式(4-20)中，$LGD(t-t_r)$ 是账户违约时，违约损失金额占本金金额的百分比，而 $t-t_r$ 中 t_r 代表回收所需的延期时间。除此之外，违约损失率(LGD, Loss Given Default)的值与时间相关，因为回收的价值取决于二级市场中抵押品的公允价值和未偿还的本金余额。图 4-7 为典型的贷款摊销曲线与资产折旧曲线，表明了它们与时间之间的关系。

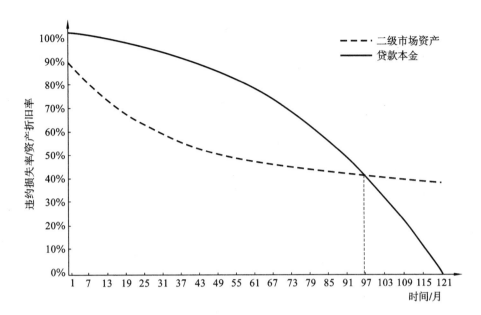

图 4-7　损失摊销/折旧曲线

在 $t=0$ 处的 LGD 是相关资产的零售值和批发值的差额,数额较小,之后差额单调增长直到 $t=40$,随后在区间 40 到 120 单调减少,在 $96 \leqslant t \leqslant 120$ 区间 LGD<0。

而由图 4-7 可以看出,在中间时段,回收金额占未偿还本金余额的比例往往是最小的,因为贷款的本金余额与抵押资产的折旧价值之间的差额在此处是最大的。相反地,在两条曲线相交时($t=96$ 左右),理论上回收率为 100%,因为资产价值等于未偿贷款余额。过了这点之后,信用利润将取代信用损失。虽然大多数法规不允许贷款人从这其中赚钱,但是在还没有违约的情况下,如果时间 t 已经到 96,比较精明的债务人很可能不会违约,因为他们可以在公开市场上卖出资产,通过这种手段,可以全额偿还贷款余额。但是在现实生活中,很少有债务人如此聪明,可以如此巧妙地管理资产,因此在信用损失理论上为负的时候仍会出现违约。

为了构建基础的现金流模型,我们通常忽略二级市场中使 LGD 与时间相关的经济行为,假设所有人获得信息一致,LGD 是一个已知的常数。

7)可获资金

从现金流的部分,我们可以计算每期的可获得资金 $AF_0(t)$:

$$AF_0(t) = I(t) + P(t) + R_C(t) \tag{4-21}$$

其中 $P(t)$ 表示本金的收回,是 PP(t) 与 $P_R(t)$ 之和。

8)到期本金

每个回收期,到期本金可以使债券持有人保留全部抵押:

$$P_D(t) = P_R(t) + PP(t) + D(t) \tag{4-22}$$

显然,实际上只有前两项可以收回,而违约金额必须由超额利差所覆盖。

从负债端计算 $C(t)$,累计到期本金。作为总的到期本金:

$$C(t) = \sum_{t=1}^{t} P_D(t) \tag{4-23}$$

9) 期末本金池

在 t 时刻的期末本金池等于在 t 时刻最初资金池的基础上对月度摊销做一些调整。例如，减去计划本金支付，提前偿付与违约：

$$V(t) = V(t-1) - D(t) - \text{PP}(t) - P_R(t) \tag{4-24}$$

10) 其他资产现金流

除了上述现金流之外，资产侧还有其他可能存在的现金流来源，比如储备金账户、保险政策等，本章不再做详细讨论。

三、负债侧现金流

负债侧现金流，即专项计划的现金流出，指按规定向不同层级投资者以及参与交易各方进行收益分配，由专项计划设计决定。一般情况下，当发生违约事件或加速清偿事件触发信用违约机制时，负债端现金流会改变其分配顺序，以保证优先级的投资者先得到偿付。分析负债端现金流主要应用的是瀑布模型，下面将详细介绍。

(一) 摊还方式

过手摊还是指各档证券本金没有固定的兑付计划，根据基础资产的现金流回流的实际情况，在兑付日将收到的现金流全部进行分配。

违约率和早偿率的存在，给过手摊还证券的投资者带来了很大的不确定性。比如，如果早偿率提高，那么现金流就会变多、流入时间也更早，而过手摊还证券，本金是没有固定的兑付计划的，这就导致正常预计一年期兑付的证券，可能在 7 个月后，就完成了本金兑付——投资者有很高的再投资风险。而如果违约率升高，现金流回收就将低于预期，能够分配的资金就变少、变晚了，这就导致正常预计一年期兑付的证券，可能在 1.5 年后才完成本金兑付——这也是投资者不愿意看到的。

计划摊还是指各档证券本金有固定的兑付计划，投资者可以在约定的时间获得约定的现金流分配。

计划摊还对现金流进行了重构，本金摊还模式变成了固定摊还，持有这类证券的投资者，不用再担心现金流不确定的问题。但是，现金流的重构，只是解决了本金摊还模式的问题，并不能改变基础资产两个主要的风险特质：违约风险和早偿风险。因此，计划摊还也有副作用：假设违约率上升，对于一个过手摊还证券来说，也就是少一点、晚一点拿到本金而已，期限拉长一点，总能收回；而对于计划摊还来讲，这可就是原则问题，本来应该收到的钱没收到，就会触发证券评级下调，还有其他一系列风险缓释措施。

(二) 负债模型的建立

这一节阐述了所有转付型结构中最简单的一种：原始交易。在原始交易中，信用增级唯一的方式就是息差和附属结构。原始交易是极为罕见的，因为很少有投资者仅仅依赖于当前可以收集到的信息进行投资，而对于预期外市场变动、信用风险或者是流动性短缺这类事情没有准备，这种情况下，如果发生违约等突发事件，证券持有者会显得措手不及。我们的目标不是模拟实际的交易，而是要尽可能地掌握基本的配置和付款数据。原始交易支付制度最常见的有：按优先顺序（sequential）和按初始比例（prorata）两种方式。而原始交易的公式基于两个债券 A 和 B 的完全抵押交易,债券上有具体每月的付款日期。负债模型参数的具体解释说明如表 4-2 所示,模型建立中涉及以下相关术语。

债券结构:一般来说,指的是结构化金融交易中的主要配置方法,或者是涉及自上而下类似瀑布原理的整套现金配置模式(不仅仅是本金),我们将在后面详细分析诸如保险单等特殊分配机制。

瀑布原理:规定了现金在 SPE 中如何分配给债券持有者,每一层瀑布都被视为一个级别,瀑布可能有任何数量的级别,下面的例子则是将其分为六个级别。

同等付款权利:在瀑布中的同一级别进行单独分配时,该级别的债券持有者被认为是平等的。

优先分配:首先将本金分配给高级别的债券持有者,其次为次级债券持有者,这种分配结构被称为优先分配。

初始比例分配:债券持有人的总本金按比例分配,如基于每个级别的初始本金余额,这种分配结构被称为按比例分配。

表 4-2 模型参数的具体解释说明

参数	解释
t	周期数,从 1 到 T(WAM),取整数
t_r	违约与现金回收之间的期数
r_A	A 类利率(年化)
r_B	B 类利率(年化)
s_f	服务费率(年化)
s_r	服务费短缺用率(年化)
$S(t)$	截止到 t 期的服务费
$B_A(t)$	截止到 t 期的 A 类本金余额
$B_B(t)$	截止到 t 期的 B 类本金余额
$I_A(t)$	随期数 t 变化的 A 类利息
$I_B(t)$	随期数 t 变化的 B 类利息
$P_A(t)$	在 t 期到期的 A 类本金
$P_B(t)$	在 t 期到期的 B 类本金
$F_i(t)$	第 i 级别瀑布层,在 t 期的剩余可用资金
$P_D(t)$	所有在 t 期到期的本金总和
$C(t)$	在 t 期到期时的累积本金
$R(t)$	t 期时 SPE 股东剩余偿付额
$R_C(t)$	t 期时的应收账款回收率
$D(t)$	t 期时的应收账款余额
$PP(t)$	t 期时的预付账款余额
$P_R(t)$	t 期时常规本金收款额

续表

$I(t)$	t 期时利息收款额
$V(t)$	t 期时的资金池余额

令 $V(0) = B_A(0) + B_B(0)$，$\alpha \equiv \dfrac{B_A(0)}{V(0)} = \text{advance rate}(放款率)$

下标 P 指支付的金额，最多等于总额；下标 S 指短缺的金额，最多等于总额。

例如，$P_{AP}(t)$ 指 A 类本金支付金额，$P_{AS}(t)$ 指 A 类本金短缺金额。这种标注适合所有的金额指标，且所有的金额指标都是非负的。在任何收款期间支付的所有金额的累计必须等于该收取期间的可用资金 $[F_0(t)]$。

放款率(advance rate)作为一项评估指标，指的是贷款人根据借款人的资产价值来评估借款人的贷款额度和信用额度。贷款人依据现有条款和资产市场价值考虑借款人还款的能力，再确定抵押品的市场经济价值之后，贷方会通知借方当前放款率和借款的最高限额，以尽量减少贷款人承担的风险。虽然放款率主要根据抵押资产的价值，但同时也会考虑借款人的财务信息。

(三) 瀑布模型解析

瀑布原理(waterfall)由温斯顿·罗伊斯于 1970 年提出，最先被应用在软件开发模型上。瀑布模型将软件生命周期划分为制定计划、需求分析等自上而下且相互衔接的固定次序，就像瀑布流水一样，因而得名。在结构金融现金流的分析中，我们使用瀑布原理，根据资产证券化不同的优劣顺序，将贷款本息偿还次序划分为多个结构。

分级结构的每一层结构类似，均包括以下四个结构：应付金额、支付金额、短缺金额、剩余可用资金。而在原始瀑布(the raw deal waterfall)中，瀑布结构包括以下六个级别：服务及其他费用、A 类的利息、B 类的利息、A 类的本金、B 类的本金、剩余付款金额。额外资金来源，比如说储备账户和保险单，将作为额外的水平分级出现在瀑布中。关于剩余付款金额，它的应付余额总是等于支付余额，所以它的金额短缺一项，以及剩余可用资金一项均为零。

在任何时候，进入瀑布模型前均需要以下数据。

可用金额：$F_0(t) = P(t) + R_C(t) + I(t)$

应付本金总额：$P_D(t) = D(t) + P_R(t) + PP(t)$

启动 A 类余额：$B_A(t-1)$

启动 B 类余额：$B_B(t-1)$

累计应付本金总额：$C(t) = P_D(t) + C(t-1)$

瀑布级别(waterfall levels)

1. 服务及其他费用

应付服务费用：$S(t) = \dfrac{s_f}{12} V(t-1) + S_S(t-1)(1 + \dfrac{s_f}{12})$

支付服务费用：$S_P(t) = \min(F_0(t), S(t))$

短缺服务费用：$S_S(t) = S(t) - S_P(t)$

剩余可用资金：$F_1(t) = F_0(t) - S_P(t)$

2. A 类的利息

A 类的应付利息：$I_A(t) = \dfrac{r_A}{12} B_A(t-1) + I_{AS}(t-1)(1+\dfrac{r_A}{12})$

A 类的支付利息：$I_{AP}(t) = \min(F_1(t), I_A(t))$

A 类的利息短缺：$I_{AS}(t) = I_A(t) - I_{AP}(t)$

剩余可用资金：$F_2(t) = F_1(t) - I_{AP}(t)$

3. B 类的利息

B 类的应付利息：$I_B(t) = \dfrac{r_B}{12} B_B(t-1) + I_{BS}(t-1)(1+\dfrac{r_B}{12})$

B 类的支付利息：$I_{BP}(t) = \min(F_2(t), I_B(t))$

B 类的利息短缺：$I_{BS}(t) = I_B(t) - I_{BP}(t)$

剩余可用资金：$F_3(t) = F_2(t) - I_{BP}(t)$

4. A 类的本金

A 类的应付本金（按优先顺序分配）：
$P_A(t) = \min(B_A(t-1), P_D(t) + P_{AS}(t-1))$

A 类的应付本金（按初始比例分配）：
$P_A(t) = \min(B_A(t-1), \alpha P_D(t) + P_{AS}(t-1))$

A 类的支付本金：$P_{AP}(t) = \min(F_3(t), P_A(t))$

A 类的本金短缺：$P_{AS}(t) = P_A(t) - P_{AP}(t)$

A 类的结束本金金额：$B_A(t) = B_A(t-1) - P_{AP}(t)$

剩余可用资金：$F_4(t) = F_3(t) - P_{AP}(t)$

5. B 类的本金

B 类的应付本金（按优先顺序分配）：
$P_B(t) = \min(B_B(t-1), \max(0, C(t) - \max(B_A(0), C(t-1))) + P_{BS}(t-1))$

B 类的应付本金（按初始比例分配）：
$P_B(t) = \min(B_B(t-1), (1-\alpha) P_D(t) + P_{BS}(t-1))$

B 类的支付本金：$P_{BP}(t) = \min(F_4(t), P_B(t))$

B 类的本金短缺：$P_{BS}(t) = P_B(t) - P_{BP}(t)$

B 类的结束本金金额：$B_B(t) = B_B(t-1) - P_{BP}(t)$

剩余可用资金：$F_5(t) = F_4(t) - P_{BP}(t)$

6. 剩余付款金额

剩余应付金额：$R(t) = F_5(t)$

剩余可用资金：$F_6(t) = F_5(t) - R(t) = 0$

请注意，在这个简单的结构当中，最后一步很显然是多余的。第 5 级中的剩余可用金额总是等于第 6 级中的剩余应付金额。在我们的模型中，剩余现金金额属于卖方。在替代模型结构中（代数上等效），剩余现金流很有可能被认证（变成证券），并且保留在资产负债表上或者出售给第三方。其实，在这其中有很多复杂结构需要其他处理，例如，在第5级的剩余可用资金可以被资本化,并且在其他的分级付清(Z债券)之后到期,或者它们可以被分到若干个其他的分级。

(四)储备账户和流动性功能分析

种类不同的储备机制有很多不同的名称:储备金(reserve fund)、储备账户(reserve account)、现金账户(cash account)、抵押账户(collateral account)、息差账户(spread account)和收益率补充账户(yield supplement account)等。这里储备金是在交易中放置、持有和释放现金的一种机制。

在深入研究储备金的数学模型之前,有必要说明一下流动性和信贷手段之间的区别。流动性是指可用于付款的现金,特别是偿还时间迫切的情况,且违约的可能性比较小。当回报是可量化的但不高,并且承担风险的溢价不确定时,信用是债券持有人考虑的重要因素。在模型方面,流动性和信用增级之间的差异体现在偿还过程中在瀑布内占据的位置。交易模型中的层级结构可分为:服务或者其他费用、A类利息、B类利息、A类本金、B类本金、剩余金额。

要构建储备账户,需要通过在B类本金之下添加储蓄账户来修正瀑布,或者更通俗地讲,层级结构中最低级分类会受益于此,层级结构被修正为:服务或者其他费用、A类利息、B类利息、A类本金、B类本金、储备账户提取报销。储备金是准备偿还除A、B外其他级别本金的,而这些级别又恰好受益于储备金。如果储备金中的资金被提取,这种结构只能在偿还完两个级别后再补充。无论如何,其当前余额按照合格投资率计算利息。

这种架构分析在逻辑上很准确,因为信用风险是本金的风险,储备账户位于本金分配之下。为了突出这一点,按照以下顺序考虑在瀑布中的账户:服务或者其他费用、A类利息、B类利息、设施提款报销、A类本金、B类本金、剩余金额。

由于提款偿还高于主要分配,该功能不提供信用增级,只是在现金不足以支付两类利息的时候,提供一定的流动性。在这个结构当中,任何现金必须首先分配于设施上,然后再用于A类和B类的摊销。在这种情况下,在交易中的储备账户提供的是流动性,而不是信用增级。除非设施位于本金的所在评级之上,否则它的形式意义不是流动性。事实上,一些现金池适用于这个结构不是它成为流动性储备的理由。

(五)准备金账户

在原始交易中,加入储备账户机制较为容易。一开始,在B类本金配置之后,令剩余资金 $F_5(t)$ 分配给持有人,我们使用它来满足储备账户的当前需求。模型符号含义如表4-3所示。

表4-3 模型符号含义表

符号	含义
$R_b(t)$	储备金账户期初余额(月末)
$R_e(t)$	储备金账户期末余额(月末)
$R_d(t)$	本期预收账款
$F_5(t)$	B类偿还本金后剩余的每月余额
$F_6(t)$	B类收款账户余额

续表

$F_7(t)$	扣除偿还后的余额
R_p	目标储备百分比
$R_r(t)$	目标储备金额
$R_a(t)$	储备金供款额
$V(t)$	月末资金池余额
r_e	合格投资率

该功能应该能够偿还储备账户的资金,并且使用剩余现金收入,将其纳入目标百分比,从而帮助交易应对所有强制性付款。任何资金短缺必须由以后期间内所流入的现金支付。举例,研究在 B 级分配后的瀑布中输入以下公式:

$$R_b(t) = R_e(t-1)\left[1 + \frac{r_e}{12}\right] \tag{4-25}$$

账户 $R_b(t)$ 将加入当前余额追踪,然后弥补可用资金。回想一下,在我们的基本模型中,可用资金值等于每个月的现金集合。如果可用资金足以支付目前 i 级的索赔,那么毋需追加储备金。在代数上,这种情况则是目前可用资金超过本期储备金的期初余额。差额等于本周期的剩余资金集合,逻辑上,这意味着:

$$F_6(t) = \max[0, F_5(t) - R_b(t)] \tag{4-26}$$

当可用资金小于当前期初储备金余额时,差额等于收款的短缺额。如果可能的话,储备资金需要弥补这个短缺额。代数表达式:

$$R_d(t) = \max[0, R_b(t) - F_5(t)] \tag{4-27}$$

对于动态储备,这个目标表示为当前资金池余额的百分比:

$$R_r(t) = R_p V(t) \tag{4-28}$$

对于静态储备,这个目标表示为初期资金池余额的百分比:

$$R_r(t) = R_p V(0) \tag{4-29}$$

储备金缴款将始终是目标余额和该水平下剩余现金中的最低额。注意,当达到目标余额时,储备量为负数,即现金从储备账户释放给发行方。

$$R_a(t) = \min[F_6(t), R_r(t) - R_b(t) + R_d(t)] \tag{4-30}$$

期末余额计算:

$$R_e(t) = R_b(t) - R_d(t) + R_a(t) \tag{4-31}$$

储备金账户充足时现金流计算如下:

$$F_7(t) = F_6(t) - R_a(t) \tag{4-32}$$

一旦这些公式被应用到现金流模型中,由 $F_7(t)$ 表示的每月收集的资金,就会一样简单地流回卖方。

如果规定该功能提供流动性,而不是增强信用,我们将在瀑布较高级别插入相同的方程(如在 B 类利息到期之后)用以反映现金的预期用途。这将会导致结构特征表现为流动性设施。如上所述,在流动性和信贷设施在瀑布位置上的差异没有代数表现形式,但是它们的根本效用是不同的。最后,需知流动性设施的合格投资率为负数。

（六）基于压力测试的证券评级

结构化证券中存在的所有估值原理，都意味着反映或者忽略风险的某些关键维度的决策，包括时间、概率和分散性。前面建立的现金流模型，可以用于研究时间对价值的影响，但是每次研究只能设置一定的假设，模拟运行一种情况，如果该交易的所有差异都归结于这一种情况，即时间的检验，那么研究则不具备严谨性。

在现实中，我们不可能假定面对的真实市场只是模型中的一种，现金流运行的构建必须基于资产池，根据其所有可能的情况来设计。如何做到这一点是一个哲学问题：结果是基于滚动骰子（基于数据统计的视图）还是任意的解释呢（基于压力的视图）？在后一种情况下，压力情况决定了评级。标准普尔、惠誉在某些类型的交易中使用了这种方法。

基于压力的评级通过以串行方式施加压力来设计，从而发现被评估证券的安全性，所能够承受的最高负载，然后将这种压力评级分配给相应证券。当施加微弱的压力的时候，证券尚能够偿还，但是在更高压力之下违约，则将会得到较低的评级。可以承受相应比例外更高压力的证券将会得到更高的评价。

自20世纪70年代以来，穆迪的投资服务没有以压力测试方式定义结构化评级。相反，它以基于风险的数据统计视图来分配结构化评级，这需要通过蒙特卡洛模拟来探究信用损失分布以及其对负债支付的影响。在中国，压力测试流程和方法有着明确的规定，证券公司开展压力测试一般包括以下步骤：

（1）选择测试对象，制定测试方案；

（2）确定测试方法，设置测试情景；

（3）确定风险因素，收集测试数据；

（4）实施压力测试，分析报告测试结果；

（5）制定和执行应对措施。

虽然基于压力的评级方法易于处理，但是压力的校准工作比较困难，无法在不同交易之间评级在内部保持一致。此外，我们也不可能确保资产的类别、借款人的类型以及在不同地域的市场，因为每个环节都需要定制相应的压力。简而言之，基于压力的评级容易监测和逆向推导，但是基本不可能被验证。

第二节　估值技术

对于结构化产品来说，估值与定价是非常具有专业性也是十分重要的部分。众所周知，对金融产品估值是指确定其预期收益率，而结构化金融产品具有不同的信用分级，不同的信用分级之间偿付顺序不同，因此具有不同的风险。要对其进行估值，就必须分别对每个档级的产品的收益率进行确定。

根据收益与风险匹配原理,结构化产品各信用层级的收益率可以根据当时市场上同期限、同风险的债券收益率大体确定,其中风险可以简化用信用评级来表示。同时,考虑到结构化产品往往有着合格投资者、持有人数量等的限制,流动性会差于普通债券,因此会有一些流动性溢价。那么,了解这些基本思想之后,我们就可以着手解决问题了,要估计结构化产品的收益率,必须先确定其期限与信用评级(风险)。

结构化产品的期限与其摊还方式有关。以资产支持证券为例,其摊还方式一般有固定摊还和过手摊还两种,根据前一节的介绍可知,固定摊还方式下期限相对确定,过手摊还下由于没有固定的还本金额计划,证券的期限也具有极大的不确定性,只能根据本书之前提到的现金流模型进行测算,即根据资产端现金流流入何时覆盖负债端各信用层级的现金流流出,来得出各层级的预计到期日。

相对于期限问题,对结构化产品进行信用评级要困难许多,除了要考虑底层资产的质量,比如违约率、提前偿付率、利率等,还要考虑涉及的信用增级手段。为了让读者简单而直观地理解结构化产品的价值,在本节中我们探讨一种静态的估值模型。

一、结构化产品的静态估值

结构化产品的静态估值方法又称 BOTE,即 back-of-the-envelope method,直译为"在信封背面进行的运算",是一种粗略的、非正式的计算。它不仅仅是一个猜测,更是一个准确的计算或数学证明,背面计算的含义是使用简化的假设,舍弃繁琐的公式,仅用简单的换算与推理得到近似的结论。

结构化证券定价的 BOTE 方法产生于 20 世纪 80 年代,是最初进行估值的方法,当时市场需要简单而直观的模型去理解结构性证券的价值,BOTE 方法便应运而生了。后来,市场上出现了一些更加复杂,也更加精确的模型,同时考虑了时间和可变性对于交易定价和风险的影响。BOTE 方法纵然简化了假设,有着致命缺陷,然而这并不影响它的重要性,它仍然不失为一种研究结构化交易定价的重要方法,十分适合作为系统地思考结构化交易的起点。

BOTE 分析是半自我一致性的定价方法。所谓自我一致性,是指从交易本身的数据表现特征直接获取交易有关的信息,而不依赖任何外生变量。具有自我一致性的好处是定价模型能够利用数据反馈去及时修正自身,从而使得交易的结构更少地取决于外生变量,更多地依赖于科学与统计技术,这也就是机器学习的基本原理。而 BOTE 分析的输入变量是累计本金损失额和总资本缓冲额,资本缓冲额可以直接从交易结构中测得,累计本金损失额估计值则来自同业交易。然而,它可以被从交易中直接提取的信息在某种程度上取代,因此 BOTE 分析具备成为完全自我一致性的可能。

(一) BOTE 分析

在 BOTE 方法中,某种证券的信用质量可以用信用增级(CE)与累计预期损失(EL)的比率来衡量:

$$\frac{\text{CE}_j}{\text{EL}} = n_j \rightarrow r_j \tag{4-33}$$

而上述比率可进一步用来参考进行信用评级，比率映射到信用评级的一般标准如表4-4所示。

表 4-4　信用评级映射表

CE/EL	评级
5	Aaa
4	Aa
3	A
1.5—2	Baa
<1.5	Ba 及以下

其中，CE/EL 通常表示为初始资产池余额的百分比。

累计预期损失（EL）是根据与资产端资金池同类的应收账款池的历史资产池绩效确定的，即以历史表现为基础估计其违约率、早偿率、逾期率等因素，进而计算现金流得出累计预期损失的金额。

信用增级（CE, Credit Enhancement）有两种方式：内部增信与外部增信。内部增信依赖于基础资产现金流或证券化产品自身交易结构而产生的增信措施，主要措施包括超额利差（XS, Excess Spread）、优先/次级结构化分层、储备金账户、超额抵押和信用触发机制等，其中信用触发机制在现金流模型中得到充分的展现，然而要在 BOTE 模型中考虑信用触发机制是极为困难的，我们在 BOTE 方法中暂不分析信用触发机制。外部增信则依赖于来自特殊目的载体外部的第三方信用机构介入提供信用支持，主要措施包括外部保证担保、差额支付承诺、信用证（LOC, Letter of Credit）、回售和赎回承诺、信用违约互换等，当外部增信只提供给某一信用层级的债券时，风险分析的着重点就转向了对承诺方或担保方信用情况及担保能力等的调查，需要具体情况具体分析。因此，BOTE 分析方法难以将外部增信措施纳入考虑之中，我们在 BOTE 模型中只考虑内部增信。

在介绍完 BOTE 所涉及的增信手段以及其他要素之后，就可以开始对结构化交易进行估值定价分析。

（二）BOTE 交易分析

例：假设一个简单的结构化交易要素如表 4-5 所示。

表 4-5　简单的结构交易要素

加权平均收益率（WAC, Weighted Average Coupon）	14%
加权平均到期期限（WAM, Weighted Average Maturity）	60（月）
服务费（SF, Servicing Fee）	1%
储备金计提比例	1%
优先级 A 档规模	90%
次级 B 档规模	10%
优先级 A 档收益率	7%

续表

次级 B 档收益率	10%
加权平均资金成本（WAI, Weighted Average Interest Cost）	7.3%
累计预期损失	5%

如何对 A、B 两种证券进行评估？

1. 第一次分析

要对 A、B 两档证券进行评级，须遵从以下四个步骤：

（1）确定每个信用层级可能使用的信用增级数额的最大值，即所有有关增信措施所能覆盖损失量的最大值；

（2）将第一步得到的最大值调整至定量等价的数值；

（3）计算信用增级数量与累计预期损失之比（CE/EL）；

（4）对照评级表读出证券的评级。

本例中，每个信用分层可用的信用增级方式如表 4-6 所示（以流动性由强到弱排序）。

表 4-6　不同信用分层的信用增级方式

优先级 A 档	次级 B 档
超额利差（XS）	超额利差（XS）
储备金账户	储备金账户
结构化分层安全垫	—

信用增级方式的具体金额计算如下。

结构化分层安全垫（次级 B 档提供安全垫）仅优先 A 档证券可以使用，金额为 10%，由于 A、B 两档证券总金额为 100%，所以此项交易没有超额发行，即没有超额抵押。A、B 档证券可用的储备金账户金额总共为 1%，而 BOTE 模型并不能识别时间，因此不能将可用的储备金总额在两档证券之间进行合理的分配，因此这里我们将重复计算，即两档证券可用的储备金均为 1%。这里重复计算不失为一种好的解决方案，因为我们也重复计算了评级对照表中的总资本缓冲（我们对 A、B 两档证券评级时，累计预期损失（EL）均为 5%）。因此分子分母均重复计算导致了结果的正确性。

储备金账户与结构化分层安全垫的金额比较容易确定，二者在交易结束时都是已知的，能够从交易条款中读取出来。相比之下，超额利差在交易条款中却没有列示，那么如何去确定呢？超额利差取决于资产端现金流的违约率和早偿率，而这些在交易结束时仍然是未知的，我们先将超额利差估计为最大值，然后在第三次尝试中调整至定量等价的数值。

计算超额利差首先需计算年化的总利差，即 WAC－SF－WAI，

年化总利差 GS＝14%－1%－7.3%＝5.7%。

若该项交易周期为 5 年，则超额利差 XS＝5×5.7%＝28.5%。

基于此可得到：

对于优先 A 档证券：

信用增级总额(CE)＝超额利差(XS)＋储备金＋结构化分层安全垫
＝28.5％＋1％＋10％＝39.5％

CE/EL 比率＝39.5％/5％≈8

评级为 Aaa(或者更高)。

对于优先 B 档证券：

信用增级总额(CE)＝超额利差(XS)＋储备金
＝28.5％＋1％＝29.5％

CE/EL 比率＝29.5％/5％≈6

评级为 Aaa(或者更高)。

上述分析看似正确，实则有重要的原则性错误，错在哪里了？

2. 第二次分析

第一次分析的错误在于我们忘记了信用增级数额均应表示为资产池初始未偿本金余额的百分比，直接根据加权平均到期期限(WAM)加总了年化的超额利差，而实际上只有在第一年年化 5.7％的计算基础是初始未偿本金余额，之后每年的资产池实际上是不断缩减的(因为每年都会有一部分本金被偿付)，年化 5.7％仅为当期期初未偿本金余额的 5.7％，因此我们第一次分析夸大了超额利差。

为了解决这个问题，我们引入一个证券平均寿命(AL，Average Life)的概念，平均寿命(AL)适用于所有结构化金融产品，是一种标准化同步化偿款期限的方法，这个概念的引入大大方便了结构化产品的评级和定价。图 4-8 表示本金为 10000 美元，摊还期为 60 个月，收益率固定的资产池，灰色矩形表示能产生与实际资产池收益率相同、现金流相同的一次还本付息贷款，这就大大简化了计算过程，原本需要计算曲线之下每个时间点的未偿本金余额，现在只需计算矩形的面积，即通过低估横轴上的到期时间来弥补我们对未偿本金余额的高估。

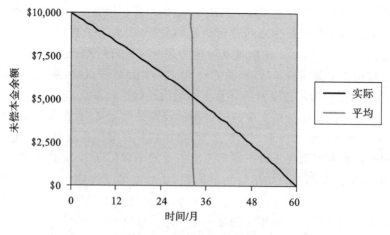

图 4-8 平均寿命示意图

这里我们不进行复杂的数学推导，仅给出平均寿命 t^a 的计算公式：

$$t^a = \frac{1}{P_0}\int_0^T t\,\mathrm{d}p \qquad (4\text{-}34)$$

其中 P_0 表示初始本金余额,T 表示到期日,r 表示期间利率,dp 表示贷款的本金摊还速度,经过简单换算可以得到

$$t^a = \frac{T}{1-(1+r)^{-T}} - \frac{1}{\ln(1+r)} \tag{4-35}$$

那么,本例中年化利率为14%,期限为60个月的资金池,平均寿命为

$$t^a = 33.45 \text{月} \approx 2.8 \text{年}$$

也就是说,超额利差(XS)= $2.8 \times 5.7\% = 16.0\%$,而不是28.5%。

3. 第三次分析

在第一次分析信用增级数额时,我们说过之前确定的是每个信用层级可能使用的信用增级数额的最大值,在第三次分析中,我们需要将其调整为恰当的数量。

储备金账户金额、结构化分层安全垫以及超额抵押均为确定性的数额,不会因为资产池某些不确定性因素的改变而发生改变,然而超额利差则并非如此。超额利差是估计出来的数额,会因为一些因素变化而减少,主要影响因素包括三个:提前偿付率升高,信用风险高的借款人的违约,超额利差运用与发生损失时间的关系。在BOTE模型中,我们仅仅大致估计这些效应并做出相应调整,而在现金流模型中我们可精确地进行计算。

提前偿付率提高会导致未预期的贷款本金的提前摊还,进而导致利息收入减少,从而资产池的超额利差低于预期。这里用现金流模型来分析较为清晰,我们使用PSA200的预付款模型来计算超额利差的改变,结果如表4-7所示。

表4-7 PSA200预付款模型下的超额利差表

PSA	200	AL	4.51	ΔXS	2%	LIFE-TIMEXS	13.59%	11.59%
	LOANS	CPR	SMM	INTEREST COLLECTED	SCHEDULED PRINCIPAL	PREPAID PRINCIPAL	SENIOR EXPENSES	XS/ANNUALIZED PSA=1	XS/ANNUALIZED PSA=2
0	2,000.00	0.2%	0%						
1	1,999.34	0.4%	0.033%	$300,000	$130,413	$9,975	$232,500	0.23%	0.23%
2	1,998.01	0.8%	0.067%	$298,596	$131,673	$19,892	$231,412	0.22%	0.22%
3	1,996.03	1.2%	0.101%	$297,080	$132,901	$29,739	$230,237	0.22%	0.22%
4	1,993.39	1.6%	0.134%	$295,454	$134,095	$39,506	$228,977	0.22%	0.22%
5	1,990.11	2.0%	0.168%	$293,718	$135,254	$49,180	$227,632	0.22%	0.22%
6	1,986.20	2.4%	0.202%	$291,874	$136,377	$58,751	$226,202	0.22%	0.22%
7	1,981.65	2.8%	0.236%	$289,922	$137,462	$68,208	$224,690	0.22%	0.22%
8	1,976.48	3.2%	0.271%	$287,866	$138,508	$77,539	$223,096	0.22%	0.22%

续表

PSA	200	AL	4.51	ΔXS	2%		LIFE-TIMEXS	13.59%	11.59%
	LOANS	CPR	SMM	INTEREST COLLECTED	SCHEDULED PRINCIPAL	PREPAID PRINCIPAL	SENIOR EXPENSES	XS/ANNUALIZED PSA=1	XS/ANNUALIZED PSA=2
9	1,970.70	3.6%	0.305%	$285,705	$139,515	$86,734	$221,422	0.22%	0.21%
10	1,964.31	4.0%	0.340%	$283,443	$140,480	$95,782	$219,668	0.21%	0.21%
11	1,957.33	4.4%	0.374%	$281,080	$141,403	$104,672	$217,837	0.21%	0.21%
12	1,949.78	4.8%	0.409%	$278,619	$142,282	$113,396	$215,930	0.21%	0.20%

注：PSA，联营和服务协议；LOANS，贷款；CPR，提前偿付率；SMM，单月抵押率；INTEREST COLLECTED，利息收入；SCHEDULED PRINCIPAL，计划本金支付（定期本金支付）；PREPAID PRINCIPAL，预付本金；SENIOR EXPENSES，优先费用；AL，平均寿命。

提前还款和违约的存在使得贷款的利息收入达不到票面利率，而贷款利率越高的借款人信用风险越高，越有可能发生违约。因此，有的压力测试会在期初就假设贷款利率最高的20%的借款人会发生违约，导致无法还款，在这种压力情景下测量加权平均票面利率的减少，再根据平均寿命进行加总，以此计算超额利差，表4-8展示了计算过程。

表4-8 压力情景下超额利差计算表

年利率/(%)		原始资金池			调整后的资金池		
≥	<	余额/($)	占比(%)	加权平均票面利率/(%)	余额/($)	占比(%)	加权平均票面利率/(%)
		原始			扣减百分率=20%		
19.5		0	0.00	0.00	0	0.00	0.00
18.5	19.5	0	0.00	0.00	0	0.00	0.00
17.5	18.5	0	0.00	0.00	0	0.00	0.00
16.5	17.5	0	0.00	0.00	0	0.00	0.00
15.5	16.5	9,279,051	3.03	0.48	0	0.00	0.00
14.5	15.5	15,387,995	5.02	0.75	0	0.00	0.00
13.5	14.5	38,656,474	12.62	1.77	1,900,601	0.62	0.09
12.5	13.5	65,896,474	21.51	2.80	65,896,474	26.91	3.50
11.5	12.5	99,898,689	32.61	3.91	99,898,689	40.80	4.90

续表

年利率/(%)		原始资金池			调整后的资金池		
		余额/($)	占比(%)	加权平均票面利率/(%)	余额/($)	占比(%)	加权平均票面利率/(%)
≥	<	原始			扣减百分率=20%		
10.5	11.5	42,028,122	13.72	1.51	42,028,122	17.16	1.89
9.5	10.5	23,000,087	7.51	0.75	23,000,087	9.39	0.94
8.5	9.5	12,152,049	3.97	0.36	12,152,049	4.96	0.45
7.5	8.5	0	0.00	0.00	0	0.00	0.00
6.5	7.5	0	0.00	0.00	0	0.00	0.00
5.5	6.5	0	0.00	0.00	0	0.00	0.00
4.5	5.5	0	0.00	0.00	0	0.00	0.00
合计		306,298,941	100.0	12.33	244,876,022	80	11.67

通常情况下,信用损失要几个月后才会显现出来,而超额利差在交易开始时是最充足的,那么可能超额利差的一部分会在实现信用增级之前离开交易结构,不再能够覆盖之后发生的信用损失,这种情况被称为 UIOLI(use-it-or-lose-it)。估计 UIOLI 数额的一种方法是分别计算在期初、30 天、60 天、90 天、120 天的超额利差数值,将其从总超额利差中减去。如图 4-9 所示,向上倾斜的曲线表示累计预期损失,另一条表示月度超额利差的减少趋势。

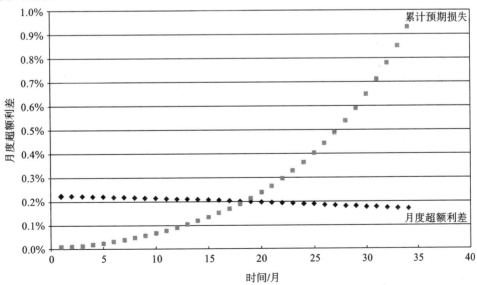

图 4-9　累计预期损失和月度超额利差

将这三个因素考虑进我们的例子中,重新计算超额利差,则需在原先的基础上减去提前偿付率提高导致的2%变化,再减去信用风险高的借款人可能带来的损失0.67%,再减去 UIOLI 导致的 4.33%,最终超额利差调整为 9%,重新计算评级结果如下。

对于优先 A 档证券:

信用增级总额(CE)=9%+1%+10%=20%

CE/EL=20%/5% = 4

评级为 Aa。

对于优先 B 档证券:

信用增级总额(CE)=9%+1%=10%

CE/EL=10%/5%=2

评级为 Baa。

至此,我们完成了对 BOTE 模型的分析,可以看出最终的评级结果与第一次分析相差甚大,这是因为我们加入了平均寿命的概念,并对超额利差进行了调整,可见这两个因素在结构化产品中的重要地位。

(三) BOTE 模型的缺点

作为结构化产品定价的模型,BOTE 分析有三个主要的缺点。

(1) 从评级对照表可以看出,它只能评估 Baa 及以上证券的评级,对投资级以下(即 Ba 及以下)的证券无法准确评估。

(2) 评级对照表中 CE/EL 均为整数,而事实上 CE/EL 是一个比率,极有可能不是整数,这会导致无法准确读出评级,尤其是当 CE/EL 位于两个评级对照点的中点,比如 CE/EL=4.5,那么此时评级究竟是 Aaa 还是 Aa 呢?无法确定。

(3) BOTE 模型无法识别时间和可变性信息。信用增级金额(CE)在交易结束时就已经确定了,然而累计预期损失(EL)在整个资金池本金余额偿还完毕时才能够确定。一个能够识别时间的模型可以表示累计损失曲线以及累计损失变化引起信用增级数额的改变随着时间的变化。

正因为 BOTE 模型存在着这些缺点,它只能用来做大致的推断,而不能精确地估值。那么如果我们需要更加精确地对结构化产品进行定价,而不是仅是做一个大致的判断,应该怎样去做呢?

二、结构化产品估值的非线性问题

一些心细的读者可能已经注意到了,我们在 BOTE 分析中将各信用层级的预期收益率作为已知条件给出,才能对各档证券进行信用评级,而我们要确定各信用层级证券的收益率,则需要了解其风险水平(即评级信息),这个循环便是结构化金融中的非线性问题,也就是结构化证券分析中众所周知的"鸡和蛋"问题。那么如何去解决这个非线性问题呢?

(一) 非线性解决流程

为了让读者明白解决这个非线性问题的思路,本书先给出一个概括性的解决流程,而不涉及具体细节：

(1) 估计各信用层级初始的临时收益率变量，可以通过 BOTE 分析来完成；

(2) 使用估计的临时收益率变量作为输入，执行一阶的蒙特卡洛模拟，得到各信用分层的信用评级；

(3) 根据经验收益率曲线或模型，参照各信用分层的信用评级信息，来计算各信用层级的输出利率；

(4) 将第 3 步得到的输出利率作为输入利率，再次执行蒙特卡洛模拟；

(5) 计算输入利率与输出利率之差的绝对值，将该绝对值与输入利率之比定义为 δ；

(6) 重复步骤 1—5，直到 δ 达到一个设定的误差区域以内（一般设为 0.5%）。

最终，经过有限次的迭代，当利率达到稳定时，我们便做到了对此项交易合理估值，因此一项结构化交易的价值不过是非线性空间中进行的迭代过程的极限点，而该空间的维度便是该证券的信用分层数。当信用分层数上升时，估值空间的维度上升，迭代过程也变得复杂，数值的不稳定性随之上升，可能会出现其他的问题。

(二) 非线性问题解决条件

了解非线性问题的解决流程并不意味着我们可以解决所有的非线性问题了，因为有些时候，经过无数次步骤 1—5 后，δ 仍然没有下降到设定的误差区域内，此时说明迭代过程不收敛。如何判断一项交易是否能够收敛涉及十分专业的数学证明和方法，鉴于本章旨在给读者介绍估值模型的大体逻辑，便不再详述。

第三节　现金流模型应用的实例分析——XX 资产支持专项计划[①]

一、基本要素

资产支持专项计划中的资产支持证券基本情况如图 4-10 所示。

二、交易结构

(1) 投资者认购：认购人认购资产支持专项计划份额，管理人设立并管理专项计划，认购人取得资产支持证券，成为资产支持证券持有人。

---

① 该案例参考该专项计划向合格投资者披露的发行说明书，因保密原因隐去具体名称及各交易方信息。

基础资产	在专项计划设立日，系指基础资产清单所列示的，《资产买卖协议》项下管理人以认购人交付的认购资金向原始权益人购买的符合合格标准的小额贷款资产（包含已计提但尚未支付的利息、手续费、服务费和/或其他费用）及其附属担保权益
产品分层、评级与到期日	第一期发行规模18.29亿元，分层及期限如下： 分层　　　评级　　占比　　加权期限（年）　到期期限（年） 优先A级　　AAA　　75.12%　　0.29　　　　　0.67 优先B级　　AA+　　5.03%　　　0.74　　　　　0.76 优先C级　　AA　　　4.54%　　　0.84　　　　　0.93 优先D级　　AA-　　5.36%　　　0.97　　　　　1.09 次优级资产支持证券　—　　4.92%　　　1.14　　　　　1.26 次级资产支持证券　　—　　5.03%　　　—　　　　　—
还本付息方式	优先级、次优级资产支持证券：按月付息、按月过手摊还
交易场所	上海证券交易所

图 4-10　资产支持证券基本情况

（2）基础资产转让：管理人使用募集的专项计划资金向原始权益人购买基础资产，并委托原始权益人作为资产服务机构，对基础资产进行管理，包括但不限于对基础资产状况进行监控、资金划付、资产赎回、对资产池监控、基础资产资料保管、对已到期的基础资产或不良基础资产进行催收和清收等。

（3）存续期间：托管银行依据《托管协议》的约定，管理专项计划账户，执行管理人的划款指令，负责办理专项计划名下的相关资金往来。

（4）收益分配：管理人按照合同的约定将基础资产的收益分配给专项计划资产支持证券持有人。

资产支持计划交易结构如图 4-11 所示。

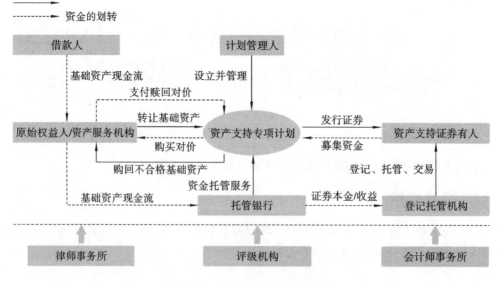

图 4-11　资产支持计划交易结构

三、信用增级

内部信用增级是指在证券化交易的结构中不引入外部机构进行信用增级的方式。该专项计划内部信用增级包括以下几个方面。

（一）结构化分层安排

结构化分层安排是证券化项目中比较常见的内部信用增级方式。根据项目安排的各档证券利息/本金的受偿先后顺序，劣后受偿档级的投资者为优先级投资者提供信用增级。

该专项计划的结构设计中设定了优先 A 档、优先 B 档、优先 C 档、优先 D 档、次优级、次级的分层结构，其比例分别为 75.12%、5.03%、4.54%、5.36%、4.92%和 5.03%。

从资产池回收的资金将会按照事先约定的现金流支付顺序支付，排序在现金流支付顺序最后面的证券档将承担最初的损失，即排名在后的证券档为高一级别的证券档提供信用增级。就该专项计划而言，优先 B 档资产支持证券的本金为优先 A 档资产支持证券提供信用增级，优先 C 档资产支持证券的本金为优先 A 档、优先 B 档资产支持证券提供信用增级，以此类推。

（二）信用触发机制

该专项计划设置了信用触发机制，即同各参与机构履约能力相关的加速清偿事件和违约事件。信用事件一旦触发将引致基础资产现金流支付机制的重新安排。

若加速清偿事件发生，管理人应立即指令资产服务机构将收款账户的余额全额划付至专项计划账户并计入回收款收入子账户项下。如资产服务机构之后进一步收到任何款项，管理人应授权或定期指令资产服务机构将该款项划付至专项计划账户并计入回收款收入子账户项下，用以向资产支持证券持有人进行分配。如果加速清偿事件被触发，将不分配次级资产支持证券的期间收益。

如果违约事件被触发，服务费储存子账户现有全部资金划转至回收款收入子账户。回收款收入子账户内的资金用于支付应缴税金、执行费用，交纳当期兑付兑息费、资金划付等相关费用，支付各相关机构费用后，支付优先级、次优级资产支持证券的收益和本金，剩余资金及其他专项计划剩余资产原状作为次级资产支持证券持有人的收益支付给次级资产支持证券持有人。

（三）超额利差

该专项计划进行了现金流预测分析，基准情景下基础资产产生的全部现金流回款（含权利金）为优先级资产支持证券本息总额之和的 1.19 倍，由此产生的超额利差为优先级资产支持证券本息偿付提供信用支持。

（四）触发顺序说明

信用增级措施是指在基础资产现金流不能达到预计目标时有助于保证资产支持证券本息兑付的安排。该专项计划安排了证券的结构化分层、信用触发机制、超额利差的增信方式。

对于优先级资产支持证券,首先基础资产产生的现金流对优先级资产支持证券的预期收益及未分配本金支付形成了超额覆盖;其次,在分配顺序上,在普通分配、触发加速清偿事件、触发违约事件和清算分配的情况下,优先级资产支持证券的预期收益及未分配本金,优先于次优级、次级档资产支持证券的预期收益和未分配本金(如适用)偿付,实现了一定的内部增信。

四、现金流分析

(一)资产侧现金流

资产侧现金流,即流入该专项计划的现金流,也就是基础资产产生的收益。该专项计划的基础资产是在专项计划设立日,基础资产清单所列示的,《资产买卖协议》项下管理人以认购人交付的认购资金向原始权益人购买的符合合格标准的小额贷款资产(包含已计提但尚未支付的利息、手续费、服务费和其他费用)及其附属担保权益,也就是说主要为原始权益人开展的教育贷资产。

因为本例旨在使读者深入理解 ABS 类结构化产品的现金流构成,因此对于基础资产的质量表现以及详细特征不做赘述,只讨论与现金流密切相关的特征。

该专项计划基础资产为静态资产池,入池的基础资产共计 144357 笔,基础资产逐笔确定(见表 4-9)。

表 4-9 资产池总体特征

剩余本金余额/(万元)	182,970.76
借款人数量	139,623
贷款合同笔数/(笔)	144,357
单笔合同最高贷款本金余额/(元)	193,416.68
单笔合同平均贷款本金余额/(元)	12,674.88
单笔合同平均贷款本金/(元)	15,837.42
资产池加权平均费率/(%)	7.61
加权平均贷款期限/(月)	18.36
加权平均贷款剩余期限/(月)	14.28

表 4-7 中的加权平均值的计算方法如下:

资产池加权平均费率 $=\sum(p_i k_i)/\sum p_i$,其中 p_i 为每笔小额贷款债权的未偿本金余额,k_i 为每笔小额贷款合同项下的费率;

加权平均贷款期限 $=\sum(p_i t_i)/\sum p_i$,其中 p_i 为每笔小额贷款债权的未偿本金余额,t_i 为每笔贷款合同期限;

加权平均贷款剩余期限 $=\sum(p_i r_i)/\sum p_i$,其中 p_i 为每笔小额贷款债权的未偿本金余额,r_i 为每笔小额贷款合同剩余期限。

在此基础之上,下面进行现金流预测分析,本节现金流预测的结果系基于假设条件,根据原始权益人提供的历史数据和测算模型进行计算得出。

1. 假设条件

（1）该专项计划的基础资产于基准日起不存在法律上的障碍。

（2）未发生加速清偿事件，专项计划在整个存续期间完整运行。

（3）入池资产将严格按照合同约定的费率和还款计划进行还本付息，未发生本息减免或调整还款计划的情形。

（4）该专项计划的基础资产项下对应的小额贷款存续期内，国家及地方现行的法律法规、监管、财政、经济状况或国家宏观调控政策无重大变化，所遵循的税收政策和有关税收优惠政策无重大变化，不考虑自然力和其他不可抗力等因素影响。

2. 基准情景下的现金流预测

首先分析在零违约、零早偿时该专项计划的资产池现金流量，即对应无风险现金流模型，预测结果如表4-10所示。

表4-10 零违约、零早偿时资产池现金流预测　　　　　　　　单位：元

日期	期初未偿本金	当期偿还本金	当期偿还费用（含手续费和服务费）	现金流流入
2018/9/30	1,829,707,605.59	142,376,774.68	10,827,725.66	153,204,500.34
2018/10/31	1,687,330,830.91	145,995,419.63	10,911,617.84	156,907,037.47
2018/11/30	1,541,335,411.27	141,650,821.76	10,863,943.95	152,514,765.71
2018/12/31	1,399,684,589.51	139,211,206.91	10,704,684.02	149,915,890.93
2019/1/31	1,260,473,382.60	136,676,110.10	10,510,660.84	147,186,770.94
2019/2/28	1,123,797,272.50	134,469,061.80	10,432,074.08	144,901,135.88
2019/3/31	989,328,210.70	134,670,526.99	10,415,696.82	145,086,223.82
2019/4/30	854,657,683.70	134,996,421.42	10,383,407.80	145,379,829.22
2019/5/31	719,661,262.28	121,417,255.14	9,806,899.71	131,224,154.86
2019/6/30	598,244,007.14	105,862,467.09	9,126,598.28	114,989,065.37
2019/7/31	492,381,540.05	88,459,100.54	8,259,931.06	96,719,031.60
2019/8/31	403,922,439.51	63,304,916.26	6,847,626.58	70,152,542.83
2019/9/30	340,617,523.26	58,363,116.46	6,488,394.16	64,851,510.62
2019/10/31	282,254,406.80	50,666,516.47	5,725,769.52	56,392,285.99
2019/11/30	231,587,890.32	44,514,025.46	5,066,885.75	49,580,911.21
2019/12/31	187,073,864.86	38,263,569.89	4,336,723.40	42,600,293.28
2020/1/31	148,810,294.98	32,653,527.59	3,668,850.70	36,322,378.29
2020/2/29	116,156,767.38	25,162,397.88	2,876,544.92	28,038,942.80
2020/3/31	90,994,369.50	22,829,141.70	2,611,558.80	25,440,700.50

续表

日　期	期初未偿本金	当期偿还本金	当期偿还费用 （含手续费和服务费）	现金流流入
2020/4/30	68,165,227.80	19,282,486.78	2,208,591.43	21,491,078.21
2020/5/31	48,882,741.02	15,116,039.47	1,787,028.94	16,903,068.41
2020/6/30	33,766,701.54	11,420,910.44	1,407,682.45	12,828,592.89
2020/7/31	22,345,791.10	7,648,228.94	1,010,773.60	8,659,002.54
2020/8/31	14,697,562.16	3,093,030.03	508,981.48	3,602,011.51
2020/9/30	11,604,532.13	1,654,873.39	357,902.85	2,012,776.24
2020/10/31	9,949,658.74	1,623,641.56	353,383.07	1,977,024.64
2020/11/30	8,326,017.18	1,591,890.10	346,648.50	1,938,538.60
2020/12/31	6,734,127.08	1,577,739.31	343,017.72	1,920,757.03
2021/1/31	5,156,387.77	1,381,385.29	299,576.02	1,680,961.31
2021/2/28	3,775,002.48	1,082,184.09	233,805.16	1,315,989.24
2021/3/31	2,692,818.40	881,401.63	189,178.94	1,070,580.57
2021/4/30	1,811,416.77	678,836.02	144,168.39	823,004.40
2021/5/31	1,132,580.75	494,532.63	104,533.31	599,065.94
2021/6/30	638,048.12	366,649.08	77,095.83	443,744.91
2021/7/31	271,399.04	204,964.23	42,211.54	247,175.77
2021/8/31	66,434.81	66,434.81	13,504.36	79,939.17
合计	——	1,829,707,605	159,293,677	1,989,001,283

3. 现金流压力测试

影响基础资产未来现金流的因素主要包括：基础资产违约率、违约后回收率、早偿率、退课率等。由于上述影响因素具有一定的不确定性，因此对基础资产未来现金流的预测也可能会造成一定程度的偏差。根据原始权益人提供的数据，大部分早偿都是退课形成的，因而此处不再单独考虑退课率。违约率、违约回收率、早偿率均为依据历史数据设定，并适当进行加压。

历史回收率是根据静态池数据估算得来。估算方法如下：用静态池中逾期91～120天的金额作为基数，然后看逾期151～180天金额数据。则1－逾期151～180天金额/逾期91～120天金额的数据就相当于逾期90天的贷款在60天内的回收率（因为逾期90天的贷款要么随后变成逾期150天以上，要么成功收回），最终的回收率应该略高于公式计算所得数据。根据上述算法，测算得到的回收率大部分在20%以上，因此现金流压力测试时取20%作为基准。

其中，根据基础资产历史动态池和静态池数据，截至2018年6月，教育类贷款信用评分532分以上借款人违约贷款(逾期90天以上)的占比均在1.5%以下。考虑到处于业务初期,基准违约率进行了较大幅度加压设在了2%。具体压力情景详见表4-11。

表4-11 现金流预测中违约率、违约回收率、早偿率假设

项目	情景一	情景二	情景三	情景四	情景五
违约率	2.00%	4.00%	6.00%	4.00%	6.00%
违约回收率	20.00%	20.00%	20.00%	15.00%	10.00%
早偿率	11.00%	11.00%	11.00%	20.00%	25.00%

简洁起见,这里只给出情景一下的资产侧现金流状况(见表4-12)。

表4-12 情景一的现金流预测　　　　　　　　　　　　　　　　　单位:元

日期	期初未偿本金	当期偿还本金	当期偿还费用	现金流流入
2018/9/30	1,829,707,605.59	156,301,558.91	10,611,171.14	166,912,730.05
2018/10/31	1,670,558,511.19	156,966,772.37	10,587,091.64	167,553,864.01
2018/11/30	1,510,700,854.75	149,906,846.21	10,435,059.04	160,341,905.25
2018/12/31	1,358,017,299.25	144,814,172.06	10,178,295.36	154,992,467.42
2019/1/31	1,210,501,786.77	139,728,686.72	9,892,085.33	149,620,772.05
2019/2/28	1,068,147,948.62	135,045,437.97	9,717,178.37	144,762,616.34
2019/3/31	930,546,304.90	133,235,081.55	9,623,846.65	142,858,928.21
2019/4/30	795,347,351.54	130,984,427.87	9,492,620.90	140,477,048.77
2019/5/31	662,428,537.89	116,153,645.54	8,868,940.25	125,022,585.80
2019/6/30	544,595,008.86	99,973,999.95	8,163,733.03	108,137,732.98
2019/7/31	443,233,897.17	82,624,869.97	7,307,791.19	89,932,661.16
2019/8/31	359,541,468.47	59,029,341.83	5,994,164.75	65,023,506.58
2019/9/30	299,896,381.99	53,613,762.60	5,619,027.64	59,232,790.24
2019/10/31	245,761,580.14	45,988,825.55	4,906,049.15	50,894,874.70
2019/11/30	199,392,950.82	39,834,062.76	4,294,687.78	44,128,750.54
2019/12/31	159,239,417.84	33,764,152.07	3,636,454.92	37,400,607.00
2020/1/31	125,209,333.95	28,391,530.23	3,043,195.80	31,434,726.03
2020/2/29	96,586,826.42	21,615,384.84	2,360,253.18	23,975,638.03
2020/3/31	74,778,377.34	19,276,584.75	2,118,524.88	21,395,109.63
2020/4/30	55,332,119.81	16,022,903.54	1,769,994.45	17,792,897.99
2020/5/31	39,172,634.04	12,383,495.23	1,414,507.49	13,798,002.71
2020/6/30	26,700,174.32	9,225,216.32	1,099,727.89	10,324,944.22

续表

日期	期初未偿本金	当期偿还本金	当期偿还费用	现金流流入
2020/7/31	17,424,623.57	6,114,222.47	779,458.35	6,893,680.82
2020/8/31	11,301,022.62	2,517,965.00	388,825.23	2,906,790.23
2020/9/30	8,819,185.00	1,388,399.13	271,225.25	1,659,624.39
2020/10/31	7,480,675.69	1,327,506.13	264,253.51	1,591,759.64
2020/11/30	6,191,363.88	1,265,288.33	255,775.42	1,521,063.75
2020/12/31	4,950,853.94	1,218,243.37	249,708.13	1,467,951.49
2021/1/31	3,745,535.05	1,041,542.01	215,248.80	1,256,790.81
2021/2/28	2,707,780.13	795,051.74	165,648.93	960,700.67
2021/3/31	1,906,716.52	634,125.11	132,361.75	766,486.87
2021/4/30	1,265,140.11	481,114.30	99,739.86	580,854.16
2021/5/31	779,426.44	345,403.68	71,530.71	416,934.39
2021/6/30	431,951.17	251,852.12	52,157.85	304,009.98
2021/7/31	179,774.44	138,714.35	28,272.10	166,986.45
2021/8/31	42,358.42	44,616.22	9,108.92	53,725.13
2021/9/30	0.00	2,496.39	535.81	3,032.20
2021/10/31	0.00	1,896.47	402.76	2,299.23
2021/11/30	0.00	1,361.32	287.75	1,649.08
2021/12/31	0.00	992.87	208.77	1,201.64
2022/1/31	0.00	543.07	111.84	654.92
2022/2/28	0.00	169.43	34.44	203.87
合计	——	1,802,452,262	144,119,297	1,946,571,559

4. 账户设置

上述资产侧现金流收回时,要将其归集到资金账户中,以便进行后续的负债侧投资收益的分配,具体的账户设置包括收款账户以及专项计划账户。

1) 收款账户:专门用于接收基础资产所产生收益的人民币资金账户

若原始权益人担任资产服务机构,则由原始权益人开立此账户;若原始权益人作为资产服务机构根据《服务协议》被解任,则由替代资产服务机构另行开立。

2) 专项计划账户:以专项计划名义在托管行开立的人民币资金账户

该账户负责该专项计划的相关货币收支活动,包括但不限于接收专项计划募集资金、接收回收款、接收付款承诺人缴纳的保证金及其他应属专项计划的款项、支付基础资产购买价款、支付专项计划利益及专项计划费用。

专项计划账户下设三个子账户,分别为回收款收入子账户、服务费储存子账户和保证金子账户。专项计划账户项下的资产属于专项计划资产,独立于管理人以及原始权益人的固有财产。三个子账户用途如下。

(1)回收款收入子账户:该账户用于自募集资金专用账户接收认购资金、支付基础资产购买价款、接收收款账户的转付款、接收权利金、接收服务费储存子账户的转付款、进行高流动性的合格投资等。回收款收入子账户下设收入科目、本金科目两个科目。

(2)服务费储存子账户:该账户用于接收基础资产所对应的服务费相关合同项下由服务费支付人支付的服务费(应扣除基准日之前已经由原始权益人收到并记为原始权益人会计收入的部分服务费)。

(3)保证金子账户:该账户用于在发生权利完善事件时接收原始权益人划付的付款承诺人缴纳的保证金。

5. 现金流归集

有了上述的资金账户作为支持,基础资产的回收款便可以进行有效的归集。具体的现金流归集流程十分严格,就该专项计划而言,现金流归集的步骤如下。

1)服务费归集

原始权益人应在专项计划设立日紧邻的回收款转付日 15:00 前,将由服务费支付人支付的服务费转入专项计划账户,计入服务费储存子账户项下。专项计划存续期间,如原始权益人收到由服务费支付人支付的服务费,亦应于收到该等服务费后 10 个工作日内支付至收款账户,并由资产服务机构于之后第一个回收款转付日支付至专项计划账户,计入服务费储存子账户项下。

2)基础资产回收款归集

自专项计划设立日(含该日)起,资产服务机构应在收到基础资产回收款后的 10 个工作日内将该等资金转入收款账户。基础资产自基准日(含该日)至专项计划设立日(不含该日)之间的回收款,应于专项计划设立日由资产服务机构转入收款账户。专项计划存续期间,如资产服务机构收到由服务费支付人支付的服务费,亦应于收到该等服务费后的 10 个工作日内支付至收款账户。为避免疑虑,与划转该等还款资金相关的所有费用(如有)均由原始权益人承担。

3)基础资产回款顺序

管理人同意,若基础资产对应的借款人在资产服务机构处同时存在多笔贷款,在系统执行自动扣款时,原则上按照贷款本金、利息、手续费或费用(如有)到期顺序进行扣款,即已处于逾期状态的先扣;如均处于逾期状态或均未逾期的,按照应扣金额大小,先扣金额较高的款项。

4)加速清偿事件发生时归集方式

若加速清偿事件发生,管理人应立即指令资产服务机构将收款账户的余额,全额划付至专项计划账户并计入回收款收入子账户项下。如资产服务机构之后进一步收到任何款项,管理人应授权或定期指令资产服务机构在收到该等款项后,将该等款项划付至专项计划账户并计入回收款收入子账户项下,用以向资产支持证券持有人进行分配。

5) 原始权益人进行基础资产回购

原始权益人应于每个计算日起的两个工作日内,向资产服务机构和管理人提供当个自然月拟行使优先回购权的基础资产清单(以下简称"回购清单")(如有),回购清单应列明每一个回购事件所对应的每笔基础资产详情、回购事件产生原因、回购价款及管理人应退还的服务费金额(如适用),清单所列事项需经管理人审核无误后方可执行。

对于原始权益人决定行使优先回购权的基础资产,采用以下处理方式。

(1) 原始权益人应于每个回收款转付日前一个工作日,将回购价款总额扣除应退还的服务费总额(如有)之后转入收款账户,由资产服务机构于回收款转付日,将该部分款项与其他款项一同划入专项计划账户并转入回收款收入子账户中。该回购价款中的本金部分计入回收款收入子账户的本金科目,利息及手续费部分计入回收款收入子账户的收入科目。

(2) 如行使优先回购权涉及服务费的退还,则原始权益人须按照合同计算每笔回购的基础资产应退还的服务费金额并于上述回购清单中列明。违约事件发生前,管理人应于当期分配日,指示托管银行将服务费储存子账户中等同于应退还服务费总额的金额计入回收款收入子账户项下,并在服务费储存子账户相应扣除该记账金额。

(3) 原始权益人支付回购价款后,该笔小额贷款资产不再属于专项计划资产。如果原始权益人不行使优先回购权,则应按照标准条款的其他相关条款处理。

6) 退课

原始权益人应于每个计算日起的两个工作日内,向资产服务机构和管理人提供上个自然月借款人协商退课且原始权益人未行使优先回购权的情况清单(以下简称"退课清单")(如有),该清单应列明协商退课所对应的每笔基础资产的详情,清单所列事项需经管理人审核无误后方可执行。如在借款人协商退课的情形下,原始权益人未选择行使优先回购权并且教育机构支付了课程退款,教育机构支付的退款应视为借款人的提前还款。原始权益人应于每个回收款转付日前一个工作日,将教育机构支付的协商退课总金额扣除应退还的服务费总额之后转入收款账户,由资产服务机构于回收款转付日将该部分与其他款项一同划入专项计划账户并转入回收款收入子账户中。该退课款项中的本金部分计入回收款收入子账户的本金科目,该回购价款中的利息及手续费部分计入回收款收入子账户的收入科目。如以上协商退课中有涉及服务费的退还,则原始权益人须按照合同约定计算每笔退课对应的基础资产应退还的服务费金额并于上述退课清单中列明。违约事件发生前,管理人应于当期分配日,指示托管银行将服务费储存子账户中应等同于退还服务费总额的金额计入回收款收入子账户项下,并在服务费储存子账户相应扣除该记账金额。

7) 保证金归集

付款承诺人缴纳的保证金划付至专项计划账户后,资产服务机构应及时通知管理人归集方式,管理人应按照资产服务机构的通知,指示托管人将属于本金回收款、收入回收款的部分分别计入本金科目、收入科目。

(二)负债侧现金流

负债侧的现金流是指流出该专项计划的现金,即如何将专项计划账户内的现金向投资者进行分配。

对于该专项计划来说,资产侧现金流将分别归集到专项计划账户下三个子账户中,其中回收款收入子账户下又有收入科目与本金科目,同时在负债端又有优先A级、优先B级、优先C级、优先D级、次优级以及次级这六种层次的投资者。那么如何将专项计划内的资金向投资者进行分配呢?一般情况下,大多数结构产品会设置违约事件或加速清偿事件,当发生上述事件时,收益分配顺序会与正常情况下不同,这也是对优先级资产支持证券投资者的一种保护,下面将详述分配的具体流程以及顺序。

管理人应在分配日按照下列顺序,对专项计划账户内收到的前一个回收款转付期间的基础资产回收款、合格投资收益资金进行相应的分配或运用。

1. 分配实施流程

(1) 回收款划转:资产服务机构应于每一回收款转付日下午四点(16:00)前根据合同约定将前一个小额贷款回收期间的所有回收款转入专项计划账户,管理人可通过查询或与托管银行电话等方式确认资金到账情况。基础资产回收款在收款账户中产生的利息无需转入专项计划账户。

(2) 服务费划转:资产服务机构应于每个计算日起的两个工作日内,计算前一个小额贷款回收期间确认为收入的服务费并提交管理人审核,待管理人审核无误后,管理人应于回收款转付日指示托管银行将相应的金额自服务费储存子账户转入回收款收入子账户。

(3) 权利金划转:原始权益人应于每一回收款转付日下午四点(16:00)前将每个月应支付的权利金支付至专项计划账户,管理人应指示托管银行将相应的金额记入回收款收入子账户。

(4) 回款情况报告:资产服务机构于每个回收款转付日的前一个工作日12:00前向管理人和评级机构提供专项计划的《资产服务机构月度报告》,管理人应在收到该报告后与资产服务机构核实报告期内基础资产本金回收款和收入回收款的详情。

(5) 收益分配方案拟定:管理人应按照合同规定的分配顺序,核算当期兑付日应付资产支持证券预期收益和/或本金,并拟定每一个分配日的收益分配方案,制作《收益分配报告》。

(6) 收益分配披露:管理人按照规定,按时将《收益分配报告》向资产支持证券持有人披露,同时传真给托管银行,并报相关证券监管机构备案。

(7) 发送划款指令:管理人于分配日下午13:00前向托管银行发送划款指令,但管理人在发送专项计划资产的分配及专项计划费用、专项计划利益的支付等多笔批量指令前,应为托管银行留出一定的时间,一般至少为分配日前一个工作日17:00时之前发送指令。

(8) 划转入托管账户:托管银行在核实《收益分配报告》后,于分配日下午16:00前按划款指令,将专项计划当期应分配的所有收益和本金自回收款收入子账户划入登记托管机构指定账户。

(9)最终分配:在兑付日前(含兑付日),中证登上海分公司将根据其结算数据中的预期支付额的明细数据将相应款项划拨至资产支持证券持有人的资金账户。

2. 分配顺序

管理人应在分配日对可供分配的资金进行相应的分配或运用,分为两种情况——正常情况和违约事件发生后的情况,两种情况下分配顺序有所不同。

正常情况下资金分配顺序主要分为收入科目下资金的分配与本金科目下资金的分配,具体的分配顺序如图4-12所示。

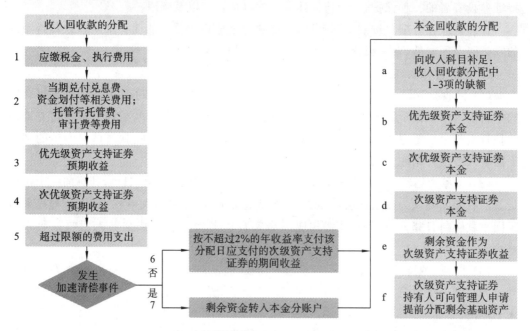

图4-12 违约事件发生前负债侧现金流分配顺序

收入科目项下的资金按照如下顺序在相应的兑付日进行分配(若同一顺序的多笔款项不能足额分配时,按各项金额的比例支付,且不足部分在下一期支付):先以现金形式支付当期专项计划的应缴税金和执行费用,然后支付当期兑付兑息费、资金划付等相关费用,之后是托管银行托管费、审计费等各方费用,最后依次支付优先A档、优先B档、优先C档、优先D档及次优级资产支持证券的预期收益。在上述都支付完成后,如还有剩余,则支付超过10万元限额的其他专项计划费用。若发生加速清偿事件,则将全部余额直接计入本金科目;若未发生,则继续支付完次级资产支持证券的期间收益(按照不超过2%的年收益率),再将余额转入本金科目。

本金科目项下的资金则按照如下顺序在相应的兑付日进行分配:在分配之前,向收入科目项下转入一定数额资金,确保能够足额支付各档资产支持证券本金,之后,依次支付优先A档、优先B档、优先C档、优先D档、次优级及次级资产支持证券尚未清偿的本金,直至全部未偿本金余额清偿完毕。如有剩余,剩余资金全部作为次级资产支持证券的收益。另外,在优先级及次优级资产支持证券持有人得到足额分配后,次级资产支持证券持有人可向管理人申请提前分配剩余基础资产(即提前分配选择权),然后终止专项计划。

违约事件发生后,服务费储存子账户现有全部资金将划转至回收款收入子账户,统一进行分配。回收款收入子账户内的资金将按照图 4-13 中的顺序在相应的兑付日进行分配(若同一顺序的多笔款项不能足额分配时,按各项应受偿金额的比例支付,且不足部分在下一期支付)。

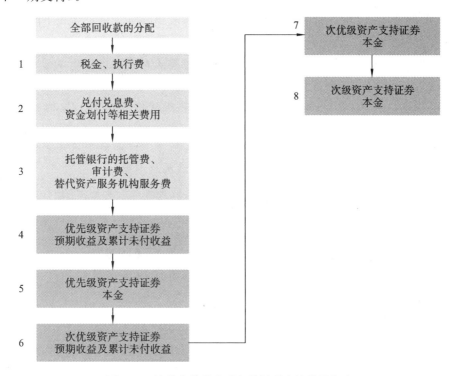

图 4-13　违约事件发生后负债侧现金流分配顺序

首先,优先以现金形式支付当期专项计划的应缴税金和执行费用,然后是当期兑付兑息费、资金划付等相关费用,之后支付托管银行托管费、审计费等各方费用,最后支付各档资产支持证券的收益及本金。这里的分配顺序与正常情况下有所不同——需先付清前一档证券的收益及本金后方可进行下一档证券的清偿,也就是说,先支付优先 A 档资产支持证券的预期收益及累计未付收益,再支付优先 A 档的本金直至未偿本金余额清偿完毕,才可进行优先 B 档资产支持证券的清偿,以此类推。若支付完毕次优级资产支持证券的收益及本金后仍有余额,剩余资金及其他专项计划剩余资产原状作为次级资产支持证券持有人的收益支付给次级资产支持证券持有人。同样,在优先级资产支持证券持有人和次优级资产支持证券持有人得到足额分配后,次级资产支持证券持有人也可向管理人申请提前分配剩余基础资产(即提前分配选择权),然后终止专项计划。

以上是实际的金融产品中现金流分配的原则与大致流程,希望能够对读者起到一定的启示作用。

思考题

1. 在无风险的假设前提下,现金流模型的决定因素有哪些?如果考虑实际风险,模型中还需纳入哪些决定因素?
2. 在循环期和摊还期内,资产池所收回现金流的流向有何不同?
3. 简述借款人的提前还款行为与市场利率变动的关系。为对冲提前还款带来的损失可采取哪些措施?
4. 什么是CPR?其决定因素有哪些?写出CPR和SMM的转换关系式。
5. 根据瀑布原理对贷款本息划分偿还次序结构的大致思路是什么?
6. 简述结构化产品静态估值方法BOTE的特征和基本步骤。
7. BOTE分析方法中包含了哪些关于风险和收益的衡量标准?你认为这些标准存在哪些利弊?
8. 假设一个简单的结构化交易要素如下,资产池C为该资本结构交易提供担保:

加权平均收益率(WAC):12%;

A类债券:按$80面值发行,息票率为6%;

B类债券:按$20面值发行,息票率为11%;

A类债券平均寿命:1.5年;

B类债券平均寿命:3.5年;

储备金计提:$5;

服务费(servicing fee):1%;

根据BOTE分析方法,A类债券可能予以什么评级?

9. 谈一谈对于结构化产品估值中非线性问题的理解。

第五章
结构化产品风险管理

债务工具的风险总体而言可以分为信用风险、市场风险、流动性风险、操作风险、法律风险五个方面。

信用风险是指债务工具在交易过程中出现违约所引起的风险,又指违约风险。合约的期限越长,可违约债务工具产生信用风险的可能性就越大。市场风险是指市场价格的变动引发的风险,例如利差的变化导致市值随之变化而产生的风险。流动性风险是在交易市场不活跃的情况下出现的因失去流动性而导致交易困难的风险,即债务的持有者无法找到在市场上出售的机会。流动性较差、受托交易的金融机构资讯不足以及市场交易能力弱的金融产品可能导致流动性风险增加。操作风险对于内部员工而言,指由于工作人员的配备不完善,工作失误、系统失误等造成的风险或者由外部事件所导致风险。操作风险的来源有可能是自然灾害或者意外事故,还有经营管理上的漏洞使得交易工作人员不能够很好地执行交易的目的或者故意失误。只有严格按照工程的操作程序和授权权限来操作和监督,才能避免此类风险。法律风险是指由于经营活动中出现违法违规现象,或者法律条文规定不明确使业务无法进行的风险。合约的确认文件不充分,交易对手没有法律授权或者不尊重法律都会导致交易无法顺利进行,合约无法很好履行,从而出现损失。

就这五种风险而言,对于结构化产品最重要的风险还是信用风险与市场风险(利差风险)。下文将从这两个方面具体讨论结构化产品的风险评估、度量与管理。同一结构化产品中,不同的分支拥有不同的评级、不同的风险级别与不同的定价机制。本章从一般债务工具的风险评估,引入 CDO 等结构化产品的风险度量,归纳出结构化金融最为重要的风险管理内容。本章主要参考《结构金融学手册》(*The Handbook Of Structured Finance*,2007)中风险定价与风险管理部分,运用模型对信用风险与市场风险进行管理与对冲。

第一节　违约风险的评估与度量

Risk Management of CDO: Structured versus Corporate Portfolios

违约风险管理的基础是评估债务工具相关违约风险的各种测度方法。与可违约债券有关的违约风险可以分为两类，分别是反映可能违约不确定性的违约率与反映发生违约时回收不确定性的回收率。

违约风险又称为信用风险，可以从很多角度进行讨论。这里主要是从定性的评级方法和定量的统计应用方面入手。

评级方法是将违约风险通过信用评级来进行量化。以标准普尔、穆迪和惠誉三大国际评级机构的评级标准为准，被市场参与者广泛地用作违约风险的指标违约率（PD）与评级有着紧密的联系，不同的评级等级表明不同的风险范围，从而在这部分引入了违约率的估计方法。

另一种被广泛使用的违约风险的量化方法是统计技术的应用。在统计技术的应用框架下，可以通过经典统计学或者计算机学习的方法对历史数据进行分析，得到对债务人的信用评分或者是违约概率。

最后我们讨论回收率。回收率反映了当违约发生时，回收价值的不确定性的风险。我们将讨论关于衡量回收风险的指标，以及与指标相关的模型分析。

一、违约率

关于违约风险的评估，主要分为违约率和回收率两大部分。违约率与评级密不可分，较高的评级往往有着较低的违约率。

（一）评级

1. 信用评级及符号含义

违约风险是指交易对手或债务当事人未能履行合约所规定的义务或债务人的信用评级发生变化而给债券人或金融产品的持有人带来的风险。具体来说，违约风险的度量包括两个因素：一是违约概率和信用状况发生变化的概率，二是违约损失率的估计。

信用评级是对主体违约风险的评估。信用评级种类繁多，不同种类信用评级的侧重点不同。总的来说，主要包括主体信用评级和债券信用评级两大类。主体信用评级是指评级机构对发行人整体信用水平的评定，以企业为主要评价对象，关注企业的财务风险和经营风险；债券信用评级表达了评级机构对一个债务人关于特定债务证券或其他金融凭证的信誉的评定,以企业发行的有价债券为评价对象,关注特定债券的违约风险和违约损失风险。

来自不同机构的评级传达了不同的信息。目前,标准普尔公司、穆迪投资者服务公司和惠誉国际信用评级公司并称为世界三大评级机构。标准普尔评级(从 AAA 到 C)主要是对发行人违约可能性的意见,穆迪评级(从 Aaa 到 C)倾向于反映该机构对预期损失(违约率乘以损失严重性)的意见。而惠誉评级(从 AAA 到 C)侧重于金融机构的评级,反映对发行人偿债能力的评估意见。

我们采用中国人民银行下发的《信贷市场和银行间债券市场信用评级规范》中规定的符号及对应含义,来表明发债主体及特定债券的违约风险情况。

中长期债券信用评级等级划分为三等九级,符号表示为 AAA、AA、A、BBB、BB、B、CCC、CC、C,如表 5-1 所示。

表 5-1 中长期债券信用评级等级划分表

AAA	偿还债务能力极强,基本不受不利经济环境影响,违约风险极低
AA	偿还债务能力很强,受不利经济环境影响不大,违约风险很低
A	偿还债务能力较强,易受不利经济环境的影响,违约风险较低
BBB	偿还债务能力一般,受不利经济环境影响较大,违约风险一般
BB	偿还债务能力较弱,受不利经济环境影响很大,违约风险较高
B	偿还债务的能力较大地依赖于良好的经济环境,违约风险很高
CCC	偿还债务的能力极度依赖于良好的经济环境,违约风险极高

注:除 AAA 级、CCC 级(含)以下等级外,每一个信用等级可用"+"、"-"符号进行微调,表示略高或略低于本等级。

短期债券信用评级等级划分为四等六级,符号表示为 A-1、A-2、A-3、B、C、D,如表5-2所示。

表 5-2 短期债券信用评级等级划分表

A-1	还本付息能力最强,安全性最高
A-2	还本付息能力较强,安全性较高
A-3	还本付息能力一般,安全性易受不良环境的影响
B	还本付息能力较低,有一定的违约风险
C	还本付息能力很低,违约风险较高
D	不能按期还本付息

注:每一个信用等级均不进行微调。

2. 评级过程

评级机构通常对产品有严格的评级标准,会根据产品及发债公司状况提供严谨的评估结果,若掌握数据不足,评级机构将拒绝提供评级报告。国际评级机构多采用定性分析与定量分析相结合的方法进行评估,而在我国由于资产证券化业务刚刚起步,在评级过程方面学习国外的方法,并结合中国经济发展各阶段特点对评级产品进行测算。

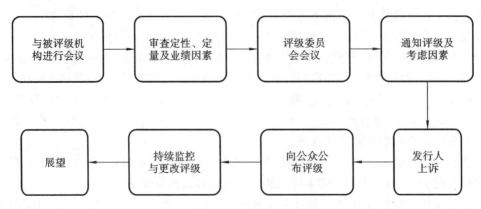

图 5-1 评级流程图

从图 5-1 可以看出评级过程一共分为八个步骤:首先评级机构与发行人召开会议,接着评级机构对发行产品进行定性、定量测算,再经由首席分析师提出建议,评级委员将综合各方面意见给出评级结果。若发行人不满评级机构的结果,可以提交补充材料并提出上诉,评级机构根据完整信息可以选择更改或者保留原评级结果,并向社会大众公布最终结果。发布结果并不是评级过程的终结,评级机构需持续观测发行人的业务与财务能力,若出现引起评级机构关注的因素并使发行人被加入到信用观察列表中,评级机构将在对发行人进行全方位分析后公布新评级或保持原有评级。

最后一步"展望"包含预测性质,积极的展望结果表示公司可能未来发展态势良好,偿债能力优异,反之则表明公司未来可能陷入财务困境。但预测并不一定精准,我们需要认识到评级机构给出的结果并非鼓励投资者购买某一类型的证券,不同评级的债券价格可能不同程度地被低估或者高估。

3. 评级与违约率之间的联系

评级并不是对应着精准的违约率,不同的等级标明了不同的风险范围:评级高则风险相对较小,违约可能性较低;评级低风险相对高,违约概率也随之增大。表 5-3 显示了标准普尔每个评级类别不同期限的累积违约率,从表中我们可以看出,在相同的期限下,评级等级与违约率存在着反向变动的关系。这也表明,评级机构的评估结果是值得参考的。

表 5-3 标准普尔全球受评发行人平均累计违约率(1981—2015) 单位:%

评级	AAA	AA	A	BBB	BB	B	CCC
Y1	0.00	0.02	0.06	0.19	0.73	3.77	26.36
Y2	0.03	0.06	0.15	0.53	2.25	8.56	35.54
Y3	0.13	0.13	0.26	0.91	4.07	12.66	40.83
Y4	0.24	0.23	0.40	1.37	5.86	15.82	44.05
Y5	0.35	0.34	0.55	1.84	7.51	18.27	46.43
Y6	0.46	0.45	0.72	2.30	9.03	20.26	47.28
Y7	0.52	0.55	0.92	2.71	10.34	21.89	48.24
Y8	0.61	0.63	1.10	3.11	11.49	23.19	49.05

续表

评级	AAA	AA	A	BBB	BB	B	CCC
Y9	0.66	0.71	1.28	3.50	12.53	24.32	49.95
Y10	0.72	0.79	1.48	3.89	13.45	25.37	50.60
Y11	0.76	0.87	1.65	4.31	14.20	26.26	51.09
Y12	0.79	0.94	1.81	4.66	14.85	26.97	51.73
Y13	0.82	1.01	1.97	4.99	15.39	27.61	52.57
Y14	0.89	1.08	2.11	5.33	15.87	28.21	53.25
Y15	0.96	1.15	2.28	5.68	16.39	28.80	53.25

数据来源：Standard & Poor's Global Fixed Income Research and Standard & Poor's CreditPro。

此外，发行人的信用评级变化会给投资者收益带来不可预测性，因此投资者还必须充分考虑信用评级转移的风险。信用等级转移是其了解、掌握金融市场违约风险变化的重要途径之一，对债务市场的各方参与者均具有重要的意义。

4．估计累计违约率和转移矩阵

1）转移矩阵及其稳定性

在金融框架下，评级机构会计算一个评级类别到另一个评级类别的转移概率，由不同评级的转移概率组成完整的信用等级转移矩阵（credit rating migration probability matrix），来反映债务人信用在不同信用等级间的变动，揭示债务人违约风险变化的趋势，其出发点就是通过了解（预测）未来每一段时间内一个金融机构所有可能的信用质量状况，从而进行有效的违约风险管理。矩阵各元素都是非负的，并且各行元素之和等于1，各元素用概率表示，在一定条件下是互相转移的，故又称为转移概率矩阵。这个概念首先于1987年由摩根公司提出，后来被标准普尔和穆迪公司采用。

信用转移概率矩阵是指一段时间内，信用等级从一个状态变为另外一个状态，由这种信用等级的迁移及其概率所形成的矩阵。当出现违约事件时，常常伴随着债务人盈利能力、财务状况、资本状况及流动性等因素恶化的现象，这些正是债务人偿付能力下降的标志。同时，债务人偿付能力的下降不是一步到位的，而是在违约之前已经经历了一个逐渐下降的过程，也就是信用等级的下降。于是，信用转移概率矩阵可以用来测算违约概率，体现违约风险的变化。

虽然转移矩阵提供的是事后信息，但是对于给定评级类别的违约概率，在惯性作用下，随着时间的稳定以及评级机构所使用标准的稳定，转移矩阵的使用将具有前瞻性。然而据相关文献显示，转移矩阵似乎与经济周期相关。例如，在经济衰退时期，评级下调次数和违约率都会上升。

2）估计累计违约率

（1）队列分析法

对评级公司而言，通常的方法是通过观测相同评级的公司组（即队列，cohort）的表现来求得历史平均违约或评级转移概率。这种风险管理可以减少经济周期和其他经济影响带来的波动,在长期"穿周期"风险管理背景下,队列分析法可以较好地减少不同经济周期所带来的影响。

以 t 时刻为例对所有公司开始分析。从 t 时刻来看,T 年时的边际 PD 的估计值为 $P_k(t,T) = \dfrac{D_k(t,T)}{N_k(t)}$。式中 $N_k(t)$ 为第 k 个队列在时刻 t 的公司总数;$D_k(t,T)$ 为 T 时期内违约观测值总数。

取时间点 t 的 M 个不同的点的队列重复这一分析估计 T 时期内的无条件 PD:

$$\overline{P}_k(T) = \sum_{t=1}^{M} \omega_k(t) P_k(t) \tag{5-1}$$

无条件累计 PD 主要使用两种计算方法。第一种方法将 T 时期内违约(边际)数 $D_k(T)$ 替换为 T 时期内的累计违约数 $D_k(t,T) = \sum_{m=1}^{T} D_k(t,m)$,该方法的缺陷是 T 期间内,一些评级由于公司的主动撤回而被转移至未评级分类,未评级分类的数据是无法获得的,在随后的分析中此类信息将被忽略。

另一种方法是从无条件边际概率来计算无条件累计概率,通过递推来避免信息的损失:

$$\overline{P}_k^{\text{cum}}(1) = \overline{P}_k(1) \tag{5-2}$$

$$\overline{P}_k^{\text{cum}}(T) = \overline{P}_k^{\text{cum}}(T-1) + (1 - \overline{P}_k^{\text{cum}}(T-1))\overline{P}_k(T) \tag{5-3}$$

队列分析的主要缺陷是在过去未曾观测到违约的情况下,无法推导出非零概率。然而在实际情况下,即使概率非常小,高评级公司也的确存在违约概率。

(2) 持续时间法

Lando 和 Skodeberg(2002)提出了通过久期技术来估计迁移概率,具体来说就是在一个持续时间(或风险)模型框架下计算,这一框架能够准确捕获转移的时间点,持续时间分析涉及一个马尔科夫链的生成元矩阵的估计。

将队列分析与持续时间法进行比较,在队列估计的框架下,假设评级转移满足一个时间齐次的马尔可夫过程。但该种假设,第一没有具体考虑到事件的时间 t;第二在观测期 T 时期内,可能会发生多个不同的转移;第三由于 t 的选择和队列数量的选择的不同,观测值也可能会发生变动。相比较低效的队列分析,持续时间法使用久期技术法是在持续的时间框架下,对一个马尔可夫链的生成元矩阵进行估计。以下是两者的具体差别分析。

首先,在队列分析下,如果过去未观测到违约情况,在未来的持续时间下就无法推导出非零概率。尽管在实际中,对于高评级的公司来说几乎不可能观测到违约,但违约的可能性的确存在。

其次,队列分析可能会高估违约风险。在时间齐次下,估计马尔可夫链的生成元时,当公司从较低评级转向较高评级时,在该年份中公司会停留在较低评级一段时间,期间会取得一些较低评级的数据。相比较队列分析,这些变化使较低评级整个评级分类的分母增加,从而导致较低评级的违约强度减少,即违约概率变低。

最后,对于极端债券(CCC 级)的违约概率,效率较低的队列分析与持续时间法相比,会明显低估极端债券的违约概率。原因大概是,在持续时间法中,公司只会花很少的时间在 CCC 评级债券中,会产生一个较小的分母,导致违约概率较高。

(二)统计方法评估累计违约率

在分析违约风险时,投资者与机构需要对风险进行建模计量,通常会使用一些统计方法,用于对给定时间段的违约率进行建模与信用评分。它们有一个共同的特点,即债务人的评估数据是从过去的公司数据中学习获得的,而非导入与违约机制相关的因素。目前,使用较多的一些可用于建模 PD 或获得信用评分的统计方法是:逻辑回归和概率、最大似然估计、贝叶斯估计以及最小相对熵模型等。

1. 违约率建模

违约率建模广泛地应用逻辑回归方法。逻辑回归方法是一种广义的线性回归分析模型,常用于数据挖掘、疾病自动诊断、经济预测等领域。逻辑回归的因变量为结果,例如违约就是"1"或"是",非违约则为"0"或"否",而自变量就可以包括很多风险因素。通过逻辑回归分析可以得到自变量的权重,从而可以大致了解哪些风险因素对违约有着重要影响。逻辑回归计算的给定条件 X 下的违约概率为

$$P(1 \mid X) = \frac{1}{1 + e^{-(\beta_0 + \sum_{i=1}^{j} \beta_j f_j(X))}} \tag{5-4}$$

其中,X 为风险因素向量,且 $X \in R^d$;"1"表示违约;$f_j(X)$ 为特征函数集,可以当作是泰勒展开的以 X 为自变量,能表明违约率与风险因素关系的可取函数,$j = 1, \cdots, J$;β_j 为参数。条件违约率是特征函数集的线性组合的逻辑变换。

假设特征函数为线性,则

$$P(1 \mid X) = \frac{1}{1 + e^{-(\beta_0 + \sum_{i=1}^{d} \beta_i x_i)}} \tag{5-5}$$

或者将特征函数设置所有风险因素一阶与二阶的组合,则

$$P(1 \mid X) = \frac{1}{1 + e^{-(\beta_0 + \sum_{i=1}^{d} \beta_i x_i + \sum_{j=1}^{p} \sum_{k=j}^{p} \beta_{jk} x_j x_k)}} \tag{5-6}$$

为了估计上述模型的参数 β,我们可以采用最大似然法:

$$L(\beta) = \sum_{i=1}^{N} \{Y_i \log P(1 \mid X_i) + (1 - Y_i) \log [1 - P(1 \mid X_i)]\} \tag{5-7}$$

其中,(X_i, Y_i) 是一组风险因素和违约指标的观测值。

为了降低模型的过度拟合,我们可将模型正则化,即 $L(\beta) + R(\beta)$。其中 $R(\beta)$ 是正则形式,可以求出绝对值最大时的 β_j,得出的违约率会比最大似然估计得出的违约率更平缓。

2. 违约率模型的分析

模型完成后,我们需要评估模型的有效性。一般信用评分模型评估指标大致可以分成两类:预测能力指标,用于评估模型对违约事件的预测能力;稳定性指标,用于评估模型在训练样本和测试样本中预测能力的一致性。具体方法采用基尼曲线、累计精度曲线(CAP)、受试者工作特征曲线(ROC)以及对数似然比率等对违约概率模型的计算结果进行评估。

1) 基尼/CAP 方法

此方法参照 Hosmer and Lemeshow(2000)提出的基尼方法。经济学中的基尼系数是将一个国家所有的人口按最贫穷到最富有进行排列,随着人数的累计,这些人口所拥有的财富的比例也逐渐增加到 100%,按这个方法得到图 5-2 中的曲线,称为洛伦兹(Lorenz)曲线。基尼系数就是图中曲线上与曲线下部面积的比例。可以看到,假如这个国家最富有的那群人占据了越多的财富,贫富差距越大,那么洛伦兹曲线就会越弯曲,基尼系数就越大。

同样的,假设 100 个公司的信用评分按照从高到低进行排序,以横轴为累计公司比例,纵轴作为违约概率,随着累计公司比例的上升,违约的比例也在上升。

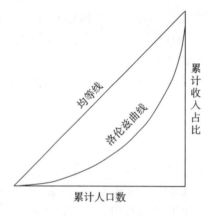

图 5-2 基尼系数

基尼系数的定义如下:给定 n 个有序个体的样本,其中 x_i 是个体 i 的大小,将违约率按事件占比排序,并且 $x_1 < x_2 < \cdots, < x_n$,Lorenz 曲线是 $(\frac{h}{n}, L_h, L_n)$ 为连接点的曲线。

其中,$L_h = \sum_{i=1}^{h} x_i$,h=0,1,2,…,n,$L_0 = 0$;

如果所有个体的大小相同,则

$$L(y) = \frac{\int_0^x xF(x)}{\mu} \tag{5-8}$$

洛伦兹曲线为直线对角线,其中 $F(x)$ 是累计分布函数,是 μ 为 x_i 的平均值。

个体大小不均等时,可以用基尼系数来形容不均衡程度,基尼系数容易由无序大小数据计算成"相对平均差":

$$G = \frac{\sum_{i=1}^{n} \sum_{j=1}^{n} |x_i - x_j|}{2n^2\mu} \tag{5-9}$$

或者,基尼系数的范围从最小值到理论最大值 1 排序时,基尼系数为

$$G = \frac{\sum_{i=1}^{n} (2i - n - 1) x_i}{2n^2\mu} \tag{5-10}$$

在信用体系中，基尼系数一般在 50%~85% 范围内。图 5-3 是信用基尼系数的示意图，假设将债务人按照违约可能性从高到低进行排序。理论上，若将 D 最高的违约率分配给实际上已经违约的 N 个公司，一个完美的模型会将是从点 $(0,0)$ 到点 $(D/N,1)$，然后是从 $(D/N,1)$ 到 $(1,1)$ 的水平线。而一个无信息的模型会将不同违约率随机分配给不同风险的公司。得到的 CAP 曲线是从 $(0,0)$ 到 $(1,1)$ 的对角线（见图 5-3）。

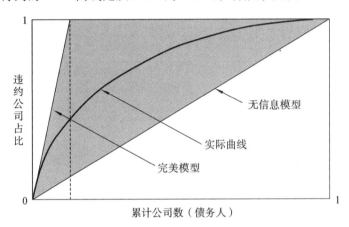

图 5-3 信用体系基尼系数

实际的基尼评分模型都会在完美模型与无信息模型之间。如果这个评分的区分能力比较好，那么越大比例的违约会集中在越低的分数区间，整个图像形成一个凹下去的形状。所以洛伦兹曲线的弧度越大，基尼系数越大，这个模型区分好坏样本的能力就越强。

2) ROC 方法

一种与基尼系数密切相关的方法就是 ROC（Receiver Operating Characteristic）曲线法，又名"接受者操作特性曲线"。这里需要引入与机器学习有关的混淆矩阵（confusion matrix）内容。该分析超出了我们以往理解"正确率"的限制，使我们可以多维度评价一个模型的预测能力。

在使用一个模型去判断一个样本是"正样本"还是"负样本"的时候，模型会输出"正"或者"负"两种预测作为预测值；而实际样本会有正样本或者负样本两种情况，又为实际值。将预测值和实际值各自两种情况交叉组合就形成了表 5-4 所示的混淆矩阵。

表 5-4 混淆矩阵

全部样本（样本数 N）		实际值		合计
		正（Positive）	负（Negative）	
预测值	正（Positive）	TP：实际为 positive，预测为 positive 的样本数	FP：实际为 negative，预测为 positive 的样本数	PP=TP+FP
	负（Negative）	FN：实际为 negative，预测为 positive 的样本数	TN：实际为 negative，预测为 positive 的样本数	PN=FN+TN
合计		AP=TP+FN	AN=FP+TN	总样本数（N）

混淆矩阵衍生出以下几个重要的评价指标：准确率（AR）＝（TP＋TN）/N；召回率（TPR）＝TP/（TP＋FN），表示在所有实际是正样本中有多少被正确识别为正样本；误报率（FPR）＝FP/（FP＋TN），表示在所有实际为负样本中有多少被错误识别为正样本；查准率（PR）＝TP/（TP＋FP），表示被识别成正样本的样本中有多少是真的正样本。

采用 ROC 方法时，我们以混淆矩阵的 FPR 为横坐标，TPR 为纵坐标。通过给定正、负样本分界线进行模型预测，得出各指标概率，并重复以上步骤，从而模拟出 ROC 曲线，而曲线下方的面积又名 AUC（见图 5-4）。

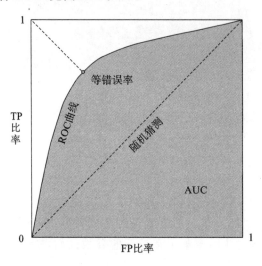

图 5-4　ROC 曲线

在 ROC 曲线下的面积与基尼系数之间存在简单的关系为：Gini＝2（ROC－0.5）。

分析模型性能时，预测正、负样本的准确率越高越好，模型性能越强大，ROC 曲线越接近（0,1）点，AUC 面积也越接近 1。在实践中，观察 ROC 曲线下面积大于 0.9 的情况极为罕见；反之，若该模型结果类似于随机猜测，那么 ROC 曲线就更接近于对角线，该个模型也将失去意义。

以上模型评价指标都限于将模型中的一组债务人违约率样本进行排序，忽略了违约率绝对水平的变化，若给定所有债务人违约率的绝对值发生相同变化，上述预测方法并不会随之改变度量结果。

3）对数似然比

在统计学家中最受欢迎的概率模型性能指标是对数似然比。此方法参照《结构金融学》（The Handbook Of Structured Finance，2007），为了测算两个违约率模型的相对性能，通常使用两个模型似然函数比的对数来进行估计：

$$L(P_1,P_2) = \sum_{i=1}^{N}\left\{Y_i\log\frac{P_1(1\mid X_i)}{P_2(1\mid X_i)} + (1-Y_i)\log\frac{1-P_1(1\mid X_i)}{1-P_2(1\mid X_i)}\right\} \quad (5-11)$$

其中$(X_i,Y_i),i=1,\cdots,N$，违约时为 1，生存时为 0。(X_i,Y_i)为风险指标和违约率的观测对。

似然比检验也是为了检验模型好坏或者说是否恰当。似然比检验构造的似然比检验统计量,是比较全模型 H_1 下极大似然估计和原模型 H_0 下极大似然估计分别对应的似然函数。统计量比较大时,意味着 H_1 极大似然估计的似然函数大于 H_0 下的极大似然估计的似然函数,似然函数越大,未知情况越可能发生,相应的结果就越合理,这时应该不拒绝原假设 H_0。似然比法中两个似然函数值之比值 λ 只是样本观察值的函数,不包含任何未知参数。$0 \leq \lambda \leq 1$,因为似然函数值不会为负,且 λ 的分母为似然函数的极大值,不会小于分子。越接近 H_0 时,λ 越大;反之,与 H_0 相差越大,λ 越小。当 $\lambda \leq \lambda_0$,拒绝 H_0,接受 H_1;当 $\lambda > \lambda_0$,不拒绝 H_0。

基于上述原理,统计中广泛应用对数似然比检验,不仅计算方便,而且只要自由度大于 1,就不必考虑理论频数大小的问题。

二、回收率

回收率代表债务的回收风险。根据分析目的的不同,回收风险有时被定义为刚刚违约时违约证券的交易性质,有时被定义为完全破产时支付给债权人的价值。

(一) 回收风险

在定量方面,回收风险主要使用违约回收率(RGD)和违约损失率(LGD)进行衡量。

违约损失率(LGD,loss given default)是指债务人一旦违约将给债权人造成的损失数额,即损失的严重程度。违约损失率也是国际银行业监管体系中的一个重要参数。预期损失率(EL)是反映违约风险的一个指标。属于相对数形态的预期损失是违约损失率(LGD)和违约率(PD)的乘积,而绝对数形式的预期损失可以表示为 $EL = LGD \cdot PD \cdot EAD$,其中 EAD 是指违约发生时债权人对违约债务的暴露头寸。

违约率和违约损失率都是反映债权人面临债务人违约的违约风险的重要参数,因此,两者都受到债务人信用水平的影响。然而两者又有重要的区别:LGD 具有与特定交易相关联的特性,其大小不仅受到债务人信用能力的影响,更受到交易的特定设计和合同的具体条款,如抵押、担保等的影响。因此,对于同一债务人,不同的交易可能具有不同的 LGD。如对同一债务人的两笔贷款,如果一笔提供了抵押品,而另一笔没有,那么前者的 LGD 将可能小于后者的 LGD。因此,对 PD 和 LGD 的分析应有不同的着眼点。

违约回收率(RGD)是表示回收风险的指标,通常定义为违约债务工具的回收价值与投资票面金额的比率,且 $LGD = 1 - RGD$。不同分析的目的可以用不同方法来定义回收价值:部分使用者将其定义为违约后证券的交易价值;其他使用者将其定义为在破产出现时债务人的支付额。

(二) 回收率建模

即便对上市公司而言,投资者仅可以获得债务人的资产负债表,而不能了解关于债务的更详细信息。因此,我们需要对与回收相关的不确定性进行建模。

最常用的 RGD 建模方法是 β 分布(如穆迪)。这种假设下 RGD 的条件概率密度函数为

$$p(r \mid D, x) = \frac{1}{B(\alpha(x), \beta(x))} \left(\frac{r - r_{\min}}{r_{\max}}\right)^{\beta(x)-1} \left(1 - \frac{r - r_{\min}}{r_{\max}}\right)^{\alpha(x)-1} \quad (5-12)$$

其中 r 表示回收价值 RGD，r_{max} 是最大可能值，r_{min} 是最小可能值，B 表示 β 函数，α 和 β 是风险因子 x 的参数化函数，通常假设是线性的。该等式中的 D 表示所有已发生的 PD。通过最大似然法估计能直截了当地得出模型参数。

另一种在商业上应用广泛的 RGD 模型是 LossStats 模型（如标普）。该模型基于标普 LossStats 数据库中的数据，预测大型公司在违约后任意时间点的最终回收率和交易价格。具体来说，该模型假设交易价格满足下式：

$$p(r \mid D, x) = \frac{1}{Z(x)} \exp\{\alpha(x)r + \beta(x)r^2 + \gamma(x)r^3\} \tag{5-13}$$

其中 $Z(x)$ 是归一化常数，α、β 和 γ 是风险因子 x 的线性函数。通过正则化最大似然法可以估算出参数。当概率密度越平时，不确定性越大。

LossStats 模型中的风险因素包括：抵押品质量，将被抵押的资产质量划分为 16 个等级；以下/以上债务占比，劣于/优于所考虑的负债类别的金额与总债务额的比例；区域违约率，表示债券在违约前 12 个月内违约的百分比；行业因素，表示给定行业内发生违约的标普债券的比例。正如标准普尔 PD 模型，从预期效用最大化投资者的角度来看，由此产生的概率是稳健的。穆迪 KMV 的风险因素并不相同，但具有类似资产负债表和经济的特征。

这里提到的模型是从统计学的角度来为回收率建模，即概率密度是从数据中获得，而不对违约基础过程做任何假设。

第二节 利差风险的评估与度量

信用利差，顾名思义，是指信用债收益率与无风险利率之间的差异。从宏观角度讲，信用利差是不同等级的债券收益率与国债等无风险收益率之间的差，表征整个债券市场的信用风险；从微观角度讲，是指不同发行人所发行债券的收益率与相应无风险收益率基准的差异，也就是个券利差。

利差风险也是结构化产品的重要风险之一，相比于信用风险，利差风险属于市场风险，是由于市场波动导致的。具体而言，是指资金价格的市场波动造成结构化产品的价格下跌的风险，如市场利率上涨导致债券价格下跌，结构化产品投资者的资产将会受损。期限越长的结构化产品对利率波动越敏感，市场风险也就越大。利差风险部分，本节主要分析利差的决定因素，随后对利差风险进行度量与管理，其中度量主要是为利差风险建模，管理主要是基于希腊字母分析方法与 CDS 对冲 CDO 的方法进行风险控制。

一、信用利差

信用利差体现的是可违约债券与无风险债券之间的相对价值,表征信用债投资者资产端的价格因素。以美国为例,利差指数根据穆迪对美国长期(大于10年)Aaa和Baa债券的平均利差减去10年期固定期限的国库券利率得到

$$S_t\text{Aaa} = Y_t\text{Aaa} - Y_t T$$
$$S_t\text{Bbb} = Y_t\text{Bbb} - Y_t T \tag{5-14}$$

相对利差是指不同级债券之间收益率的差异,其大小主要受到相对流动性、市场波动性以及经济 vega 值的影响。

以 Baa-Aaa 利差为例,期权的 vega 值是期权的价格对基础证券波动性变化的敏感性。在 Merton(1974)类型的模型中,一个有风险债券可以被视为一个无风险的债券减去一个公司价值的看跌期权。看跌期权的执行价格与发行公司的杠杆率有关(在简单的情况下,即公司的债务仅由单一零息债券构成,该看跌期权的价格为债务的本金)。显然,Baa 企业的价值比 Aaa 企业更为接近于它们的"执行价格"(高风险)。因此,Baa 公司的 vega 值比 Aaa 公司更高。同时,随着波动性的增加,Baa 利差的增加比 Aaa 利差要大。以 1991 年海湾战争为例,Baa 利差在战争准备阶段上升了 100 个基点,而 Aaa 利差则相对平稳,Baa-Aaa 利差突破了 100 个基点。

二、信用利差的决定因素

利差的确定建立在不同发行主体的信用评级上,从量化因素来看,它等于违约概率乘以违约损失率(LGD)。在二级市场上,信用利差通常被用来代表企业债券的信用风险,通过观察其变化,可以推断企业债券违约概率的大小等。研究信用利差的影响因素是有意义的。

(一)回收率

投资者面临的信用风险包括违约风险和回收风险等。回收风险反映了与违约债务回收相关的不确定性,将在下一节进行详细介绍。其他条件相同的情况下,回收风险将会影响信用利差。因此,以经济环境为条件的期望回收率是影响利差的重要因素。

(二)违约风险

信用利差增加与违约风险增大具有一致性。与违约风险相关的因素既影响预期违约概率,也影响风险溢价。其中前者主要是通过评级差异体现,后者主要是由投资者对违约风险预期的变化所决定。

1. 评级与利差

对于大型企业而言,最容易获得的信用度量无疑是评级,且容易包含在利差模型中。不同评级的债券具有不同的信用利差,低评级利差在同一时点上总是高于高评级,利差波动幅度也更大。评级调整会导致信用利差变化,其中评级下调的负面影响通常要大于上调的正面影响。以表 5-5 显示的资产支持证券利差统计为例,评级更高的证券利差均值越小,各评级等级的极差也较为明显。但高评级的样本数量更大,得出的利差区间也相对更广。

表 5-5 我国 2017 年资产支持证券发行利差统计表

信用等级	样本数量	发行利差区间	发行利差均值	级差
AAA	993	−90～458	204	/
AA+	353	48～718	246	42
AA	215	136～503	267	21
AA−	31	44～550	289	22

数据来源：Wind

2. 风险溢价

衡量违约风险时，投资者对风险的规避也应考虑在内。在金融市场中，一般假定投资者都是风险厌恶的理性经济人，他们承担的风险越大，所要求得到的风险补偿越高。信用利差作为信用风险的补偿，衡量给予投资者的债券超额收益，其中包含风险溢价。假设高评级债券和投机债券之间的风险差异在时间上保持不变（这是一个强有力的假设），风险溢价变化将导致两个信用利差指数之间差异的变动。另外，由于违约具有集中性和爆发性的特征，再加上信用风险难以得到有效分散，当违约风险集中到来时，会大幅推升风险溢价，评级间利差也将显著扩大。

（三）流动性补偿

在信用利差理论中，流动性风险溢价是指信用债券的流动性相对弱于国债而产生的溢价。对于单只债券来说，其发行规模、持有人结构、换手率、债券的年龄等因素共同决定了其在二级市场上的流动性溢价大小。就不同债券品种而言，由于信用债流动性明显弱于利率债，投资者会要求一定的溢价补偿。另外，在特定时间流动性风险具有很大不确定性时，投资者因为市场流动性紧张将倾向于要求更高的流动性溢价。比较典型的有 2011 年三季度的交易所城投债板块，其收益率最初的大幅攀升来自对信用风险的担忧，但随后机构纷纷集中抛售，大量的卖盘导致二级市场的深度捉襟见肘，并最终演变为流动性压力集中爆发所产生的崩盘效应，带动交易所城投债收益率以及信用利差大幅攀升至历史最高水平。建模时可以使用几个变量来代替流动性。首选是交易数量，但由于公司债券市场是进行场外交易，交易量的数据实际难以获得。其次，发行余额也可以作为流动性的指标，但该指标包含一个潜在的假设，即发行量较大的债券通常更加活跃。另外，债券通常在发行后更具有流动性，但随着债券大部分被锁定入投资组合，其流动性也将大幅降低。因此我们可将发行期或"新券/旧券的利差"作为流动性的替代指标加入利差模型中。

（四）无风险利率

无风险利率是影响信用价差的重要因素之一。关于无风险利率与利差之间相互作用在学术文献中存在很多争论，大多数学者指出：无风险利率和债券利差是负相关的。部分学者认为当无风险利率上升（或下降）时，风险收益率并不能完全反映这一影响。还有部分学者从公司价值角度分析，认为当无风险利率升高时，宏观经济繁荣，公司价值上升，从而公司违约的可能性下降；反之，当无风险利率降低时，宏观经济衰退，公司资产价值下降，公司的违约概率上升。此外，莫里斯（Norris Eoldstein）等人（1998）区分了无风险利率变化对公司利差的短期负面影响和长期积极影响。他们认为风险收益率会在短期内缓慢调整国债利率变化带来的影响,但从长远来看,无风险利率的上升可能与经济增速下降有关,违约率与利差可能也随之增加。无风险利率和信用利差共同受到经济因素影响,但不能简单地使用宏观经济数据对信用利差变化进行拟合,滞后的经济因素的影响也应纳入考虑。

总体而言,根据已有的研究,无风险利率对债券利差的影响程度和作用方向因不同期限和不同信用等级的债券而不同,尚未有具体的定论。

(五)税收

税收因素对债券收益率有较大影响。如果把国债收益率当成无风险利率,在理论上,同期限其他债券品种的收益率应是无风险利率附加信用溢价、流动性溢价以及税收溢价。在许多国家和地区,公司债券与国债的税收待遇并不相同,投资者会对征税的债务工具要求更高的回报,因此不同品种债券收益率之间的利差包含了部分的税收溢价。

三、市场隐含评级

利差中包含着市场感知到的违约风险信息,由穆迪提出的基于债券利率和CDS利率的产品可以构造市场隐含评级,从而提取该种信息。

市场隐含评级(MIR,Market Implied Ratings)是一种基于债券市场信息的评级,其在市场有效性假说基础之上利用当前获得的债券交易信息来反映被评级对象的相对信用风险。与传统的评级方法相比,包含多种市场信息的市场隐含评级对信息的即时反应更为敏锐,短期准确度更高,可以作为对传统评级的验证,帮助投资者、评级机构提高内部和外部评级的准确性。

影响利差的因素包括违约概率、预期回收率和流动性等其他因素。为了将利差反映到评级上,我们必须排除包含市场性并且特质化的其他因素。Nelson和Siegel(1987)提出利用联合NelsonSiegel插值法来完成这一目的。首先,在给定时间点对每个评级都构造一个市场利差曲线。对每个评级类别都构造一个给定日期的利差曲线后,对非违约级别因素的特质部分进行调整,之后通过将给定债务人的利差与利差曲线进行比较而得出一个市场隐含的评级。在此过程中使用的距离测度方法,例如平均平方距离,可以识别出最近的利差曲线,该曲线就是市场隐含评级。

第三节 利差风险管理

目前,利差风险管理通常侧重于静态风险度量,本章中静态风险度量是指运用希腊字母对利差风险进行管理。在数理金融领域中,风险敏感系数是度量衍生品价格敏感性的系数,风险敏感系数是风险管理至关重要的工具,例如期权会受到标的资产价格变化的影响。之所以取名为金融希腊字母是由于大部分常见的敏感性系数一般用希腊字母来表示。同时他们也被简称为希腊字母。

本节主要分为两部分,首先概括介绍 CDO 对冲风险的主要流程,以及 CDO 对冲工具 CDS 的构成;其次主要讨论各种测量利差风险的敏感系数,这一部分是利差风险管理的基础,为利差风险对冲交易提供理论基础。

一、对冲方法

美国的金融机构向资产收入较低的个人或家庭发放的购房抵押贷款,称之为次级贷款。贷款机构为了转移现金流压力,把次级贷款的应收账款打包成金融产品卖给投资银行(简称投行),投行以此为基础,发行一种名为担保债务凭证(CDO)的金融产品。为了促进 CDO 的销售,投行将 CDO 分级,评级较高的优先级 CDO 分支会获得普通投资者的青睐,风险较大的权益级 CDO 分支则被打包卖给对冲基金。对冲基金通过在全世界范围内低利率借贷购买 CDO,在一时之间获得高额的利润。之后,为了对冲权益级 CDO 分支巨大的违约风险,投行发行用以对冲 CDO 风险的金融衍生品:信用违约掉期(CDS)。对冲基金定期向保险公司支付保费,保险公司分担对冲基金由于权益级分支所承担的风险。

CDS(Credit Default Swap)即信用违约互换又称为信贷违约掉期,也叫贷款违约保险,是目前全球交易最为广泛的场外信用衍生品。CDS 利率提供了违约风险信息的市场量。

信用违约互换是以约定参考实体信用事件的发生为触发条件,由信用保护的卖方向买方提供保护。在信用事件未发生时,买方定期向卖方支付保费(金额一般以 CDS 的名义价格乘以创设时确定的费率来确定),信用事件发生后,卖方向买方给付约定赔付金额或进行实物资产交割,使得买方的信用风险得到对冲(见图 5-5)。实际上,CDS 的买方以一定的费用为代价将资产的信用风险转移给 CDS 卖方,相当于购入一份信用保险。

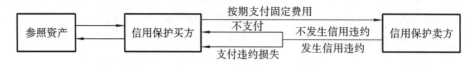

图 5-5 信用违约互换流程图

信用违约互换的出现解决了信用风险的流动性问题,使得信用风险可以像市场风险一样进行交易,从而转移担保方风险,同时也降低了企业发行债券的难度和成本。企业实际中运用 CDS 对冲 CDO 的流程如图 5-6 所示。

图 5-6 CDS 对冲图,理论上使用无套利定价原理,CDS 可以用"卖空由 CDS 参考实体发行的同等风险同期限的信用债券+买入无风险利率"的组合复制,因此 CDS 的利率应当等于该信用债券的利率与无风险利率的利差。但在实践中,一方面,寻找与 CDS 约定信用事件风险等价的信用债券的困难限制了套利行为;另一方面,如果 CDS 基础债券的流动性不足,那么无套利原则就不再适用,另外通过逆回购来做空票据需要一定的成

本,它会增加 CDS 关于债券的利差,即所谓的回购特价。以上种种原因使得 CDS 的定价并不遵循这一理论。

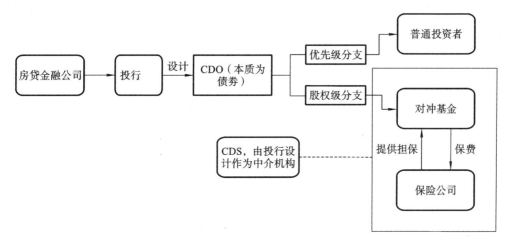

图 5-6　CDS 对冲图

当前市场主要采取的定价方式是按照买方定期支付保费现值总和与最终预期获得赔付期望现值相等的原则,在信用事件发生遵循一定概率分布的假设下,计算出 CDS 在该假设下的公允费率。即 CDS 费率近似等于违约率乘以风险发生后本金的损失率,可以类比于信用利差。这一方式的缺陷是未能充分考虑交易对手风险、流动性风险等 CDS 中所包含的非信用风险因素。由于 CDS 是一种场外交易产品,上述因素对其价格的影响并不能忽视。

理论上,CDS 价格应等于与 CDS 约定信用事件发生风险相同的信用债券所体现的信用利差,经过调整可以反映交易对手风险和流动性风险的影响。但是在实践中,CDS 的价格通常是交易参与者在当时的市场环境下通过交易得出的结果,实际成交价格可以与 CDS 理论定价模式中无法准确测度的信用利差和基差相互校验。目前,市场风险评估中的风险主要分成信用违约风险和市值风险两大部分。信用违约风险主要通过评级机构的统计模型进行计算,在当前的国际市场中,评估 CDO 的信用违约风险的主要有标准普尔使用的分支违约概率、穆迪使用的预期分布损失以及分支损失率三大指标。在下一部分中,我们将重点阐述市值风险的评估,概括性地介绍敏感性度量指标,并且对它们在实践中的使用提出具体的方案。

二、希腊字母分析方法

接下来我们重点讨论 CDO 产品风险管理的另一个维度:基于利差、凸性、相关敏感性、波动率和相对价值,来评估 CDO 产品的利差风险。在利差风险的管理中,一方面,买入并持有的投资者十分关注关于市值风险暴露的内部评估报告;另一方面,相关产品的设计者会设计各种产品来满足投资者的对冲策略需求。本节主要参考《结构金融学手册》(The Handbook Of Structured Finance,2007)中对希腊字母分析方法在 CDO 产品中的应用。

在数理金融领域中，敏感性度量指标表示度量衍生品价格敏感性的系数，它们用以表示当市场行情或定价参数发生变化时 CDO 分支的价值发生的变化。在这一部分中，我们将着重讨论六种敏感性度量指标，分别是：利差敏感性（delta）、分支杠杆（lambda）、信用利差凸性（gamma）、时间衰减（theta）、相关性敏感度（rho）、违约敏感性（omega）。

（一）利差敏感性（delta）

从广义上讲，delta 衡量的是理论期权价值相对于标的资产价格变化的变化率，被定义为

$$\text{delta}(\Delta) = \frac{\partial V}{\partial S} \tag{5-15}$$

其中，V 为理论期权价值，S 为标的资产的价格。

在实际对冲中，一个 CDO 分支的利差风险，通常采用买一个并且卖一个 CDS 对其进行对冲保护。在这一部分中我们主要讨论的是用于形容微观利差敏感性的单一利差敏感性，和用于形同整个组合的利差敏感性的市场利差敏感性。

1. 单一利差敏感性

在其他条件保持不变时，信用利差增加会导致预期组合的预期损失增加，也会导致整个组合的预期损失增加。ST 头寸主要取决于整个组合的市值变化，为对冲一个分支的买方头寸，需要根据 delta 买入相应的保护措施。此时，我们对本部分的 delta 进行定义：在标的组合中第 j 个债务信用的 $\Delta_i^{T_j}$ 表示经销商为了对冲 T_j 分支关于第 i 个债务人信用利差发生变化导致的市值风险，需要买卖的保护合约数量。

在实际对冲中，当第 i 个债务人的信用发生微小的变化，持有 $\Delta_i^{T_j}$ 关于第 i 个债券的 CDS 与持有一份 CDO 产生的损益应该相同，因此可以得到

$$\Delta_i^{T_j} \Delta MtM_i = \Delta MtM_i^{T_j} \tag{5-16}$$

其中，$\Delta_i^{T_j}$ 为市值损益，$\Delta MtM_i^{T_j}$ 为 CDO 的损益，ΔMtM_i 为第 i 个债券的 CDS 的损益。

2. delta 的敏感性

如果发生较大的利差变化，在交易过程中会出现巨大的利差风险，使用合适的交易策略，使 delta 错配逐渐变为 delta 中性是成熟交易者的常用手段。尽管在这样的交易过程中，交易的频繁存在会产生巨额的交易成本以及某些标的流动性较差，但分支 delta 依旧是风险管理的主要工具。这一部分我们将详细讨论 delta 对于 CDO 参数的敏感性。

1）资本结构

单名债券的 delta 会随着资本结构中低等级的债券占比增加而增大。

2）信用利差水平

在风险中性的假设下，高等级的债券往往比低等级的债券更早发生违约。信用利差与 delta 成正比。由于信用利差越大的 CDO 违约可能性越大，违约可能发生时间相对于 CDO 组合平均违约时间越早，因此会导致权益分支的 delta 值越大。相反，如果信用利差越小，CDO 违约可能发生时间相对于 CDO 组合平均违约时间越晚，将导致 CDO 主要分支的 delta 值增大。但总体而言，利差的变化对 CDO 夹层级的影响不明显。另外，当组合中所有标的的利差都增大时，主要分支的 delta 增大，单个标的的主要分支 delta 也增

大,单个标的的权益分支 delta 增大,进而权益分支的 delta 降低。反之,利差下降时亦然。

3) 时间函数

随着时间变化,不同分支的 delta 值也随之变化。在接近到期日时,权益分支的 delta 值随时间增加趋近于 1,主要分支与夹层级的 delta 值随时间延长趋近于 0。

4) 相关性

这里相关系数指的是 CDO 不同分支之间变化的关联关系。由于 CDO 的定价可以由利差期限结构、到期日、偿付条件、相关系数这些参数求得,那么在其他参数已知的情况下,可由 CDO 市值反推出相关系数。通过实践可以得知,权益分支和主要分支的内涵相关系数要大于夹层分支。

当相关系数较高时,主要分支的 delta 将增大,权益分支则减小。由于相关系数越高,债务违约同时发生的可能性越大,导致主要分支的风险将大幅增大而权益分支的风险增加较小。

5) 提前偿付

提前偿付的分支将会导致 delta 值的降低。由于部分分支可以提前偿付,利差的变动只会影响以后较少时间的 CDO 溢价,但保护性条件或分支并不受影响。利差增长时,分支预期损失与预期保费更不易受利差影响。

3. Credit01 的敏感性

在实践中,使用单名债券的 CDS 对冲 CDO 分支利差风险的方案主要是持有一个流动性指数,使用流动性指数不仅可以增加流动性而且可以降低交易费用。

首先,我们定义 Credit01 为有标的利差同时发生一个单位变化导致 CDO 价值的变化,它是利差敏感性度量的累积量。此时的 delta 值(对冲比例)为

$$\Delta^{T_j} = \frac{\Delta MtM^{T_j}(t_0, T, S(t_0), S(t_0)+1bp)}{\Delta MtM_i} \tag{5-17}$$

其中,分子为组合中所有标的利差同时发生一个单位变化导致 CDO 价值的变化,分母为每一个标的发生一个单位利差变化导致 CDS 价值的变化。对于主要分支,如果所有利差都朝着一个方向平移,那么主要分支的 Credit01 会变大,权益分支则相反。这是因为所有利差变大会导致违约风险由权益分支转移到主要分支。

运用 CDS 指数对冲,流动性较高且买卖价差较低,但对于低利差权益分支可能导致超额对冲,对于高利差的权益分支则可能对冲效果不足。

(二) 分支杠杆(lambda)

一个分支的分支杠杆通常与分支 delta 的联系十分紧密,它可以根据分支票面本金有效地衡量 delta。在形式上,我们将分支杠杆定义为

$$\text{lambda}^{T_j} = \frac{N(\text{delta}-\text{对冲投资组合})}{N^{T_j}} \tag{5-18}$$

式中,$N^{T_j} = D_j - A_j$ 是分支票面本金。

之后,我们可以得到

$$\text{lambda}^{T_j} = \frac{\sum_{n=1}^{N} \Delta_i^{T_j} N_i}{N^{T_j}} \approx \frac{\Delta_i^{T_j} \sum_{n=1}^{N} N_i}{N^{T_j}} \tag{5-19}$$

式中，N_i 表示标的组合中，第 i 个债券的票面本金。

在本质上，分支杠杆体现了总体风险在不同分支中的分布情况，杠杆越高，与分支票面本金相对应的利差风险就越大。举例说明，假设标的组合分支的价值为 10 亿美元，其票面本金为 3000 万美金，利率范围为 7%～10%。若该主要分支的平均对冲比例为 $\Delta_i^{T_j} = 15\%$，那么该对冲组合的总票面本金为 1.5 亿美元，所以该分支杠杆为 5。

(三) 信用利差凸性(gamma)

信用利差凸性(gamma)度量 delta 的变化率，即当标的资产价格发生变化时，delta 将变化多少。在本章中，gamma 测量的是 delta 对于信用利差变化的变化率。

$$\text{gamma} = \frac{\partial \Delta}{\partial S} \tag{5-20}$$

当单个利差变动时，我们讨论的是微观凸性；当整个市场或组合利差变动时，我们关注的是宏观利差凸性。

1. 宏观利差凸性

宏观利差凸性(gamma)被定义为：当市场上所有单一标的的 CDS 均发生某一数值的利差平移时，一个分支市值的变化减去只发生 1bp 利差变化时市值变化数值的倍数值，即为市值变化的实际值和线性近似值的差值。比如说，当利差变大 100bp 时，那么 gamma 为

$$\begin{aligned}\text{gamma}_{100}^{T_j} = &\Delta MtM^{T_j}(t_0, T, S(t_0), S^{100}(t_0)) - \\ &100\, \text{Credit01}^{T_j}(t_0, T, S(t_0), S^{01}(t_0))\end{aligned} \tag{5-21}$$

式中，$S^{100}(t) = S_1(t) + 100bp + \cdots + S_N(t) + 100bp$。

在实际计算中，往往会引入相关利差平移因子，gamma 通过统一提升或者下降不同标的利差来计算，这种算法的弊端是，需要利用穷举法在不同利差水平下重复计算。

2. 微观凸性

微观凸性(iGamma)被定义为：由于一个单一的 CDS 利差变化而引起价格的变动程度，该单一 CDS 与其他 CDS 相互独立，故其他标的债券保持不变。

$$\begin{aligned}\text{iGamma}_{100}^{T_j} &= \Delta MtM^{T_j}(t_0, T, S(t_0), S^{i100}(t_0)) - 100 \Delta MtM^{T_j}(t_0, T, S(t_0), S^{i01}(t_0)) \\ &= \Delta MtM_i^{T_j}(t_0, T, S(t_0), S^{i100}(t_0)) - 100\, \Delta_i^{T_j} \text{Risky PV01}(t_0, T, S^{i01}(t_0))\end{aligned} \tag{5-22}$$

式中，$S^{i100}(t_0) = S_1(t), \cdots, S_{1i-1}(t), S_1(t) + 100bp, S_{i+1}(t) \cdots, S_N(t)$，Risky PV01 为 CDS 在基点的风险现值。

3. delta-对冲中性的凸性

权益分支具有很高的违约风险和利差风险，对于主要分支而言，违约风险很小，主要考虑的是利差风险。将权益分支和主要分支联合起来，可以降低绝大部分的利差风险，使投资者只考虑违约风险。

delta 中性策略是指保持组合的 delta 为 0，使组合价值不受利差变动影响的中性套

期保值策略。然而除了标的资产的 delta 值恒为 1 以外,衍生品的 delta 值可能会发生变动,因此 delta 中性的状态可能只能维持较短的时间,需要我们对组合进行不断的调整。

值得注意的是,CDO 分支的凸性和 CDS 的凸性存在很大的区别。delta 本身作为一个利差的函数,随利差的变动而变动,delta 对冲策略会因为利差凸性的不匹配而产生风险暴露。

4. 宏凸度

当所有利差同时变化时,我们考虑一个 delta-对冲权益分支和一个 delta-对冲主要分支。

1) delta-中性长期权益分支

卖出一个关于权益分支的保护措施同时买入 delta 数量的单一标的 CDS,当所有利差同时变大,该策略将权益分支的风险转给夹层分支和主要分支,导致对冲过度,delta 组合的市值变化超过权益部分的市值变化。在该策略中,为了保持 delta-中性状态,单一标的的 CDS 需要在利差较高时被卖出。若利差缩紧,权益分支将产生更高的 delta,容易产生对冲不足的情况。

2) delta-中性长期主要分支

卖出一个关于主要分支的保护措施同时买入 delta 数量的单一标的 CDS,当所有利差同时变大,风险转移给主要分支,主要分支的 delta 增加,分支对冲不足。此时需要在高利差时不断买入 CDS 合约,这同时会造成净损失。

(四) 时间衰减(theta)

CDS 的价值和利差随着到期日的临近而逐渐趋近于零,其衰减的速度与信用利差曲线的斜率或利差期限结构有关。对于一个向上倾斜的指数信用利差曲线来说,保护性措施的购买者预期在交易之后会出现多笔违约情况,如果在交易后的第一年没有发生违约,那么由于违约事件的未发生,保护性措施的购买者会面临巨大的市值亏损,导致下一年度估值的下调。

此时,我们引入时间衰减的概念。时间衰减(theta)被定义为:在其他条件不变的情况下,随着时间的推移,一个分支的整体市值变化或其产生的收益的变化。时间衰减(theta)测量的是衍生品价值对时间推移的敏感性。

theta 的计算首先要通过运用不同的时间期限来估计一个分支价格,然后比较各个不同期限之间价格的差别。举例来讲,对于一个保护性措施的卖方而言:

$$\text{theta}^{T_j}(v) = S^{T_j}[t_0, T, S(t_0)] \text{TrPV} 01^{T_j}(t_0, T, S(T_0)) \\ - S^{T_j}(t_0, T-v, S(t_0)) \text{TrPV} 01^{T_j}(t_0, T-v, S(t_0))$$

(5-23)

式中 v 定义为从交易开始已经过去的时间。

theta 即为两个不同时间节点间收益的差值。值得注意的是,theta 是按年计算的,通常要把这个结果除以一年的天数,得到一天中每股标的资产损失的金额。关于时间衰减的速度方面的讨论,对于投资级分支,只有权益分支的价值衰减慢于指数,而其他分支的衰减速度则要快一些。一般情况下,在交易初期,预期溢价现值和预期损失现值是相等的,随着时间的推移,各个时点下的预期溢价和预期损失则不一定相等。

对于一个保护性措施的卖方而言,其 theta 就是预期利润和预期损失的差值,在交易最初的几个月,更多的保护性措施的买方会交付更多的钱,但在随后的交易中,保护性措施的买方则不会如此,此时于保护性措施的卖方而言出现了负的 theta。

对于一个优先分支而言,初始阶段的预期损失会显著性地低于预期利润。其预期溢价在每一个阶段都相对平稳,在每个阶段损失都为少量的增加。

对于一个夹层分支而言,初始阶段其预期损失同样地明显低于预期利润,对于一个保护性措施的卖方而言,theta 一开始是负的,而后迅速增长为正的。

对于一个权益分支而言,在交易初始阶段,只有它可能产生阶段性损失超过预期溢价的情况。对一个保护性措施的卖方而言,其 theta 一开始是正的,而后逐渐变为负的。

(五) 相关性敏感度(rho)

不同 CDO 分支对相关性的改变具有不同的敏感性。一般来说,因为信用债券之间的高相关性暗示许多债券同时发生违约的可能性比较大,故比较高的相关性会导致主要分支有相对高的风险,权益分支有相对低的风险。因此当内涵相关性系数变大时,权益分支的 delta 减小而主要分支的 delta 增大。

我们将相关性敏感度(rho)定义为:用于分支定价的复相关性发生微小变化时引发的一个分支市值的变化,可以表示为

$$
\begin{aligned}
\text{rho}^{T_j} &= MtM^{T_j}(t_0,T,S(t_0),\rho) - MtM^{T_j}(t_0,T,S(t_0),\rho+1\%) \\
&= S^{T_j}(t_0,T,S(t_0),\rho) - S^{T_j}(t_0,T,S(t_0),\rho+1\%) \\
&\quad \text{TrPV }01^{T_j}(t_0,T,S(t_0),\rho+1\%)
\end{aligned} \tag{5-24}
$$

权益分支是典型的做多相关性,当相关性增加时,对保护措施的购买者而言,保护性措施的价值会下降,导致权益分支价格也相应地会降低。相反,主要分支是典型的做空相关性,对买入保护措施的投资者而言,价值随相关性的提升而提高。夹层分支则对相关性的变化不明显。总的来说,买入权益分支或者卖空主要分支会产生正的 rho(做多相关性),买入主要分支或卖空权益分支则相反(做空相关性)。

(六) 违约敏感性(omega)

1. omega 和 iOmega

单个违约的违约敏感度(iOmega)被定义为:在其他条件固定不变的情况下,当其中一个标的突然发生违约时分支市值的变化。违约发生就可以被看作是利差无限大的 iGamma。iOmega 可以用公式表示为

$$\text{iOmega}^{T_j} = \Delta MtM^{T_j}(t_0,T,S(t_0),S^{i\infty}(t_0)) \tag{5-25}$$

多个违约导致市值变化的违约敏感度被记为 $\text{omega}_n^{T_j}$,利差最大的 n 个不同标的的债券最有可能一起同时发生违约情况,但其他 n 个标的债券也存在同时发生违约的可能,具体情况将在下一部分详细讨论。

对于一般的对冲策略,omega 对覆盖策略的风险影响程度主要取决于该分支的主要分支的占比以及它们的厚度。

2. iOmega 和利差

在发生一个或多个违约事件后,剩余标的债券的利差也将发生变化。对于 delta-对冲后的权益分支而言,它是做多相关性,剩余标的债券利差的变大意味着相关性增加,其分支市值将会增加,分支的违约敏感度将会降低。对于 delta-对冲后的优先分支,它是做空相关性,利差增大后,该分支市值将会损失,其 iOmega 将会减少。

如果组合中剩余标的债券利差都变大,那么一个 delta-对冲的权益分支违约敏感度也会下降。

(七) delta、theta 和 gamma 之间的关系

delta,Δ,衡量的是理论期权价值相对于标的资产价格变化的变化率。delta 是期权价值 V 对标的价格 S 的一阶导数:$\Delta = \frac{\partial V}{\partial S}$。

gamma,γ,测量的是 delta 对于标的资产价格变化的变化率:$\gamma = \frac{\partial \Delta}{\partial S} = \frac{\partial^2 V}{\partial S^2}$。

theta,Θ,测量的是衍生品价值对于时间推移的敏感性,也就是"时间衰减":$\Theta = -\frac{\partial V}{\partial \tau}$。

单一标的的 CDS 的价格必须满足:

$$\frac{\partial f}{\partial t} + rS\frac{\partial f}{\partial S} + \frac{1}{2}\sigma^2 S^2 \frac{f}{\partial S^2} = \gamma f \tag{5-26}$$

因此,由单一标的的 CDS 所组成的资产组合满足以下微分方程:

$$\frac{\partial \pi}{\partial t} + rS\frac{\partial \pi}{\partial S} + \frac{1}{2}\sigma^2 S^2 \frac{\partial^2 \pi}{\partial S^2} = \gamma \pi \tag{5-27}$$

同时,根据定义可知:$\Theta = \frac{\partial \pi}{\partial t}, \Delta = \frac{\partial \pi}{\partial S}, \gamma = \frac{\partial^2 \pi}{\partial S^2}$

所以有

$$\Theta + rS\Delta + \frac{1}{2}\sigma^2 S^2 \frac{\partial^2 \pi}{\partial S^2} = \gamma \pi \tag{5-28}$$

这一结果表现了 Θ、Δ 和 γ 之间的关系,当 Θ 很大并且为正时,γ 也很大,但为负值;并且在 delta-中性对冲的交易组合中,Θ 可以作为 γ 的近似值。

三、小结

以上主要讨论了六大风险敏感系数,它们对于衍生品交易员来说非常重要,尤其是有对冲价值的风险敏感系数 delta、theta 都被很好地用来度量标的价格、时间和波动率的变化。最常见的风险敏感系数有价值函数的一阶导数 delta、theta、rho 以及二阶导数 gamma。

每个风险敏感系数都可以用以度量投资组合在指定标的发生微小变化时的敏感性,因此风险的组成部分都可以被单独度量,并且资产组合能够根据所需的暴露风险进行再平衡。

在本章中,关于风险部分主要分为两大部分,分别是违约风险与利差风险。在违约

风险中,我们主要介绍了违约风险的评估、定价与管理,其定价部分的结构模型与简化模型具有极大的实际意义,是需要重点关注的部分;在利差风险中,我们主要介绍了违约风险的评估与管理,其中利差风险管理的敏感性系数是该部分的重点,也是进行风险管理的基础。

1. 简述结构化产品面临的主要风险及其具体含义。
2. 什么是信用等级转移矩阵和信用转移概率矩阵?
3. 违约率模型的有效性可以从哪些角度进行评估?在ROC评估方法中,如何依据ROC曲线评估模型?
4. 简要区别违约回收率和违约损失率。
5. 信用利差作为违约概率与违约损失率的乘积,其主要有哪些影响因素?
6. 简述CDS的含义及运用CDS对冲CDO的主要流程。
7. 如何理解利差敏感性delta?delta对CDO参数的敏感性体现在哪些方面?
8. 本章中介绍的各风险敏感系数从不同维度对标的风险予以度量,你认为在现实交易中可如何进行应用?

第三篇

结构化产品及应用

第六章
结构化产品概述

第一节 结构化产品的定义

结构金融的含义可以从两方面来解释。首先从其融资功能出发,其主要是寻找能够有稳定现金流的金融资产(如房地产抵押贷款、汽车信贷等)作为支持来发行证券,以获得直接融资,结构融资在本书的第四章已经进行了详细介绍。其次从其投资功能出发,又可称其为结构化票据、结构化证券等。美国证券监督管理委员会制定的规则,将结构化证券定义为"现金流支付特征依赖于一种或几种指数、内嵌着远期合约或期权、投资收益及发行者的支付义务对于标的资产价值高度敏感的一类证券"。结构化产品的实现主要是发行机构根据投资者的不同风险偏好,利用金融工程的组合分解技术将债券和衍生合约(一般是期权)组合成一个新型的产品,将投资者对标的资产的预期收益产品化,使投资者的投资收益与衍生合约所挂钩的标的资产的走势紧密相连。各种结构产品最重要的共性之一就是能够对投资者的收益和风险进行灵活的调整和限制,从而使得投资者可以将自己的预期和风险偏好通过一个金融产品的直接交易得到实现。本章主要从投资功能角度来描述结构金融产品。

我国的结构化金融产品

图 6-1 是典型的结构金融构造过程示意图。首先依据最终投资者的需求,将资产池中的资产重新分割成收益和风险两个不同的部分,然后据此创造出结构金融产品。在这个过程中,往往还要结合新的衍生品,以创造原来资产池所不具有的风险和收益特性。无论资产池的特性如何,结构金融产品在性质上都属于嵌入衍生品的固定收益证券。因此,从投资

角度来看结构金融产品是一种复合型固定收益证券,从风险和收益的特性上,可以将其分解成两个部分:普通的固定收益证券和衍生品。

嵌入的衍生品起到两个方面的作用:第一,放大或者缩小对特定风险的暴露;第二,创造针对特定风险的暴露。衍生品的第一个方面的作用比较常见,而创造风险暴露的作用在新兴的信用挂钩产品中体现得特别明显。至于嵌入的衍生品,既可以是对称的远期、互换,也可以是非对称的期权以及各种奇异期权;既可以是常见的利率衍生品、股权衍生品,也可以是新兴的信用衍生品,根据嵌入的衍生品的不同,最终创造的结构金融产品也不同。结构性投资产品挂钩的标的种类呈现多样化,主要有股票、汇率、基金、利率、商品等,而每一类标的中又有着为数众多的具体不同形式的标的物。因此,根据结构性金融产品挂钩标的物的不同,可以将其分为五大类:股权挂钩产品、利率挂钩产品、汇率挂钩产品、信用挂钩产品以及商品挂钩产品。

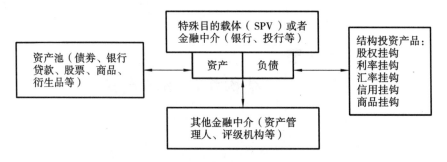

图 6-1　结构金融示意图

下面通过一个简单的例子来介绍一下结构金融投资产品的基本特征。1986 年 8 月,所罗门兄弟公司发行了一种名叫 SPIN 的标普 500 指数挂钩次级票据,SPIN 是最早开始的股权挂钩债券。投资者购买 SPIN 的时候,未来的收益除了债券利息外,附加了一份标普 500 指数的看涨期权,因此 SPIN 的价值等于债券加上看涨期权的价值。从这个结构产品来看,结构金融产品可以简单地描述为"债券+期权"。

第二节　结构化产品的基本要素

一、构成角度

从构成角度来看,结构投资产品包括三个基本要素:固定收益证券,衍生合约以及挂钩资产(见图 6-2)。每一个结构产品的基本特性都可以用这三个元素来分析。

从固定收益证券的类型看,主要是债券、银行存款、保险单和共同基金等基础产品。

衍生合约包括远期合约、期权合约、互换合约,其中期权合约最为常见,期权形式也是多样的,包括一般的欧式期权、美式期权、亚式期权、障碍期权等。衍生合约的挂钩资产包括外汇、利率、股价、商品、信用等,也可以是这些合约的组合合约。由于固定收益证券类型、衍生合约类型和挂钩资产类型等因素可以以各种方式组合,因此结构投资产品种类上可以说几乎是无穷无尽的。

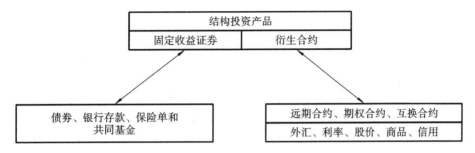

图 6-2 结构投资产品的构成

二、收益角度

结构投资产品的构成种类多样,收益形式也非常多样。从本金上看,到期回收的本金可以等于100%本金保证,也可以低于100%本金保证,如90%本金。从收益角度,收益可以是固定的,也可以是浮动的,如阶梯型。总体上看,结构化金融产品的收益主要取决于以下几个要素。

面值:每张债券的面值。

到期日:偿还债券本金及期权行权的日期。

票面利率:利息与债券面值的比率。

付息频率:一年的付息次数。

挂钩资产:结构化产品内嵌期权的标的资产。

挂钩方式:结构化产品的到期收益与标的资产价值的联动变化关系。

履约价格:是由产品合约事先规定挂钩产品的一个价格或价格区间,在产品持有过程中,挂钩产品的实际价格与履约价格所达成的大小关系,将依据合约内容确定持有人的收益水平。

期权:期权类型,如欧式、美式、亚式、障碍期权等。

参与率:相对于标的资产的波动,投资者实际可以得到的收益百分比,一般为50%到200%。

保本率:保证回收本金的比例。

我们用东亚银行发行的汇率挂钩保本型6个月产品来描述产品的收益结构:在观察期内任何时间,若欧元/美元汇价触及或超出第一区间(−0.005,+0.005),则年化收益率为5.1%;若欧元/美元汇价触及或超出第二区间(−0.4,+0.4),则年化收益率可达6%;若欧元/美元汇价始终没有触及或超出第一区间(−0.005,+0.005),则可获得保底年化收益2.9%。可见收益结构的设计决定了未来能够取得的收益,该产品的收益属于阶梯型的。

国际金融市场近年来比较受欢迎的最低收益保证的股票挂钩产品 GELN 则相对复杂,其收益的基本结构可以用下式加以描述:

$$1 + \min\{a, \max[k, \theta(S_t/S_0 - 1)]\} \tag{6-1}$$

上述描述的投资本金为 1 元,最低收益率为 k,最高收益率为 a,投资者在挂钩股票收益率上涨中的分享比率为 θ(参与率),挂钩对象的收益率为 $(S_t/S_0 - 1)$(其中 S_0 为基准价格,S_t 为比较价格)。

第三节 结构化产品的发展历程

结构化投资产品的最大特点就是能够根据市场参与者的不同需求量身定做,因而成为国际金融市场上发展最快的领域之一。目前现有的投资工具中,最灵活、最个性化、最能满足投资者风险收益各种偏好的正是结构化产品。

结构化投资产品市场的发展,可以分为传统型产品和现代型产品两个阶段。传统型产品包括可转换证券、可交换证券、含有股权及认股权证的债券等,产品结构、交易机制都相对简单。现代结构性产品产生于 20 世纪 70 年代初期,90 年代出现爆炸性增长,如今成长为一种非常重要的金融工具及金融产品,其根本原因在于市场利率持续走低,"微利时代"的来临使投资者寻求一种既能在市场发生不利变化时能够保证最低收益,又能分享市场上升收益的产品。20 世纪 80 年代末期 90 年代初期,全球经历了经济不景气、股市低迷、利率下降的状况,保本成为投资者理财的第一目标。传统投资工具已无法满足投资者的需求,在这种情况下,结构化投资产品应运而生。结构化投资产品的设计一般是保证本金得到全部或部分偿还(债券部分),所获得的另一部分收益则取决于所嵌入的期权价值的变化。在国际市场股市低迷、利率不断走低的背景下,这种产品受到了越来越多的投资者青睐。

一、国际市场

结构化金融衍生产品市场目前已成为国际资本市场及金融衍生市场上不可或缺的一部分,它的发展过程分为传统型产品和现代型产品两个明显的阶段。传统型结构化金融衍生产品已存在较长的时间,如前所述其产品结构、交易机制都相对简单。现代结构化产品出现于 20 世纪 70 年代瑞士债务市场上以两种货币标价的证券。20 世纪 70 年代末至 80 年代初,在债券的私募及公募市场上,出现了与商品价格挂钩的结构化产品,用于满足商品生产者希望以牺牲由未来商品价格可能上升而带来的收益来换取降低融资成本的需要。20 世纪 80 年代中期至 90 年代初,随着金融衍生市场的发展,结构化产品也得到了进一步发展,出现了诸如反向浮动利率产品、利率区间产品以及与股票指数相挂钩的产品等一大批现今市场上仍在使用的产品。20世纪90年代初,通过嵌入衍生交易而增加产品收益率的结构化金融衍生产品进入了快速发展时期,主要表现为产品日益多元化、市场交易量的迅速扩大及结构化产品从成熟市场进入拉美、亚洲及东欧等新兴市场。

经典的现代结构化金融衍生产品市场首先在美国市场兴起,较著名的产品包括1986年8月所罗门兄弟公司发行的S&P 500股价指数连动次级债券(SPIN),1987年3月大通银行发行的市场指数连存单(MICD),1987年10月美林证券发行的指数流动收益选择权债券(LYON),1991年1月奥地利共和国政府发行、高盛证券设计的股价指数成长债券(SIGN),以及1991年8月联合科技公司发行、高盛证券设计的化学制药交换债券(PEN)等。20世纪90年代,银行推出的结构化存单成为市场主角,如花旗银行的股价指数保险账户,信孚银行的90%保本市场联动存款等。结构化金融衍生产品经过数十年的发展,产品形式日趋多样化,结构日趋灵活、复杂。

20世纪90年代结构化金融衍生产品进入亚洲市场,在日本、新加坡、韩国、中国台湾地区发展较快。亚洲市场的产品以零售市场为主,产品结构比欧洲市场更加多样、复杂。过去十几年的利率谷底和低迷的股市使中国台湾地区、日本、韩国的机构投资者和个人投资者转向结构化金融衍生产品和其他合成衍生工具。

二、国内市场

结构化产品在我国虽然起步较晚,但是发展却非常迅速。自从我国加入WTO,金融业内外竞争加剧,在这样的时代背景下,我国商业银行加大了创新的力度,光大银行发行了第一个外币结构化产品,为我国结构化产品的发展掀开了序幕。此后,其他银行也推出了自己的结构产品,比如民生银行的"非凡资产管理"系列,中信银行的"双盈计划",中国农业银行的"本利丰",都是近几年所推出的业绩比较不错的挂钩利率和汇率的结构化产品。据choice的数据显示,2015年全国商业银行发行的结构化产品共计3420款,月均发行量约为285款,2016年截至10月底,商业银行发行的结构化产品数量已经达到2757款,发展迅速。

图6-3为我国2010年至2015年结构化金融产品的数量。

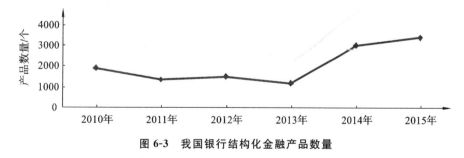

图6-3 我国银行结构化金融产品数量

在我国银行结构化金融产品中,挂钩标的为指数、利率以及汇率的数量最多,相反债券的种类最少,这反映了我国在结构化金融产品设计方面存在不足。但是总体来看,结构化金融产品在中国有很好的发展前景。

图6-4为2010—2015年我国不同挂钩标的的结构化投资产品数量。

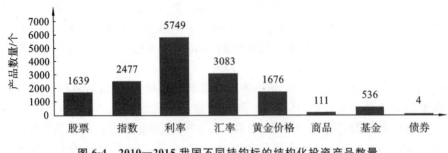

图 6-4　2010—2015 我国不同挂钩标的结构化投资产品数量

我国结构化金融产品发展较快,但是由于发展时间较短,还存在产品同质性高、缺乏创新、定价不合理等问题。

第四节　结构化产品的运作机制

目前商业银行结构化产品运作机制主要分为三个阶段,如图 6-5 所示。

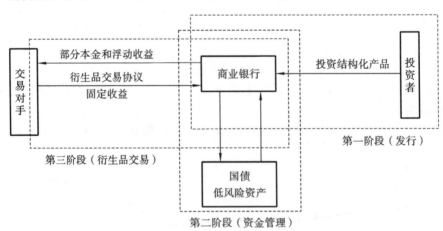

图 6-5　商业银行结构化产品的运作机制

第一阶段:结构化产品的发行。商业银行将结构化产品出售给客户(投资者),获得资金。这笔资金作为负债,到期需要支付回报给投资者,可能是固定收益,也可能根据合约为浮动收益。

第二阶段:资金的管理。商业银行将募集到的资金大部分投资于国债和无风险资产或低风险的资产上,由此可以获得债券利息,或者是其他固定收益产品的收益,作为结构化产品最低收益的保障。

第三阶段：衍生品交易，将投资收益波动的风险转移。商业银行从风险控制的角度，对发行的结构化产品的风险敞口进行相应套期保值操作。中资商业银行一般采用将投资收益（利息或债券收益）或部分本金用于和交易对手进行远期、期货、期权或互换等交易，具体根据结构化产品的风险特征，采取相应的对冲操作。其结构往往是固定收益部分＋衍生产品，其中，前者主要有零息债券、附息债券及浮动利率债券，后者主要是使混合工具的部分或全部现金流量随特定利率、金融工具价格、汇率、价格或利率指数、信用等级或信用指数，或类似变量的变动而变动。

第五节　结构化产品的功能

从流程及其最终形成的产品来看，在多数场合，结构金融实际上就是对已有的金融产品进行再加工的过程。于是，一个自然的问题就是，同借贷、发行和购买证券这类传统的金融活动相比，结构金融具有什么额外的功能？或者说，结构金融创造了额外的经济价值吗？

一、市场不完全与结构金融的功能

在一个完全的市场中，针对未来任何可能的自然状态，都存在着与之相对应的基本证券，其他所有证券的现金流都可以用这些基本证券的某种组合来复制。在这种情况下，证券与证券之间满足无套利的条件。创造一种新的复合证券并不能产生额外的经济价值。然而，当交易成本导致缺乏与未来某个可能的自然状态相对应的基本证券时，市场就是不完全的。此时，创造某种新的证券就可以获取额外的经济价值。

在金融市场中，市场不完全表现为现有的基础证券和衍生品无法拟合未来某个预期。例如，尽管在场外市场和交易所市场中存在着种类繁多的利率衍生品，但是，由于投资者并不能简单地利用这些现存的产品来构造某个资产组合，以实现对未来利率走势的某种预期，这就促成了利率联结产品的产生。再例如，在保险业中，尽管交易所交易的巨灾期权可以从一定程度上解决与巨型灾难相关的保险产品定价以及保险风险转移的问题，但是，由于巨灾期权存在基点风险、缺乏流动性以及不能够量身定制等缺陷，真正能够解决问题的依然是巨灾债券这类保险联结产品。

二、市场分割与结构金融的功能

同市场不完全一样，市场分割也使得某种资产的价值不能够被正确估计，从而引发了套利机会。但是，这种套利机会的产生同某些投资者没有参与现有的市场交易有关。

管制是投资者不能参与某类市场交易的首要因素。在这方面,一个最明显的例子就是外汇管制。在外汇管制的情况下,尽管投资者存在着现实的对冲风险或者投机需求,但无法直接参与境外汇率衍生品市场的交易。一个简单的外汇联结产品就可以比较有效地解决这样的问题,如指数货币期权产品。由管制所导致的市场分割还发生在其他领域。例如,保险公司不能直接参与企业的贷款业务,但是,通过投资信用联结产品,保险公司可以获得企业信用风险头寸,其结果类似于直接发放了一笔贷款。

三、管制与结构金融的功能

管制除了会造成市场分割以外,还会导致其他类型的市场失灵现象。在这些情况下,利用结构金融来绕开管制可以创造额外的经济价值。

就金融活动而言,金融管制无疑具有最强大的影响。以对银行业的资本管制为例,在银行业的经营过程中,会遇到两种类型的资本:一种是由历年巴塞尔协议确定的监管资本;另一种是根据银行自身业务特点确定的风险资本或经济资本。监管资本是监管当局强制要求的,它可能同银行业的经营目标相冲突;风险资本是银行用以覆盖非预期损失、防止银行出现破产倒闭危险的资本,它与银行的经营目标是一致的。当监管资本超过风险资本时,相对于银行所承受的风险来说,资本就太多了,此时银行业可以通过三种方法来减少监管资本要求:第一,从银行业务账户中去除一些金融工具(如高质量贷款),因为对它们的监管资本要求大大超出了实际的风险水平;第二,重构金融合同,将表内资产转化为监管资本要求较低的表外资产;第三,将某些金融工具(如信用衍生品)从银行业务账户转移到交易账户上,因为前者以加权风险资产方法计算的监管资本大于后者以模型法计算的监管资本。银行业的这种做法被称为"资本套利"。结构金融产品尤其是信用联结产品中的 CDO 成为银行业实现资本套利的重要工具。

从投资者角度来看,总体上,结构金融产品的功能主要是:第一,结构化金融产品所提供的回报高于年期相应的银行存款或其他投资;第二,结构化产品能够为投资者提供参与传统投资产品所不能涉及的投资标的;第三,为投资者提供有既定收益且风险可承受的投资计划;第四,通过结构化产品能够部分达到分散风险和资产最优配置的目标。

思考题

1. 从投资功能的角度简要谈一谈对结构金融的理解。
2. 从产品构成角度简述结构化产品多样性的原因。
3. 从诞生至今,结构化投资产品逐步成长为市场上一种重要的金融工具,并经历了从传统型产品到现代型产品的创新发展阶段,产品日益多元,需求逐渐扩大。对此你有什么思考或启示?
4. 简述结构化产品运作机制中各阶段的主要内容。
5. 与传统金融活动相比,结构金融基于对现有金融产品再加工创造了哪些额外价值?

第七章 结构化产品原理及定价

第一节 结构化产品的原理

一、股权挂钩型产品原理及应用

(一)股权挂钩型产品的概念及特征

1. 概念

股权挂钩型产品是结构化金融产品的一种,它是将固定收益证券与金融衍生品特征结合在一起的新型金融产品,通俗理解为嵌入金融衍生品的固定收益证券。因为其是两者的结合,所以它的风险一般介于股票和债券之间,收益相对稳健,通常既能够在经济下滑时获得保本收益,又能在股票价格符合预期时获得超额收益。股权挂钩型金融产品通常由以下元素组成:固定收益证券、衍生合约、标的资产。固定收益证券通常是银行存款、保险单、国债、共同基金等固定收益类资产;衍生合约一般为期权合约、期货合约等;标的资产一般为单一股票、股票组合、股票指数、指数基金等。

结构化产品最优设计、定价及风险

目前,随着中国金融市场的不断发展和中国股市的好转,越来越多的商业银行选择股指作为挂钩标的物。股权挂钩型产品作为一种新型衍生金融投资产品,给投资者提供了更多的投资工具的选择,以其多样的设计满足不同投资者的风险收益要求,市场前景可观。

2. 特征

股权挂钩型金融产品的收益构成一般分为固收产品部分收益和挂钩

标的部分收益。固收产品部分收益一般在时间、金额、利率上较为固定。挂钩标的部分收益一般划分为两种,第一种是满足某种行权条件下固定利息型;第二种为浮动收益型,即根据挂钩标的到期的实际价格表现决定挂钩标的的价值。

股权挂钩型金融产品依据是否保本,收益特征也大不相同,主要差别体现在挂钩标的期权的多空方向上。

通常情况下保本型产品的到期产品收益可表示为

到期产品收益＝本金×[保本率＋参与率×max(期权报酬率,0)]

非保本型产品的到期产品收益可表示为

到期产品收益＝本金＋利息＋期权费收益－期权行权价值

结构化金融产品的收益一般是浮动的,浮动收益的组成形式一般由多种期权决定,下面介绍结构化金融产品挂钩期权的几种收益表现形式。

(1) 分阶段期权通过多个期权将结构化产品的投资管理期分割成数个期限段,投资者能够获得的最终收益取决于各个期限段内的收益的加总。

(2) 两值期权一般是通过将多头看跌期权和空头看涨期权进行投资组合,由多头看跌期权和空头看涨期权决定其范围的上下限,一般标的资产的价格需要始终落在两值期权的范围内,结构化金融产品才能实现预期的收益率。

(3) 嵌入了彩虹期权的结构化产品的最终收益取决于两个或以上资产组合中表现最好的或最差的资产,也就是说这种期权的标的资产是数个资产中表现最好(或最差)的那个。

(4) 障碍期权是路径依赖期权中的一种。一般情况下,当标的资产在一定时间期限内达到某个价格的临界点,即突破障碍时,达到期权行权条件,产品的最终收益也和标的资产的价格临界点紧密相关。

(5) 亚式期权的最终收益取决于特定时间段内多项标的资产的平均价格,采用资产价格平均值能够减少资产价格波动对投资者到期收益的影响。

(二) 股权挂钩型产品的分类

根据上文不同的期权构建方法,本段主要介绍内嵌二元期权的触发型、内嵌亚式期权的股权挂钩型、内嵌彩虹期权的股权挂钩型三类结构产品。

1. 内嵌二元期权的触发型产品

二元期权,又称为两值期权、数字期权或非全有即全无期权。它的收益是固定的,取决于标的资产资格是否满足预定的条件。当条件得到满足时,二元期权的持有者将得到一个固定的收益;若条件得不到满足,则持有者的收益为 0。

假设某种二元期权的标的物的初始价格为 S_0,触发价格为 S_1,触发条件为若标的物的期末价格大于这一触发价格,投资者的收益为 M,否则收益为 0。该期权的收益可由以下函数决定:

$$\text{payoff} = \begin{cases} M, & 若 S_T > S_1 \\ 0, & 若 S_T \leqslant S_1 \end{cases} \tag{7-1}$$

其中 S_T 指的是挂钩标的在标的物存续期满后的价格。

二元期权的一个比较突出的特征在于:只要标的资产的价格在持有期内有一个正向

的增幅,持有者便可能获得一定的利润。这意味着即使市场处于相对平淡状态,投资者依然可以获得较大的收益。若投资者直接购买通常的期权,则只有在市场获得更大的波动时才会有正的利润。下面给出一个商业银行发行的实例来加以分析。

产品名称:中银进取09004A-人民币港股盈富基金挂钩产品。

投资年收益率:6%,如果挂钩标的期末价格大于或者等于其期初价格的115%,并且触发事件发生;2%,如果挂钩标的期末价格大于或者等于其期初价格的115%,但触发事件未发生;0.36%,如果挂钩标的期末价格小于其期初价格的115%。

触发事件:挂钩指标在观察期内的某一观察日的收市价曾经小于或等于其期初价格的95%。

设 Ω 表示该产品挂钩标的物在存续期内每一天的收市价格所构成的集合,S_T 表示在到期日时挂钩标的的资产价格,S_0 表示起始日该挂钩标的的收市价,这样触发事件的发生即可描述为:若 $\exists S \in \Omega$,使得 $S/S_0 \leqslant 0.95$,不妨记之为 A 事件,这样该产品的收益函数为

$$\text{payoff} = \begin{cases} K \times 6\%, & \text{若} S_T \geqslant S_0 \times 115\%, \text{且事件 A 发生} \\ K \times 2\%, & \text{若} S_T \geqslant S_0 \times 115\%, \text{且事件 A 未发生} \\ K \times 0.36\%, & \text{若} S_T < S_0 \times 115\%, \text{与 A 发生无关} \end{cases} \quad (7\text{-}2)$$

其中 K 表示初始本金投入。

很显然,这类产品只与标的资产的期末价格有关,但由于其结构较之期权的复杂性,故可以采用蒙特卡洛的方式进行定价,具体方法将在下节详细介绍。

2. 内嵌亚式期权的股权挂钩型产品

亚式期权是股权期权的一种衍生物,最早由美国银行家信托公司在东京发行,它也是目前世界上交易最为活跃的一种衍生品。其与标准期权的区别在于在确定到期日期权的收益时,不是采用标的资产到期日的市场价格,而是选用预先设定的一段时间内该标的资产的平均价格。通常采用的平均价格有几何平均价格和算术平均价格。

假设某种亚式期权的标的物的价格为 S_T,其观察期记为 $T=\{1,2,3,4,\cdots,n\}$,若采用算术平均方式来度量收益,则参考价格为 $S = \frac{1}{n} \sum_{T=1}^{n} S_T$;若采用几何平均方式来度量收益,则参考价格为 $S = (\prod_{T=1}^{n} S_T)^{\frac{1}{n}}$,通过比较这一价格与触发事件中规定的价格,可得出收益函数。为简单见,不妨设若观察价格大于或等于 S_m 时,收益率为 t;若小于这一价格,则收益率为 0,这样其收益函数可以表示为

$$\text{payoff} = \begin{cases} K \cdot t, & \text{若} S \geqslant S_m \\ 0, & \text{其他} \end{cases} \quad (7\text{-}3)$$

其中 K 表示初始本金投入。

亚式期权的一个显著的优势在于它能够比较准确地反映标的资产价格变化趋势,不会因为市场某一天的大幅变动而使得这种期权的收益函数不能准确反映市场,如下面的这一产品。

产品名称:中信理财之沪深300指数挂钩1号人民币理财产品A款(优先受益权)。

A款到期收益:基准收益率为沪深300指数双月非负收益率的平均值再乘以参与

率。计算方法如下：

参与率：100%。

双月观察日：发行时的初始观察日及之后的 6 个双月观察日，共 7 个观察日。

第 i 个观察期的期间收益率：第 i 个观察日指数收市值作为第 i 个观察期间指数期初值，第 $i+1$ 个观察日指数收市值作为第 i 个观察期间指数期末值。观察期的期间收益率＝(该观察期间指数期末值/该观察期间指数期初值－1)×100%。

第 i 个观察期间的非负收益率＝max(第 i 个观察期间的收益率,0%)，即期间收益率和 0% 之间的较大值。

基准收益率：6 个观察期间非负收益率的平均值×参与率。

产品到期收益率＝max(基准收益率,1%)，即到期收益率等于基准收益率和 1% 之间的较大值。

设第 i 个观察期的期末指数和期初指数分别为 S_{i+1} 和 S_i，则相应的每个观察日的实际收益率为 $(S_{i+1}/S_i)\times 100\%$，其中 $i=1,2,3,4,5,6$。下面给出这款产品的收益函数：

$$\text{payoff} = A \cdot \max\left\{\frac{1}{6}\sum_{i=1}^{6}\max\left(\frac{S_{i+1}}{S_i}-1,0\right),1\%\right\} \tag{7-4}$$

其中 A 为投资者最初投资的初始本金。

3. 内嵌彩虹期权的股权挂钩型产品

彩虹期权是指期权标的物至少是两种或两种以上的资产，其到期的收益取决于这些资产的价格表现情况，一般可分为以下几种。

1) 最小值彩虹期权

这种期权的到期收益取决于产品生命周期内标的资产中表现最差的那种资产的价格。不妨设其标的物分别为资产 A_i，其中 $i=1,2,\cdots,n$；设该产品的生命周期为 T，其中 $T=\{1,2,\cdots,t\}$；第 i 种资产在时刻 j 时的资产价格为 S_{ij}，记标的资产 i 在期初的价格为 S_{i0}，标的资产的市场表现为(标的资产期末价格/标的资产期初价格－1)，并规定触发事件为当所有标的资产最差的市场表现大于或等于某一特定的参数 m 时，期权的收益率为 α，否则其收益率为 β。这样，该类型的金融工具的收益函数可写为

$$\text{payoff} = \begin{cases} K\cdot\alpha, & \text{若}\min_{i,j} S_{ij}/S_{i0} \geqslant m+1 \\ K\cdot\beta, & \text{若}\min_{i,j} S_{ij}/S_{i0} < m+1 \end{cases} \tag{7-5}$$

其中 K 为投资者最初投资的初始本金。

2) 最大值彩虹期权

这种期权的到期收益取决于产品生命周期内标的资产中表现最好的那种资产的价格。不妨设其标的物分别为资产 A_i，其中 $i=1,2,\cdots,n$；设该产品的生命周期为 T，其中 $T=\{1,2,\cdots,t\}$；第 i 种资产在时刻 j 时的资产价格为 S_{ij}，记标的资产 i 在期初的价格为 S_{i0}，并规定触发事件为当所有标的资产最好的市场表现大于或等于某一特定的参数 m 时，期权的收益率为 α，否则其收益率为 β。这样该类型的金融工具的收益函数可写为

$$\text{payoff} = \begin{cases} K\cdot\alpha, & \text{若}\max_{i,j} S_{ij}/S_{i0} \geqslant m+1 \\ K\cdot\beta, & \text{若}\max_{i,j} S_{ij}/S_{i0} < m+1 \end{cases} \tag{7-6}$$

其中 K 为投资者最初投资的初始本金。

3) 平均彩虹期权

这种类型的期权在持有到期时所获得的收益取决于其标的物市场表现的平均值。不妨设该期权挂钩了 n 种资产,第 i 种资产在时刻 j 时的资产价格为 $S_{i,j}$,其中 S_{i0} 表示第 i 种资产在期初的价格。约定第 j 个观测日和第 $j+1$ 个观测日之间的收益由标的资产在第 $j+1$ 个观测日的收市价的平均表现而定,这样便有该期权的收益函数为

$$\text{payoff} = K \frac{1}{n} \sum_{i=1}^{n} \left(\frac{S_{i,j+1}}{S_{i0}} - 1 \right) \tag{7-7}$$

其中 K 为投资者最初投资的初始本金。

4) 价差期权

这种期权的特殊之处在于其标的资产只有两种,它的到期收益与两种标的资产在产品生命周期内价格之间的差异相关。不妨设其两种标的资产,在观察期末的价格分别为 S_{11} 和 S_{21},在期初的价格分别是 S_{10} 和 S_{20},约定到第 1 种资产的市场表现超过第 2 种资产的市场表现时,收益率为这两者之间的差额,否则收益率恒定为 t,于是该类型期权的收益函数可写为

$$\text{payoff} = \begin{cases} K \cdot \left(\frac{S_{11}}{S_{10}} - \frac{S_{21}}{S_{20}} \right), & \text{若} \frac{S_{11}}{S_{10}} > \frac{S_{21}}{S_{20}} \\ K \cdot t, & \text{若} \frac{S_{11}}{S_{10}} \leqslant \frac{S_{21}}{S_{20}} \end{cases} \tag{7-8}$$

其中 K 为投资者最初投资的初始本金。

二、利率挂钩型产品原理及应用

(一) 利率挂钩型产品的概念及特征

1. 概念

利率挂钩型金融产品,简称利率结构化产品,又可称利率挂钩结构性票据或结构化存款,指的是一款投资者最终收益与利率浮动相挂钩的工具,由固定收益证券和利率衍生品结合而成,是一种创新型工具。其主要的实现手段是发行机构针对投资者的不同投资风险偏好,利用金融工程技术把产品分解成一个债券加上一个期权的组合,这样就将投资结构化产品的收益与衍生合约标的资产的价格波动情况联系在一起了。利率结构化产品首次出现在美国华尔街,1992 年到 1993 年是美国正处在 5 年降息的周期,为满足投资者在低利率下拥有高收益的需求,首款利率挂钩结构化存款产品产生了。随后,这类产品发行规模不断地扩大,挂钩产品种类也日益丰富,利率挂钩结构化产品在所有挂钩型结构化产品中一直占据领先地位。

目前市场上大部分利率挂构型产品所挂钩的利率都是同业拆借利率,例如 3 个月或 6 个月的美元 LIBOR,还有欧元 LIBOR 和港元 LIBOR 等,我国利率挂钩产品也有与上海银行间同业拆借利率 SHIBOR 挂钩的。假如投资者对利率挂钩型产品所挂钩的浮动利率预期与实际变化相差较大的话,投资者的到期收益率可能会低于同期定期存款利率,甚至为 0,因此利率挂钩型产品也有一定风险。但是通常情况下,标的资产发展较为

稳定时,利率挂钩型产品能给投资者带来较高的收益。而事实上,出现风险的可能性也是较小的,一般情况下大部分的利率挂钩型产品是保本的,部分产品收益率可达到10%甚至更高,很受投资者的青睐。

2. 特征

利率结构化产品和其他的挂钩型产品的特征具有极大的相似性,主要体现在以下几个方面。

(1) 产品优点:利率挂钩型结构化产品具有"衍生＋固定"的特性,即通过把投资者的大部分资金用于投资固定收益产品、小部分资金投资于衍生品,来实现在保本的前提下搏得可能的高收益。这一点正好满足了"既向往资本市场的高收益,又不愿意冒损失本金的风险"这部分投资者的需求。

(2) 挂钩的对象:利率结构化产品挂钩的标的非常广泛,可以是不同的币种,在不同的地区,组合不同的金融产品,处于不同的行业甚至不同投资的预期,把客户的预期产品化。

(3) 产品是否保本:利率结构化产品到期时可以实现本金安全。简单说,该类产品一方面通过把投资者的大部分资金投资于无风险的零息债券,保证到期保本;另一方面,把剩余的小部分资金投资到衍生合约中,而收益主要取决于衍生合约部分。

(4) 产品收益判别方法:投资者可以从几个方面来判断获取收益的可能性的大小。首先,衍生合约的方向是看涨、看跌还是看平;其次,产品挂钩标的是单一的挂钩标的还是多挂钩标的;最后,产品的观察期是否突破决定投资者的收益,通常情况下观察期越多,获得收益的可能性越高,因为观察期越多,预期收益分段越细。

(二) 利率挂钩型产品的分类

不同类型的利率挂钩型产品收益对利率的变化方式所产生的影响反应不同。有些利率升高、收益增加,有些利率下降、收益增加,而有的则要看某个区间内有多少天达到了参考利率才能计算出实际的收益。针对这些不同点,可以将利率挂钩型产品分为区间型利率挂钩结构化产品、浮动型利率挂钩产品以及触发型利率挂钩产品三类。

1. 区间型利率挂钩结构化产品

1) 区间累积型结构化产品

区间累积型结构化产品是目前市场上最常见的一种与参考利率联动的产品。所谓"区间"是当参考利率落入某一区间之内时,支付较市场利率高的利率,否则利率较低或者为0。通常,该产品所支付的利息是根据参考利率落入该区间中天数的百分比而定,换言之,在债券的存续期间,参考利率落入区间的天数将予以计息,否则将不予以计息。而"累积"是指把产品存续期间内有效的天数(即落入区间的天数)累积起来,计算出有效的投资天数作为投资者的实际收益时间。

2) 固定期限互换产品

近年来,市场上出现了一种新型的利率挂钩型产品,叫作固定期限互换利率挂钩结构化产品。产品到期时的收益并不与挂钩的利率相关,而是与其他一种或者几种货币的固定期限互换利率挂钩,也就是说和一般的投资者收益与某种利率的预期相关不同,这类产品挂钩的是投资者对未来互换利率走势的预期。

2. 浮动型利率挂钩产品

1）反向浮动型利率挂钩产品

反向浮动型利率挂钩产品，该类利率挂钩产品的实际收益与产品有效期内每一天的参考利率趋势呈反向变动，即标的利率越低，产品的收益越高。也就是说对于这一类产品，当市场参考利率3个月某货币LIBOR下降时，产品的投资收入反而会增加。其实质就是一款看跌该货币LIBOR的期权。

2）正向浮动型利率挂钩产品

正向浮动型利率挂钩产品是单向浮动型产品的一种，和反向浮动型产品是相对的。也就是说对于这一类产品，当市场参考利率为3个月某货币LIBOR上升时，产品的投资收入就会增加。其实质就是一款看涨该货币LIBOR的期权。

3）杠杆浮动型产品

杠杆浮动型利率挂钩结构化产品与反向浮动型产品有相似之处，其区别在于杠杆浮动型的参考利率变动时，其债券票面利息会成倍数地变动。事实上，杠杆浮动型产品的发行机构经常选择一个乘数用以扩大参考利率的变动比率。其票面利率计算如下：

$$C_t = \max(K - \alpha \widetilde{R}_t, 0) \tag{7-9}$$

其中 C_t 为债券的票面利率；K 为固定利率；$\widetilde{R}_t$ 为 t 时刻的参考利率；α 为杠杆倍数因子，当 $\alpha < 1$ 时，叫低杠杆倍数因子。

杠杆浮动型利率结构化产品可以利用普通的债券与其他衍生产品来复制，就发行一个面额FV的杠杆逆向浮动型利率债券来说，若债息的变动速度是参考利率的3倍，而且利率最低为0，则复制方式可以是：

（1）发行3个两年期限面额FV半年付息 $\widetilde{R}_t$ 的浮动利率债券；

（2）签发6个名义本金为FV的两年期利率互换，付固定利率 K，收入浮动利率为 $6\widetilde{R}_t$；

（3）签发两年期利率上限合约（cap），利率上限定为 K。

将上面的三个合约合成后，其债券净支出与杠杆逆浮动型利率债券相同，为 $C_t = \max(K - 3\widetilde{R}_t, 0)$。

杠杆浮动型利率产品的设计使得参考利率变动的影响力加大，更加凸显利率债券的风险收益特性，所以也使得该利率产品成为高风险的结构化产品。

3. 触发型利率挂钩产品

在发行该类产品时，发行机构通常事先规定某一固定的利率水平或者利率区间，投资者取得的收益取决于挂钩利率在产品到期日或整个投资期内的取值是否触及该事先设定的利率水平或利率区间。

三、汇率挂钩型产品原理及应用

（一）汇率挂钩型产品的概念及特征

汇率挂钩型产品是结构化投资产品的一种，是指偿付本金或利息金额的多少与某种外汇的价值或某一外汇的汇率波动相联系的结构化工具。汇率挂钩结构化产品是一种可用于套期保值和增加投资收益的投资工具。它以外汇定期存款为基础形式,通过与汇率波动挂钩来获得增加收益的机会。同利率挂钩型产品一样,汇率挂钩型产品也是在布雷顿森林体系崩溃和两次石油危机的背景下发展起来的。汇率挂钩型产品的结构可以分为两个部分:固定收益证券以及衍生品。其中,衍生品至少包括汇率衍生品,有时也会包含利率衍生品,其类型可以是远期、期权等。从本质上看,汇率挂钩型产品区别于利率联结产品的特点在于:投资者或者融资者承担了汇率风险。如果汇率风险随后被其他衍生品对冲了,那么,根据利率平价公式,汇率挂钩型产品的投资收益或者融资成本必然等同或接近于类似的利率产品。所以,从投资者的角度看,购买汇率挂钩型产品与购买利率挂钩型产品的区别就在于:前者存在一个未被对冲的汇率风险头寸。

(二)汇率挂钩型产品的分类

汇率挂钩型结构化产品有多种分类方法。我们按照其到期收益的决定形式和特征,将其分为以下几类。

1. 区间触发型产品

其主要特点是投资收益为事先确定的、高低不等的两个常数,投资者获得哪一档水平的收益取决于所挂钩的货币汇率在产品到期日或者整个投资期内的取值情况。这类产品又可细分为双障碍触发型产品和单障碍触发型产品两类。双障碍触发型产品的特点是将挂钩汇率的预期变化范围设定为一个上下限封闭的区间 $[S_a, S_b]$,触发条件为挂钩汇率 S 在到期日突破该预定的汇率区间。如果未达到该触发条件,则到期后银行付给投资者事先约定的某一档存款利息 R_h;反之,投资者只能得到另一档存款利息 R_l,甚至只能获得投资本金。显然,这一类产品的投资者认为,挂钩汇率在产品有效期内将以较高的概率在一个具有上下限的封闭区间内运行,突破这一区间的可能性较低,因而能够获得较高一档的收益水平。

2. 区间累积型产品

该产品的到期收益率不再是几档确定的常数,而是取决于挂钩汇率在产品有效期内落在设定区间内的天数。具体地,该类产品通常事先设定挂钩汇率变动的参考区间 $[S_a, S_b]$ 和最高收益率 R,在整个投资期内的每一天,只要挂钩汇率落在设定的区间内,则投资者当日可按某一事先确定的利率水平 R 计算投资收益,否则当日无收益。如此每日累计,按年计息。同时,投资者的投资本金将会受到全额保障,而银行可以规定投资者是否拥有提前赎回权。由此,到期时投资者的实际收益可以表示为 $R \cdot n/N$(n 为产品有效期内挂钩汇率落入参考区间内的实际天数,N 为产品有效期的实际天数)。

与区间触发型产品相比,区间累积型汇率挂钩产品的好处是,如在产品投资期内的某一天挂钩汇率允许突破参考区间,只要第二天挂钩汇率仍然回到参考区间,则投资者在当天就可以获得预期收益率,利息逐日累积,风险相对较小。当然收益率的提升幅度也就相对较小。

3. 收益分享型汇率挂钩产品

不难看出,上述两类产品的到期收益均存在上限,投资者预期挂钩汇率在某一区间内波动。但当投资者的风险承受能力较强,并且预期挂钩汇率将会有较明显的上涨或下跌的趋势时,投资者便可以通过选择收益分享型汇率挂钩产品,按照产品合约中所设定的参与率水平,来分享挂钩汇率的单方向变化所带来的收益。投资者与银行协定一个执行汇率和敲出汇率,按照产品到期时的市场汇率计算投资者的最终收益率。投资者实际上买入如挂钩汇率的看涨期权或看跌期权。在期权未失效的前提下,按照产品有效期内挂钩汇率实际涨幅的一定线性比例决定投资者所获得的回报。但是,发行银行通常为避免支付过多的利息而设定某一障碍,当挂钩汇率升值(贬值)到该水平时,看涨(看跌)期权作废,或只给投资者一份固定收益的补偿。因此,综合来看,这类产品合约实际上内嵌了一个触及失效期权。发行银行采用这一设计进行风险控制的做法在汇率挂钩产品设计中十分常见。

4. 挂钩一篮子货币票据

这类产品的投资收益与多种货币汇率挂钩,投资者最终实现的收益水平取决于各个挂钩货币汇率在有效期内的表现情况及其与触发事件的关系。该款产品在构造上实际嵌入了一个彩虹期权。这类产品的到期收益既可以取决于产品存续期内多个挂钩货币中变现最差的资产的收益,即内嵌了最小值彩虹期权;也可以取决于表现最好的资产的收益,即内嵌了最大值彩虹期权;还可以取决于其挂钩货币在产品存续期内的价格的平均表现。

四、信用挂钩型产品原理及应用

信用挂钩型产品的本金和(或)利息的支付同蕴含于银行贷款、债券、信用衍生品中的信用风险相挂钩。信用挂钩产品是20世纪90年代才发展起来的新兴结构产品,其发展速度远远快于其他类型的结构产品。

信用挂钩产品的基本结构包括固定收益证券和信用衍生品两个部分。与利率衍生品、股权衍生品以及其他衍生品相比,信用衍生品的最大不同在于将基础资产中的信用风险分离出来,从而使得复制、转移和对冲信用风险成为可能。信用衍生品的诞生促成了信用联结产品的大发展,其中的集大成者就是抵押债务证书(CDO)。本书已对CDO进行了详细的介绍,因此本节不再重复。

五、商品挂钩型产品原理及应用

商品挂钩型产品的本金和(或)利息的支付同某种商品的价格或者某类商品价格指数的变化相挂钩。商品挂钩型产品的历史也相当悠久。目前,商品挂钩型结构化投资产品主要的挂钩标的有三类,即商品现货价格、商品期货价格和商品指数。该类产品的主要挂钩商品有黄金、原油、农产品(包括芝加哥交易所的小麦、大豆、豆粕、玉米和纽约商品交易所的咖啡等)、混合贵金属、能源等。

商品挂钩型结构化投资产品设计要素主要是:第一,连接标的也即内嵌衍生产品的标的资产,可能是一篮子股票价格、股票指数、汇率、利率、信用、商品、其他标的资产甚至某种特殊事件的发生如自然灾害事件等。连接标的的选择决定了哪些风险因素影响商品型结构化投资产品现金流的支付。第二,衍生工具即商品连接成分和标的之间的连接

方式。内含衍生工具的选择,是商品型结构性投资产品中最重要的一环,它最终决定了商品型结构性投资产品的根本风险收益特征。

第二节 结构化产品的定价方法

"金融工程是20世纪80年代末、90年代初兴起的一门学科,它将工程的思维和方法引入金融领域,综合采用各种工程技术方法(主要有数学建模、数值计算、网络图解、仿真模拟等)设计、开发和实施新型的金融产品,创造性地解决各种金融问题"。组合和分解是金融工程最为核心的关键技术。目前不断推陈出新的各类金融产品,多数都是建立在此项技术之上,对已有的成熟产品进行拆分和重新组合而成的。用一组金融工具去复制某单一金融工具产生的现金流,这一组工具就是对那个单一金融工具的分解,反过来把单一的金融工具组合起来就是新型金融产品。采用组合技术,可以按照投资者的需要拼装出适合他们的具有特定流动性、收益和风险的产品。金融工程学家"拼装"产品所用的金融工具既可以是原生的金融资产如股票或是债券,也可以是基础资产的衍生工具如远期、期权、掉期协议等。采用分解的技术同样可以达到上述目的,制造出具有特殊属性的产品。最为常见的"剥离"技术,把原来捆绑在一起的风险进行逐项的剥离。利用常规债券制造零息债券就是"剥离"技术最典型的应用。

一个典型结构化产品的内在结构包括以下元素:(1)一个固定或浮动利率的证券;(2)嵌入其中的期权部分,即基础金融资产或金融市场变量为标的的远期或期权。这往往不是单一期权,而是多个期权的组合。由结构化产品的定义可知,其主要组成部分是固定收益证券和期权合约。因此,结构化产品要充分利用金融工程的思想,对其进行拆分和组装。对结构化产品的定价就转化为对固定收益证券和期权合约的分别定价,然后对两部分的价值进行加总。由此,结构化产品的价值可由公式 $V=B+C$ 表达,其中,B 为固定收益证券部分的价值,C 为产品所挂钩的金融衍生合约的价值。

结构化产品的定价是经过一些特别因素调整后各个组成部分价格之和,这一定价思路可以无差别地运用于所有结构化产品之中。在一个成熟的市场上,结构化产品的价格与其各个组成部分之间的定价之和在理论上不应存在很大的无风险套利空间。从无套利均衡思想出发,只要把结构化产品进行拆解,把分解之后的各个"零件"进行分开定价,最后加总即可得到产品的理论价格。图7-1是一个典型的结构化金融产品的分解图。

基于无套利均衡方法,结构化产品定价的关键在于如何运用金融工程的分解技术,将产品拆分成各个基础金融资产的组合。完成拆分之后,根据各类基础资产的特征,选取合适的定价方法和模型完成各组"零部件"的定价,将结果加总以后即可得到结构化产

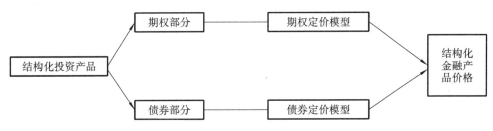

图 7-1 结构化金融产品定价分解图

品的理论价格。最后银行结合自身的发行策略,在理论价格之上增加各种溢价后,即可完成结构化产品的最终定价。值得一提的是,分解技术的运用不仅使得产品的定价问题得到有效解决,同时可以帮助商业银行通过套期保值来管理好产品的市场风险。

一、内嵌债券的定价

结构化产品的主要组成部分是固定收益证券和期权合约。对于固定收益证券部分的定价,本书采用现金流量模型,由于固定收益债券的投资者在规定的期限内可以获得固定的收益或者是预先能够知道自己的收益,这种确定性为现金流量模型的运用提供了很好的前提。所谓现金流量模型,即用未来能给投资者带来的所有现金流量进行折现,所得现值就是这一金融资产的价值,所以,这一模型的三大重要参数包括预期每年的现金流收入、折现率和到期时间。其中预期每年的现金流是固定值,到期时间小于等于债券到期日,即可以持有至到期也可以持有一段时间后出售,折现率的选择较为重要,按照利率期限结构理论,一般采用与市场利率对应的折现率进行折现,也可以将这一折现率理解为即期收益率。现金流量模型定价法的公式如下:

$$B = \sum_{t=1}^{n} \frac{C_t}{(1+y)^t} + \frac{F}{(1+y)^t} \tag{7-10}$$

其中 y 为利率,C_t 为每期的票面利息,F 为到期归还的票面值。

在利率变化不大的情况下,通常采用一定的利率来计算债券的价值,但是当产品期限较长时,需要使用一定的利率模型来模拟利率的变动,比较常用的模型有 Vasicek 模型、CIR 模型、BGM 模型等。以 CIR 模型为例,它是由约翰·考克斯(John Carrington Cox)、小乔纳森·E. 英格索尔(Jonathon E. Ingersoll)、斯蒂芬·罗斯(Stephen A. Ross)在 1985 年提出来的。CIR 模型认为,利率围绕一个平均值波动,如果利率偏离了平均值,它总是要回到平均值的。利率回到平均值的时间由模型中的调整速度描述。如果调整速度接近于 1,利率将很快回到平均值。模型形式如下:

$$d_r = a(b-r)d_t + \sigma_r \sqrt{r} dZ_r \tag{7-11}$$

其中,r 为瞬间无风险利率,σ_r 为瞬间无风险利率的波动率,a 为利率回调速度,b 为长期利率水平,dZ_r 为瞬间波动的随机项,有 $dZ_r = \varepsilon\sqrt{t}$。

在时间点 t,到期日为 T 的零息债券的价值如下:

$$P(t,T) = A(t,T) e^{-B(t,T)r(t)} \tag{7-12}$$

其中,$A(t,T) = \left[\dfrac{2\gamma e^{(\alpha+\gamma)(T-t)/2}}{(\alpha+\gamma)(e^{\gamma(T-t)} - 1) + 2\gamma}\right]^{2ab/\sigma^2}$

$$B(t,T) = \frac{2(e^{\gamma(T-t)} - 1)}{(\alpha+\gamma)(e^{\gamma(T-t)} - 1) + 2\gamma}$$

$$\gamma = \sqrt{a^2 + 2\sigma^2}$$

每一个模型有不同的假设和特点，可以根据产品的实际情况、产品发行、存续时间的利率环境进行选择。

二、内嵌期权的定价

结构化产品的另一个主要组成部分是期权合约，期权合约的定价方法可分为两大类：解析方法和数值方法。解析方法是在严格的假设前提下的纯理论推导，例如 Black-Scholes 模型；数值方法是指当现实条件无法满足严苛的假设前提而无法得到解析解的情况下，也可得到类似结果的方法，例如二叉树定价法和蒙特卡洛模拟法。

（一）Black-Scholes 模型

在期权合约定价的解析方法的研究领域中，Black-Scholes 期权合约定价理论的发现具有划时代的意义，为之后其他定价方法的推导奠定了基础。其标准形式有如下的前提假设。

（1）选取股票作为期权合约的挂钩资产，且股票价格 S 符合几何布朗运动，即

$$\frac{dS}{S} = \mu dt + \sigma dz \tag{7-13}$$

其中，S 为股票的价格；dS 为极短时间内股票价格的变化量；dt 为极短时间变动值；dz 是均值为 0、方差为 dt 的无穷小的随机变化量；μ 为股票价格在单位时间内以连续复利表示的期望收益率；σ 是股票价格在单位时间内的标准差，也称波动率，其中 μ 和 σ 已知。

设 Δt 为无限小的时间间隔，Δz 为 z 在 Δt 时间内的变化值。如果 Δt 和 Δz 满足：$\Delta z = \varepsilon \sqrt{t}$，其中 ε 服从标准正态分布；任何不同时间间隔的 Δt 和 Δz 值是相互独立的，则随机变量 z 的运动遵循维纳过程或者标准布朗运动。

（2）在期权合约的有效期内，忽略标的资产的交易成本等成本，并假设期间不分红。市场上标的资产可以分割成无穷多份且允许自由买卖。金融市场是完备市场，可以按照自己的需求以无风险利率 r 任意借款或者贷款，并且不存在无风险套利的机会。

无风险套利是指在没有风险的情况下，任何人都不可攫取超额利润。在有效的金融市场中，如果出现无套利机会，投资者将立刻买低卖高，即购入理论价格高于市场价格的金融资产，出售理论价格低于市场价格的资产，从而导致这种无风险套利机会的不复存在。在无套利原则假设的前提下，很多结构化产品的定价问题将变得更容易解决。

根据上述约定的假设条件，利用伊藤过程，经过严密的推导，Fisher Black 和 Myron Scholes 得到了如下微分方程：

$$\frac{\partial f}{\partial t} + rS\frac{\partial f}{\partial S} + \frac{1}{2}\sigma^2 S^2 \frac{\partial^2 f}{\partial S^2} = rf \tag{7-14}$$

其中，f 为期权合约的价格。Black 和 Scholes 对这个微分方程求解，得到了标准欧式看涨期权的定价公式，即著名的 Black-Sholes 公式：

$$C = S \cdot N(d_1) - X \cdot e^{-r(T-t)} \cdot N(d_2) \qquad (7\text{-}15)$$

其中，$d_1 = \dfrac{\ln(S/X) + (r + \sigma^2/2)(T-t)}{\sigma\sqrt{T-t}}$，$d_2 = d_1 - \sigma\sqrt{T-t}$，$C$ 为欧式看涨期权合约的价格；$N(x)$ 为标准正态分布变量的累计概率分布函数，X 为执行价格，T 为到期时刻，t 为当前时刻。

Black-Sholes 模型的优点是推导出了欧式期权的解析解，计算效率较高，在现在的科技条件下，可以快速实现其定价，因此也多被广大投资者使用。该模型的缺点在于只能对最简单的欧式期权进行定价，而对其他复杂的奇异期权的定价无能为力。其次，该模型是在严苛的假设条件下才可以得到，这并不符合实际情况，因为在现实的股票市场上，无风险利率并不是恒定不变的，并且股价一般不服从对数正态分布，从而在股票的理论价格与实际价格间造成很大的偏差。

(二) 二叉树模型

Black-Sholes 模型是基于严格的前提假设下才可以推导出期权合约的解析解，在现实应用中有很大的局限性，因此为了弥补解析法的不足，期权的数值方法便应运而生，二叉树模型就是其中的一种。

1979 年，Cox、Ross 和 Rubinstein 提出了二叉树模型。它假设金融资产在每个时点的价格要么上升，要么下降，并且上升和下降的概率和波动率是一定的，金融资产的价格服从二项分布，并遵循随机过程，市场中不存在无风险套利的机会。二叉树模型运用离散计算的方法，将金融资产价格的变动分割成多期离散时点的组合，模拟出价格变动的路径，根据相应的期权的回报函数计算出每个离散时间点的期权的回报，最后选取适当的折现率对其进行折现，即可得到期权的理论价格。

以股票的看涨期权为例，设定期初股票价格为 S，期权合约的执行价格为 X，到期时间为一年。利用股票在最后一个节点的价值，计算出此时对应的期权合约的价值，再往回倒算，可以求得上一期的期权价值，以这种方式进行类推，即可得到期权合约的期初价格。当时间间隔较大的时候，最终所得到的期权合约的价格误差也较大。要想提高计算的精确度，就需要缩小时间间隔，当时间间隔无限小的时候，可以得到精确的结果。

二叉树模型的优点是简单易懂，假设条件没有 Black-Sholes 模型那么严格，更贴近实际，并且可以处理美式期权或者其他奇异期权，利用计算机软件即可得出其定价。其主要缺点是，假设金融资产的价格要么上升要么下降，以及金融资产的历史波动率固定不变，这些假设前提依然是很难满足的。

(三) 蒙特卡洛模拟法

目前在期权市场上应用最有效且最广泛的定价方法莫过于蒙特卡洛模拟法，它本质上是一种随机模拟的方法，并不是单纯的衍生品定价的方法。1977 年，P. Boyle 将此方法运用到欧式期权合约的定价，取得了与 Black-Sholes 定价模型相近的结果。M. Broadie 和 P. Glasserman 在 1996 年选取市场上典型的亚式期权，采用蒙特卡洛模拟法对其进行了定价。

蒙特卡洛模拟的主要精髓在于对已知的标的资产价格分布函数对成千上万种可能

性的价格路径进行模拟,它是建立在风险中性的前提下的,一般采用计算机程序来完成这一复杂的过程,最后利用风险中性利率对结构化产品的收益进行折现计算出期权合约的期初价值。具体模型如下:

假设在无风险利率固定的情况下,第 i 次模拟下期权价格为

$$C_{0,i} = e^{-rT} C_{T,i} \qquad (7\text{-}16)$$

已知股价的变动过程和概率分布后,就可以通过计算机模拟,产生几千次甚至几万次资产价格的路径,计算期权的到期价值,再假设每一种路径发生概率相等,将所有模拟得到的价值加以平均,便可以得到到期期权的期望值,再以无风险利率折现,便可以得到期权价值。模拟的次数越多,越能涵盖所有未来可能的价格路径,所得到的预期价格越精确。假设模拟次数为 N 次,则期权价格为

$$C = \frac{1}{N} \sum_{i=1}^{N} C_{0,i} \qquad (7\text{-}17)$$

蒙特卡罗模拟法最大的优点在于,灵活多变,应用范围广泛,可对 Black-Sholes 模型和二叉树模型不能定价的期权合约进行定价,在计算机科技飞速发展的今天,使看上去繁杂的工作量大大减小。它的缺点是,对于有些结构复杂的衍生证券,只有增加模拟次数,定价才能达到较高的准确度,尽量地减小误差。

通过以上对三种主流的期权定价方法的介绍可知:对于简单的欧式期权,或者可以将其拆分为欧式期权的奇异期权进行定价时,可以采用 Black-Sholes 定价模型;对于附有提前赎回条款的美式期权,最合适的方法是二叉树定价模型,并且计算效率也很高;对于无法通过金融工程方法将其拆分为简单期权的奇异期权,尤其是收益函数复杂的结构,蒙特卡洛模拟法是最理想的定价方式,随着信息科技的发展,其计算速度也大大提高。

第三节 结构化产品定价模型的应用

上节对定价模型进行系统介绍后,本节将在具体产品上对定价方法进行探讨。下面选取华夏银行发行的一款内嵌触点期权的挂钩沪深 300 指数的结构化产品——慧盈 99 号股权挂钩型结构化产品,运用蒙特卡洛模拟法对其进行定价研究。该产品的主要条款如表 7-1 所示。

表 7-1　慧盈 99 号股权挂钩型结构化产品主要条款

产品期限	2014 年 8 月 26 日至 2015 年 8 月 25 日,365 天
收益类型	保本浮动型
挂钩标的	沪深 300 指数

续表

预期年化收益率	2.30%～7.04%
障碍价格	期初价格×126%
参与率	20%
收益决定条款	（1）若股票指数价格在观察期内从未大于障碍价格，则预期年化收益率（年化）＝2.30%＋max(期末价格/期初价格－102.3%,0)×参与率 （2）若股票指数价格在观察期内曾经大于障碍价格，则预期年化收益率（年化）＝4.5% （3）在产品存续期（成立日—到期日）内如遇中国人民银行基本利率调整，该产品不相应调整年化收益率

资料来源：根据华夏银行官网上公布的产品说明编制。

一、产品分析

该产品的投资收益起算日为 2014 年 8 月 26 日，期限为 1 年，挂钩标的资产为沪深 300 指数，收益率在 2.30%（年化）到 7.04%（年化）之间，预期最高年化收益率为 7.04%。由收益决定条款可以看出该结构化产品的到期收益率与期权有效期内挂钩标的资产的价格变化路径有关，若股票指数价格在观察期内从未大于障碍价格，则预期年化收益率＝2.30%＋max(期末价格/期初价格－102.3%,0)×参与率；若股票指数价格在观察期内曾经大于障碍价格，则预期年化收益率＝4.5%。这是一款内嵌触点期权的结构化产品，其到期时的收益率函数可表示为

$$\text{payoff} = \begin{cases} 2.3\% + \max\left(\dfrac{S_t}{S_0} - 102.3\%, 0\right) \times 20\%, & \text{如果}(S_0 \sim S_t) \leqslant S_0 \times 126\% \\ 4.5\%, & \text{如果}(S_0 \sim S_t) > S_0 \times 126\% \end{cases}$$

(7-18)

其中，S_0 表示期初沪深 300 指数价格，S_t 表示期末沪深 300 指数价格，$(S_0 \sim S_t)$ 表示在整个观察期内沪深 300 指数的每日收盘价，为了便于说明，我们假设期初投入的本金为 1 万元。

二、固定收益部分定价

固定收益部分一般是到期偿还的本金，在本例中即为投入资金 1 万元。在前面股票价格变动的修正部分，我们假设市场是风险中性的，所以，在这个特别的市场中所有的现金流量都可以用无风险利率进行贴现，从而求得现金流量的现值。由于该结构化产品的投资期限为 1 年，所以我们采用该产品投资开始日即 2014 年 8 月 26 日央行公布的一年期定期存款的基准利率 3.0% 作为无风险利率 r，根据固定收益定价公式 $B = \dfrac{C}{(1+\gamma)^1} = 9708.7$ 元。

三、期权部分定价

对于结构化产品，通常情况下，我们让计算波动率的时间等于期权的到期期限。因

为该产品的投资期限为 1 年,所以我们选取产品起算日之前 1 年的挂钩标的历史收盘价作为后期模拟价格变动的依据,即选取沪深 300 指数在 2013 年 8 月 26 日至 2014 年 8 月 25 日这一年内的每日收盘价作为历史数据,根据如下公式:

$$l_i = \ln \frac{S_i}{S_{i-1}} \quad (i=1,2,\cdots,N) \tag{7-19}$$

$$\bar{l} = \frac{1}{N}\sum_{i=1}^{N} l_i$$

$$\hat{\sigma} = \sqrt{(l_i - \bar{l})^2}$$

利用 EXCEL 首先计算对数收益率序列 l_i,根据 l_i 序列及相关函数公式求得对数收益率的标准差 $\hat{\sigma} = 0.0105$,将其转化为年标准差,则有 $\sigma = \hat{\sigma} \times \sqrt{252} = 0.17$,即沪深 300 指数的波动率为 0.17。

根据华夏银行的公告,该产品期初价格(即产品成立日 2014 年 8 月 26 日沪深 300 指数收盘价)为 2324.09,障碍价格为 2928.35(即 2324.09×126%)。产品有效期内共有 246 个有效交易日,假设每个交易日为一观察日,从而可以将该产品的观察期分成 246 天,每天为一个时间段,令 $t_0 = 1/246$,$t_1 = 2/246$,以此类推。然后对应地生成一系列独立的标准正态分布随机数:$\varepsilon_1, \varepsilon_2, \cdots, \varepsilon_n$,将其代入股票价格变动的随机过程公式中。

由上节我们知道股票价格 S 符合几何布朗运动:

$$\frac{dS}{S} = \mu dt + \sigma dz \tag{7-20}$$

可以变形为 $d\ln S = \mu dt + \sigma dz$

根据伊藤过程,可以得到 $\ln S$ 的随机变动过程:$d\ln S = \left(\mu - \frac{\sigma^2}{2}\right)dt + \sigma dz$。

或者离散形式

$$S_t = S_0 \, e^{\left(\mu - \frac{\sigma^2}{2}\right)t + \sigma \varepsilon \sqrt{dt}} \tag{7-21}$$

假设市场中的所有投资者都是风险中性的,在这一条件下股票的预期收益率等于无风险利率,即 $\mu = r$。则 $\ln S$ 的随机变动过程可变为

$$S_t = S_0 \, e^{\left(r - \frac{\sigma^2}{2}\right)t + \sigma \varepsilon \sqrt{dt}} \tag{7-22}$$

将上面的 t_i、ε_i 代入股票价格变动的随机过程公式中,可以得到沪深 300 指数在 2014 年 8 月 26 日到 2015 年 8 月 26 日共 246 个交易日的一条可能的指数变化路径,如下:

$$S_0 = S_0$$
$$S_1 = S_0 \, e^{\left(r - \frac{\sigma^2}{2}\right)t_1 + \sigma \varepsilon_1 \sqrt{t_1}}$$
$$S_2 = S_0 \, e^{\left(r - \frac{\sigma^2}{2}\right)t_2 + \sigma \varepsilon_2 \sqrt{t_2}}$$
$$\cdots$$
$$S_n = S_0 \, e^{\left(r - \frac{\sigma^2}{2}\right)t_n + \sigma \varepsilon_n \sqrt{t_n}} \tag{7-23}$$

上面得到的只是一条可能的变化路径,根据大数定理,求得的价格变化路径越多,最后计算的期权的价格越准确。所以,利用 Matlab 软件采用蒙特卡洛模拟法重复上述过

程 10000 次，就可以得到 10000 条沪深 300 指数价格的变化路径，如图 7-2 所示。

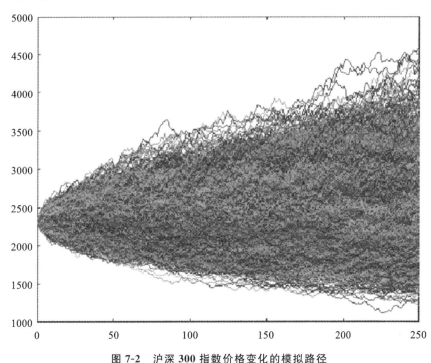

图 7-2 沪深 300 指数价格变化的模拟路径

产品的收益函数为

$$\text{payoff} = \begin{cases} 2.3\% + \max\left(\dfrac{S_t}{S_0} - 102.3\%, 0\right) \times 20\%, & \text{如果} (S_0 \sim S_t) \leqslant S_0 \times 126\% \\ 4.5\%, & \text{如果} (S_0 \sim S_t) > S_0 \times 126\% \end{cases}$$

(7-24)

其中起初价格 S_0 为 2324.09，障碍价格 $S_0 \times 126\%$ 为 2928.35。

根据上面利用蒙特卡洛模拟方法所模拟出来沪深 300 指数路径，计算出每一条路径下的收益，1 万次模拟就会有 1 万次到期收益，取平均值后，用 3% 贴现，我们可以算出该款产品的期权初始价值为 226.4 元。

综上可得固定收益部分的初始价值 9708.7 元，期权部分初始价值 226.4 元，可得该款挂钩沪深 300 指数的结构化产品的初始理论价值为 9935.1 元。每发售 1 万元的该产品，银行的利润约为 64.9 元，利润率为 0.65%，属于溢价发行。

在大多数情况下，产品的理论价值都小于其发行面值，这是为了保证发行银行的利润水平或者是对其在发行过程中所承担风险的一种回报。适当的溢价有其内在原因，也是投资者可以接受的。一种原因是结构化产品是一种创新型的金融产品，开发设计这类产品不是一朝一夕的事，要耗费大量的人力、物力，创新的过程本身就具有一定的价值。另一种原因是就发行银行本身来说，溢价部分是对其所具有的降低交易成本和实现规模效益的优势的体现。

1. 结构化产品按所挂钩的标的资产不同可分为哪些类型？
2. 股权挂钩型金融产品通常由哪些元素组成？对各项元素分别举例。
3. 比较本章中所介绍的三种股权挂钩型产品的特征。
4. 利率结构化产品相较于其他类型的挂钩型产品具备什么相似特性？
5. 根据利率变化对产品收益所产生影响的不同，利率挂钩型产品可分为哪些类型？
6. 简述结构化产品的定价思想。
7. 结构化产品定价中，对于内嵌期权产品中期权合约的定价有哪些常见方法？

第八章 结构化产品的应用

第一节 互联网金融与结构金融

一、互联网金融的结构化

近年来,互联网金融作为一种新的金融业态在中国快速兴起,受到金融理论界和实业界广泛关注。在我国经济发展进入新常态的背景下,互联网金融作为互联网技术创新与金融业融合形成的"互联网+"新业态,催生出新的商业模式,助推传统产业结构升级。同时,作为一种新的资金配置方式,互联网金融形成了新的投融资渠道,支持了创新创业活动和中小企业发展,为经济增长注入了新的驱动力。

阿里巴巴 VIE 架构困境;当 PPP 遇上资产证券化

我国互联网金融的发展源于互联网金融技术进步和证券市场制度创新两个方面。从技术上看,互联网的普及、移动通信工具的广泛应用构建了互联网金融市场的基础设施;从制度上看,在金融市场中成熟的广义资产证券化机制在互联网空间得到了具体应用。考虑到互联网技术在我国是一个逐渐传播和普及的过程,而互联网金融直至最近才在我国兴起的事实,从制度上解释互联网金融的兴起更加重要。金融抑制的存在导致我国银行体系过于庞大,资本市场发展相对滞后,银行体系的流动性在现行监管制度下得不到充分释放,形成潜在的证券化需求。互联网金融的兴起,很大程度上是在长期金融抑制环境下流动性过剩导致的金融脱媒或证券化的反映。

本节聚焦以 P2P 平台、金融资产交易所、电商借贷平台、互联网银行

（也包括传统银行的网络速贷业务）为主的债权类模式，探讨这些平台结构化的模式，因此后续将围绕债权类互联网金融的模式进行深入讨论。其中，P2P平台、金融资产交易所属于信息中介平台，电商借贷平台、互联网银行属于信用中介平台。

无论何种具体形式，债权类互联网金融的主要融资模式就是结构化，将非标资产进行打包，分割为相同份额或设计为不同信用等级进行销售。

（一）信息中介平台的结构化

P2P平台、金融资产交易所属于信息中介平台，信息中介平台是指平台不承担任何信用风险，只是作为产品的销售平台或资产的获取平台。此类平台专注细分，差异化资产的获取，同时尽职地评估风险，并充分披露标的信息，让投资人自主决策并承担风险。

1. P2P平台的结构化

目前P2P是互联网金融行业中规模最大、具体模式最为复杂的领域。P2P平台的资产来源分为个人端和企业端，按照结构化流程，这两类P2P平台都是以债权或者受益权为基础资产，以其产生的现金流为保障，切分为等额的收益凭证，并借助互联网平台进行销售，这类平台开展结构化的关键在于风控措施的完善。由于借款人往往为单一个体，所以很难进行分级操作。

国内目前还没有P2P平台债权证券化的产品，原因有很多：国内P2P平台运作不规范，平台所产生的债权并不能被评级所认可；现有P2P平台大多属于信息中介，债权不属于平台，即使能够将许多债权打包，也不能针对结构化产品分清风险责任主体，届时平台仍面临很大的信用风险。

2. 金融资产交易所的结构化

金融资产交易所作为信息中介，一头对接资产，一头连接渠道，现在开展较多的是非标准资产标准化业务以及非标准资产结构化业务。

互联网金融资产交易所作为财务顾问的角色，具有对资产情况更为了解的优势，在资产筛选、风险建模、风险定价以及发行上都可以发挥核心作用，便于将非基础资产转换为标准资产。

非标资产结构化业务即以非标资产作为基础资产，以交易所作为基础平台，联合SPV、评级机构、会计事务所、律师事务所以及担保机构等合作机构对基础资产进行结构化，并在交易所的互联网平台向投资者发售。这里的非标资产往往来自交易所合作金融机构推荐，或投资者将所持有金融资产质押融资所形成的债权。

采取结构化设计时，应按照资产证券化分层分级的模型，对基础资产进行拆分，并与评级机构合作，分为优先级与次级份额出售。通常资产证券化按照资产池违约概率、预期损失率、违约关联性等指标进行分层设计，且资产包一般资产较为分散，满足集中度要求，同时优先级与次级的规模按照优先级需要的信用增厚来设定。

对这类资产进行结构化，交易所需要将非标资产剩余本息、再评估的未来现金流以及压力测试综合考虑，确定现时合理估值，再给以足够的折扣率作为资产证券化产品发行面值，以达到超额抵押的目的。

这类非标资产往往有较高的合格投资者要求，必须采取分层结构设计或有担保条款的等额拆分设计。采取分层设计时可以引入机构投资者持有次级份额。

案例分析:2015年11月,阳光保险旗下的互联网金融平台惠金所担任财务顾问的结构化产品齐鲁资管-先锋租赁一期资产支持专项计划成功发行,并在上海证券交易所挂牌交易。

该计划以先锋租赁为原始权益人,齐鲁证券资产管理公司为管理人,惠金所担任财务顾问,募集资金约2亿元,用于循环购买先锋租赁的融资租赁合同债权。该计划的基础资产由300余笔融资租赁合同债权构成,为典型的高分散型优质租赁资产。产品采用传统的优先/次级结构,入池资产现金流对优先级资产现金流实现了较高比例的超额覆盖,计划设置了原始权益人差额补足、信用触发以及保证金备付等外部增信机制。作为财务顾问,惠金所通过资产筛选、结构设计等服务,成功为市场提供了带有互联网金融标签的产品,如图8-1所示。

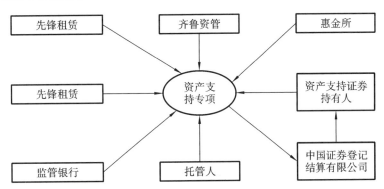

图8-1 齐鲁资管-先锋租赁一期资产支持专项计划

(二)信用中介平台的结构化

1. 电商借贷平台的结构化

电商借贷平台属于信用中介平台,以线上数据进行在线授信,客户分为商户端和个人端,针对商户提供供应链金融服务,针对个人提供消费金融服务。信用中介指的是通过放贷承担信用风险,同时也获得信用利差的机构。由于放贷机构一般属于非金融企业,可利用的杠杆不高,业务消耗资本多,业务扩张受到资本的限制,结构化可以通过加快资产周转速度扩大业务规模,通过提高周转率降低资本的消耗。此类平台仅将互联网平台作为分销渠道,业务重心还是在资产受理端,但在资产生成的流程中需要借助互联网的数据与技术资源。

针对商户提供供应链金融服务往往是电商平台发展到一定阶段自然向前延伸的商业模式,阿里巴巴、京东、百度等互联网巨头利用平台上聚集的规模庞大的商户数据,低风险地开展此类业务。

以京东为例,京东为自营平台供货商提供供应链金融服务,如应收账款抵押融资、应收账款保理等,由于京东自身作为核心企业对供应商的资质、供应商与自身的交易数据有很强的掌握力,且供应商的应收账款债务人为京东电商,供应商的存货也存放于京东自建仓库,信息流、资金流、物流全部掌握,该业务风险较低,风控模型相对简单。同时京东也通过京东小贷使用自有资金为第三方平台商户提供信用贷款,数据维度包括店铺在京东平台上的销售额、销售稳定性、资金结算流水、与平台其他商户的交易行为、消费者评价数据、京东物流监控数据等纯平台数据,并结合商户入驻平台时的资质审核资料,对不同变量赋予相应权重,从而得到企业的信用评分,对应得到企业的授信额度,再根据企业还款方式、借款期限等确定借款利率,后续实时监控上述数据,发现异常及时预警。

这些互联网电商平台有以自身平台已经产生的债权为基础资产进行结构化的需求,平台产生的债权大多基于平台积累的数据,对债权有比较好的管理能力与风险预警能力,同时债权单笔金额小,风险分散,满足基础资产包集中度的要求,所以一般这类的结构化产品容易受到投资人的青睐。这里以中金公司与蚂蚁金服合作推出的小额贷款资产支持专项计划为例。

第一期规模为10亿元,期限为1+1年,其中优先级7.8亿元和次优级1.2亿元由合格投资者认购,次级1亿元由原始权益人认购,该产品设计了1年循环期+1年摊还期的结构、投资人收益预提安排、内外部增信相结合。同时,由于资产包期限与证券期限不匹配,资产包需要循环购买新增债权。该计划模式如图8-2所示。

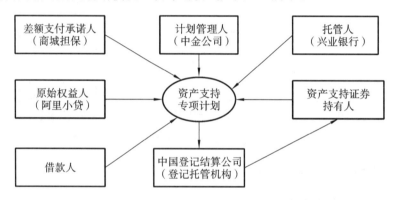

图8-2　中金-蚂蚁微贷小额贷款资产支持专项计划模式

2. 互联网银行的结构化

互联网银行可以将已有债权通过结构化进行流动性盘活,释放资本以扩大业务。这类结构化的基础资产带有鲜明的互联网特色,受益于互联网用户的分散性以及大数据的分析技术,资产违约率显著降低;同时,配合多层次的贷后管理手段,违约损失率也得以降低,这样的结构化产品对投资者而言具有巨大的吸引力。

此外,互联网银行可以将线上产生的供应链金融债权作为基础资产,由于负债期限往往长于资产期限,所以会定期开包循环购买债权。这类基础资产与传统金融机构债权资产的不同之处在于,线上实时更新的动态数据更有助于实施贷前审批和贷后风控,同时供应链全环节的交易数据都被纳入监控,使基础资产的信用风险更加可控,以此类基础资产形成的结构化产品满足线上投资人的风险偏好与认知,也符合部分机构投资者对产品风险溢价的要求。

(三)互联网金融平台结构化业务总结

前文提到,互联网金融的精要就是结构化,是指将非标资产进行打包,分割为相同份额或设计为不同信用等级的证券进行销售。结合互联网金融的特性,下文归纳了互联网金融平台开展结构化需要特别关注的几点。

一是结构化的基础资产要求权属清晰，能够合法、有效地转让，且没有影响转让的权利限制，同时能够产生独立稳定可预测的现金流。而目前部分互联网金融平台的资产权属不明确，转让行为并不合法有效，试图在资产权属不转让给 SPV 的情况下，财产权利可办理变更登记手续，或者通过公示使转让行为对抗第三人。这些瑕疵不仅影响了结构化模式的运用，也可能触碰法律的红线。

二是互联网金融平台开展资产证券化业务需要极强的技术能力。一方面，在现有条件下平台的交易系统与托管系统需要与合作金融机构的 TA（开放式基金登记结算）系统打通，针对非标资产开发特定的模块对接；另一方面，平台也需要具备收集并处理融资者信用相关数据的能力，如社交数据、行为数据等。不同于线下面签的操作模式，为保障网络安全，互联网金融的纯线上模式对平台的计算能力、数据处理能力以及安全保障能力等技术实力提出了更高要求。

三是充分的信息披露，这也是作为信息中介的平台在尽职条件下必须做到的。具体的披露及程序要以投资人能充分判断风险，同时充分保护借款人隐私为标准加强信息披露工作，而非引导一种只注重投资收益，不顾及投资风险的行为。

四是对投资人进行分层。对于分层结构设计的证券化产品，部分优先级可以考虑引入普通投资者，而次优或次级份额必须由高净值人群或机构投资者介入，不能变相向普通投资者兜售。可以对投资人进行分层，以适应不同产品对风险偏好的要求。

五是资金托管问题。借款人的本息还款可以直接支付给出借人账户，也可以将资金先归集到平台设立的托管账户，再由平台按照结构化产品的设计安排现金流偿付。

二、互联网金融结构化的模式

（一）互联网金融 Originator 信用中介平台模式

互联网金融平台资产要么来自线上，要么来自线下。就信用中介模式来说，互联网企业参与金融业务建立的互联网金融平台，其资产产生于线上交易或称电子商务，我们不妨将其称为电商系平台；而传统金融介入互联网形成的平台如银行系网贷平台及小额贷款平台，由于其资产主要产生于线下金融机构或类似金融机构，我们不妨将其称为金融系平台。互联网金融 Originator 信用中介平台模式主要是指这两类平台。一般来说，结构化对于发起方的意义在于降低融资成本、多样化资金来源并改善风险管理的能力。无论是网贷平台还是电商平台，其进行结构化的动机大体上均来自这三个方面。

Originator 信用中介平台模式的主要程序有如下几步。

（1）发起人构建基础资产池。把希望用来证券化的可产生现金流的资产，如委托贷款资产、信贷资产或小贷资产等进行剥离，组成一个资产池。

（2）成立 SPV，进行资产证券化。对于 Originator 信用中介平台模式来说，基本上是由平台或平台关联方担任类似的 SPV 直接销售给投资者。在这种情况下，结构化投资者所购买的证券资产，其风险与出售资产的平台及平台关联方的风险联系在一起，并没有做到使结构化后的资产出表,只能算作类资产证券化。当然我们可以认为这也是资产证券化的一种形式。

(3) 证券登记、托管、发行。我国资产证券化的登记托管机构主要有中央国债登记结算有限责任公司(简称中债登)、全国银行间市场清算所股份有限公司(简称上清所)、中国证券登记结算有限责任公司(简称中证登)等。目前互联网金融类资产结构化中,为了对有关债权进行确认,一般是到地方金融交易所进行登记。

我国资产证券化的发行一般是由承销商开展。但互联网金融资产证券化则于平台发行,投资者通过平台认购。根据事先设计好的交易结构,平台或关联方依据 SPV 所组成的资产池采用公开或者私募等方式发行证券,发行所得用来支付资产证券化项目发起人也即原始权益人。

(4) 项目后续管理与结算。证券发行成功后,贷款服务机构——一般就是发起人(原始权益人)——负责资产池存续期期间的管理,包括资产池产生的现金流的收取、账户之间的资金划拨、法律行政税务等其他相关事项。

总之,与我国资产证券化相比,网贷类资产证券化有所"变通"。在 Originator 信用中介平台模式下,发起人一般是需要融资的小贷公司或者是拥有委托贷款或信贷资产的主体,网贷平台或平台的关联公司充当了类 SPV 的职责,对这些小贷资产进行打包,通过在地方金融交易所登记挂牌进行增信(实际上这种增信并非是对投资者风险的降低,只是对债权资产进行登记,从某种程度上确认其债权的真实性和唯一性),然后由有关联的公司摘牌买回资产,将资产或者收益权转让给平台进行发售。P2P 网贷平台可能是唯一承销商,也可能代售部分产品。最后由小贷公司回购来实现投资收益,如果小贷公司无法兑付,则由担保公司兜底。

(二) 互联网金融 Sponsor 模式

在 Sponsor 模式下,结构化项目的发起人不是原始权益人即贷款发放人,而是发起人通过收购其他原始权益人的贷款债权进行结构化,发起人往往通过过桥资金收购互联网信息平台的债权进行结构化。

1. Sponsor 模式产生的原因

Sponsor 模式的发起人进行结构化的动机显然不是为了降低融资成本、多样化资金来源或进行风险管理,其直接动因可以说是套利,当然 Sponsor 模式对于基础资产的原始权益人也是有益的,因为可直接降低其成本。

一方面,对于原始权益人来说,将进行结构化的基础资产转让给 Sponsor 模式发起人,从某种程度上可以更高效地回笼资金,不再主导或参与结构化的其他环节,以相对低的成本和较少的精力实现资金更加有效的利用,特别是对于基础资产规模不大的原始权益人来说更加具有现实意义,因为实现结构化也是有一定成本的。除了资产规模不大的原因,企业主营业务模式各异会导致募集能力不足、募集时间无法满足要求,现金流特点会导致期限错配,有时甚至需要借助 SPV 的过桥贷款满足流动性要求,以上情况在企业结构化中更为常见,这都导致了 Sponsor 模式有比较深厚的需求基础。

另一方面,对于 Sponsor 模式发起人来说,通过债权汇集来源不同的基础资产组成现金流,可以较好地实现风险和现金流的有效管理,从而在基础资产原始权益人和投资者之间实现资本和风险的再配置和再利用,"从管理中要效益",实现其套利目的。

2. Sponsor 模式的基本特征

Sponsor 模式作为结构化的一种模式,自然符合结构化的一般特征,但也有其与众不同的特点,这些特点直接导致不同的操作方法,这里我们主要分析资产池特征和增信结构设计两个方面。

1) 资产池特征

一般而言,结构化资产池中的基础资产都是要求高度同质的,比如个人住房抵押贷款结构化、汽车抵押贷款结构化。但在 Sponsor 模式中,由于基础资产是收购不同主体的其他债权而来,如果要求其依据的基础法律关系、现金流结构、违约风险、到期日结构和收益水平都一致,很难达到要求。因此在 Sponsor 模式下,资产池中的基础资产比较分散,这也在一定程度上体现了风险的分散性。

2) 增信结构设计

一般而言,结构化的增信结构为水平和垂直的优先-次级结构。由于 Sponsor 模式下各资产的现金流特别是违约水平不一,在增信结构设计时可能还要考虑对资产池中不同基础资产的优先-次级进行划分。因此,不管是采用水平还是垂直结构,均要考虑不同的基础资产来源的不同风险,以保障优先级证券持有人的收益分配。在采用超额担保进行增信时,可能要对每种基础资产均进行适当比例的留存,以使风险水平保持均衡。

第二节　PPP 与结构金融

一、PPP 模式与特征

(一) PPP 模式概念

PPP(Public-Private Partership)是指政府、私人营利性企业和非营利性组织基于对公共基础设施项目的建设运营而形成的相互合作关系。在该种模式下,可以实现合作各方的利益,由参与合作的各方共同承担融资风险。采用这种投融资模式的实质是:政府通过给予私营公司长期的特许经营权和收益权换取基础设施建设及有效运营。我们以城市轨道交通为例,在 PPP 模式下,公共部门和私营企业共同参与城市轨道交通的建设和运营,由私营企业负责项目融资,可节省政府的投资,降低资产负债率,还可以将项目部分风险转移给私营企业,从而减少政府的投资风险。对于城市轨道交通本身的特性而言,基于其准公共品特性,一方面要求政府必须承担起公益性的作用;另一方面,城市轨道交通项目又具有经营性特征,有一定的回报。因此,PPP模式是在政府主导的前提下进行市场化投融资相对切实可行的一种模式。

(二) PPP模式的优点

近年来,在全球各个地区,通过多种多样的PPP方式,私营部门在基础设施领域的投资总体上持续快速增加。结合全球范围内的PPP项目实践,PPP模式的优点主要体现在:更高的经济效率、更高的时间效率、增加基础设施项目的投资、提高公共部门和私营机构的财务稳健性、基础设施/公共服务的品质得到改善、树立公共部门的新形象、私营机构得到稳定发展等。

1. PPP模式可以实现更高的经济效率

PPP项目依靠利益共享、风险共担的伙伴关系,可以有效降低项目的整体成本。在公共部门独立开展项目时,项目的整体成本由以下几个部分构成:项目建设成本、运营成本、维修和翻新成本、管理成本以及留存的风险。在PPP模式下,项目建设成本、运营成本、维修和翻新成本以及私营机构的融资成本统称为PPP合同约定成本,由于私营机构在建设施工、技术、运营管理等方面的相对优势得以充分发挥,PPP合同约定成本会小于公共部门独立开展项目时的相应成本。

2. PPP模式可以实现更高的时间效率

艾伦咨询集团在同一篇调查报告中指出,PPP项目的完工进度平均比计划提前3.4%,而传统模式项目的完工进度平均比计划推迟23.5%。另外,传统模式下,项目完工的超时程度受项目大小影响较为严重,项目越大,工程进度延期的程度越高,但在PPP模式下,没有发现项目大小对工程进度的显著影响。

3. PPP模式有助于增加基础设施项目的投资资金来源

PPP模式下,项目融资更多地由私营机构完成,缓解了公共部门增加预算、扩张债务的压力,因此公共部门可以开展更多、更大规模的基础设施建设。在政府因财政紧缩或信用降低而无法进行大规模融资时,PPP模式可以为政府提供表外融资。PPP模式下,政府不仅可以节省基础设施的初期建设投资支出,还可以锁定项目运行费用支出,一方面降低短期筹集大量资金的财务压力,另一方面提高预算的可控性,这都有利于政府进一步扩大对基础设施的投入。

4. PPP模式可提高公共部门和私营机构的财务稳健性

一方面,由于政府将部分项目责任和风险转移给了私营机构,项目超预算、延期或在运营中遇到各种困难而导致的或有财政负债增加的风险被有效隔离。另一方面,由于PPP模式下的项目融资在整个项目合同期间是有保障的,且不受周期性的政府预算调整的影响,这种确定性可以提高整个项目生命周期投资计划的确定性和效率,提高公共部门的财务稳健性。此外,PPP项目的性质决定了项目需求所产生的风险相对较低,项目的未来收入比较确定,提高了社会资本的财务稳健性。

5. PPP模式可使基础设施/公共服务的品质得到改善

一方面,参与PPP项目的私营机构通常在相关领域积累了丰富经验和技术,私营机构在特定的绩效考核机制下有能力提高服务质量。另一方面,PPP模式下,私营机构的收入和项目质量挂钩：政府付费的项目中，政府会根据项目不可用的程度，或未达到事先约定的绩效标准而扣减实际付款（付款金额在项目开始时约定）；在使用者付费的项目中，使用者的需求和项目的质量正相关，这就使私营机构有足够的动力不断提高服务质量。如果设施或服务由公共部门单独提供，由于其缺乏相关的项目经验，且其在服务提供和监督过程中既当"运动员"又当"裁判员"，绩效监控难以落到实处。

6. PPP模式有助于树立公共部门的新形象

在PPP模式得到良好推广和执行的情况下，所有项目都能按时、按预算完成，而且基础设施/公共服务的品质得到有效提高，可以增加公众对政府的美誉度以及对政府的财政管理能力的信心。

7. 通过推广PPP模式，可以使私营机构得到稳定发展

PPP模式为私营机构提供了风险较低、现金流稳定、由政府合同背书的长期投资机会，可以有效刺激当地产业，增加就业机会。

（三）PPP模式的缺点

虽然PPP模式的上述优势得到市场的一致认可，并且大部分都有实证数据支持，但PPP模式在运作过程中也存在以下缺点：私营机构融资成本较高、特许经营导致的垄断性、复杂的交易结构带来的低效率、长期合同缺乏灵活性、成本和服务之间的两难选择等。

1. PPP模式导致私营机构融资成本较高

与公共部门相比，金融市场对私营机构信用水平的认可度通常略低，导致私营机构的融资成本通常要高于公共机构。当然，在评价社会资本的融资成本时，除了考虑利率之外，还需要考虑项目所转移的风险、社会资本的创新能力，以及项目总体绩效的提升等，从社会整体的功效考虑项目价值。此外，社会资本和公共机构的融资成本也在进一步接近，虽然融资成本的差异不可能完全消除，但这方面的影响在逐渐降低。

2. PPP模式普遍采用的特许经营制度可能导致垄断

一方面，在PPP模式下，居高的投标成本和交易费用以及复杂的长期合同，导致很多规模较小的私营机构对PPP项目望而却步，因此减少了政府部门对社会资本的选择空间，也使招投标过程不能实现良好的竞争性。另一方面，PPP模式普遍采用的特许经营制度，实际上使中标的投资运营商获得了一定程度的垄断性，利益基本上能得到合同保障。这种缺乏竞争的环境在某些情况下会减弱私营机构降低成本、提高服务品质的动力。

3. PPP项目复杂的交易结构可能降低效率

首先，在PPP项目中，通常需要多个独立参与者通力合作，而多个参与者会导致整个项目的约束条件增加。其次，由于每个参与项目的商业机构都会在咨询、会计和法律等方面产生支出，这部分支出会包括在投标价格中，从而传导给公共部门。

4. PPP的长期合同缺乏足够的灵活性

为了项目长期运行稳定，PPP合同可能会比较严格，灵活性不够。公共部门或私营机构在起草合同的时候，很难将未来的变化充分地考虑进来，合同条款通常只考虑当前

时点的情况,导致项目后期管理不能因时制宜,而只能遵照合同条款执行——哪怕这些条款已经不再能使项目生命周期的综合成本最优化。

5. 公众使用公共产品/公共服务的成本可能提高

如果公共产品/公共服务由公共部门提供,由于公共部门的非营利性和不完全成本核算定价的特点,公众所付出的直接使用费用较低。在 PPP 模式的定价机制下,私营机构需要补偿项目相关的全部成本并获得合理水平的投资收益,对产品或服务进行市场化的定价,可能增加公众的直接使用成本。

(四)PPP 模式的资金筹集

从广义上讲,PPP 模式本身就包含融资的功能,融资是 PPP 模式的重要内容之一,原先政府投资的项目,改为由社会资本来进行融资、投资;从狭义上来说,PPP 融资是指一个具体的 PPP 项目的融资渠道、模式。PPP 项目的融资方通常有商业银行、多边金融机构以及非银行金融机构等。PPP 融资渠道主要有股权融资、债权融资和表外融资三种方式。传统上,PPP 主要融资渠道为普通股和银行贷款,而如今的创新方式将 PPP 的融资渠道扩展为资产证券化、PPP 基金等。PPP 的融资渠道如图 8-3 所示。

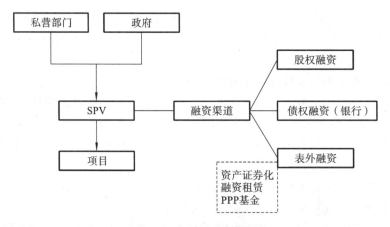

图 8-3 PPP 的融资渠道

二、PPP 结构化的主要模式

上面我们探讨了 PPP 的融资渠道,这里我们重点讨论 PPP 的结构化融资。所谓结构化融资,是以基础资产未来所产生的现金流为偿付支持,通过结构化设计进行信用增级,在此基础上发行资产支持证券的过程。无论是从理论还是实践的角度,结构化都是 PPP 项目融资的强大工具。通过信贷资产结构化,银行可以盘活 PPP 项目贷款,扩大银行对 PPP 项目的贷款投放力度;同时,将 PPP 项目收益权作为基础资产,公司可以为 PPP 项目融资。前者间接实现 PPP 项目的融资,后者直接实现 PPP 项目的融资。

PPP 项目资产结构化与一般类型基础资产的结构化在基本原理和操作流程方面基本相同,主要区别在于基础资产的特点不同,以及资产结构化在项目产业链中的定位有所不同。

（一）PPP 结构化的主要模式

1. 按照基础资产类型分类

PPP 项目资产结构化的基础资产主要有三种类型：收益权资产、债权资产和股权资产。其中收益权资产是 PPP 项目资产结构化最主要的基础资产类型，包括使用者付费模式下的收费收益权、政府付费模式下的财政补贴、可行性缺口模式下的收费收益权和财政补贴；债权资产主要包括 PPP 项目银行贷款、PPP 项目金融租赁债权和企业应收账款/委托贷款；股权资产主要是指 PPP 项目公司股权或基金份额所有权。

收益权资产主要有三种：一是政府授予项目公司特许经营权方式，项目公司将项目建成并负责运营，运营收入主要来源为使用者付费，运营期满后移交给政府；二是项目公司负责将项目建成并运营，运营收入来源为政府付费购买；三是项目公司的收入来源为使用者付费与政府付费相结合，详见表 8-1。

表 8-1　PPP 结构化三种类型收益权资产

收费模式	适用的 PPP 项目	基础资产类型
使用者付费模式	常用于可经营系数较高、财务效益良好、直接向最终用户提供服务的基础设施项目，如高速公路、市政供水等	收费收益权
政府付费模式	常用于不直接向最终用户提供服务的基础设施项目，如市政污水处理、垃圾焚烧发电，或者市政道路等不具备直接收费权的基础设施项目	财政付款
可行性缺口模式	政府对运营商提供补贴，常用于可经营系数较低、财务效益欠佳、直接向最终用户提供服务但收费无法覆盖投资和运营成本及合理回报的基础设施项目，如医院、学校等	收费收益权＋财政付款

债权资产：以项目银行贷款或 PPP 项目金融租赁债权作为基础资产，产品类型为信贷资产结构化。

股权资产：当 PPP 项目进入运营阶段时，可以考虑以 PPP 项目公司为融资主体，通过资产结构化进行债务结构调整，也可以考虑以项目公司股东为融资人，以项目公司股权作为标的进行融资。

2. 按照项目阶段分类

PPP 项目主要分为开发、建设和运营等阶段，其中开发阶段和建设阶段合称在建阶段。

在建阶段由于 PPP 项目尚未产生现金流，可以采取如下结构化模式：一是设计"双 SPV 结构"，以在建保障房项目未来现金流收入所支持的信托受益权作为基础资产，发行资产支持专项计划；二是以重大在建项目未来的现金流作为支持，发行保险资管资产支持计划；三是以在建阶段商业银行的项目贷款或金融租赁公司提供设备融资的金融租赁债权作为基础资产，发行信贷资产结构化产品。

由于 PPP 项目在运营阶段开始产生比较稳定的现金流，开展资产证券化的条件更为成熟,可以采取如下资产证券化模式:一是以收费收益权和/或财政补贴作为基础资产,发行资产支持专项计划、资产支持票据或资产支持计划;二是以运营阶段商业银行的流动资金贷款或金融租赁公司提供设备融资的金融租赁债权作为基础资产,发行信贷资产证券化产品;三是以PPP项目公司的股权或股权收益权作为基础资产,发行类REITs (Real Estate Investment Trusts)产品。

3. 按照合同主体不同分类

在这种分类标准下,可以围绕PPP项目合同体系设计相应的资产证券化方案。PPP项目合同体系主要包括如下四类与资产证券化相关联的合同主体:一是PPP项目的实施主体,即PPP项目公司;二是为PPP项目提供贷款融资的商业银行或提供融资租赁服务的租赁公司;三是PPP项目的投资方,即社会资本(专业投资者与财务投资者);四是PPP项目的合作方,即承/分包商。

根据合同主体的不同,PPP项目资产证券化可分别采取如下操作模式。

一是以PPP项目公司作为原始权益人或发行人,以收费收益权和/或财政补贴作为基础资产。

二是以商业银行或租赁公司作为发起机构,以PPP项目银行贷款或租赁债权作为基础资产,资产出表后释放额度,继续发放新的贷款或租赁款,支持PPP项目建设。

三是以社会资本作为原始权益人或发行人,基础资产类型进一步扩展,可以跳出PPP项目本身,以社会资本自身拥有的符合要求的基础资产发行资产证券化产品,募集资金以增资扩股或股东借款方式支持PPP项目公司。

四是以承/分包商作为原始权益人,以PPP项目公司的应收账款或其他类型资产作为基础资产,承/分包商获得募集资金后以垫资或委托贷款方式支持PPP项目公司。

(二) PPP资产结构化的基本流程

PPP资产结构化的基本流程和一般类型基础资产的结构化基本流程类似,概括为以下三步:

第一步,成立SPV,发起人将需要结构化的资产转移给SPV;

第二步,SPV对基础资产现金流进行重组、分层和信用增级,并以此为支持发行有价证券,获得资金兑付;

第三步,资产服务商负责基础资产现金流的回收和分配,主要用以归还投资者的本息,剩余部分则是发起人的收益。

(三) PPP资产证券化产品的主要特点

结合收费收益权资产证券化的发展概况,可以推测PPP项目资产证券化作为一种新型的类固收产品,除了具备资产证券化结构化和信用增级两大共性外,产品期限可能会有所突破。且处于发展初期,存在一定的新产品红利。

1. 从收益来看,类固收

和普通的资产证券化一样,PPP项目资产证券化需要进行结构化设计,是一种类固收产品,优先级收益相对稳定,风险较低,次级享有浮动收益,承担主要风险。部分还设有中间级,收益和风险居于其中。如已发行的137只收益权资产证券化中,优先级占比较高,为94.3%。其中优先A级固定利率证券占比93.94%,浮动利率证券占比6.06%,优先B级证券均为固定利率证券;次级证券占比较低,仅为5.70%,且大部分的次级证券是由原始权益人认购的,以实现外部增信。由此可见,资产证券化产品具备类固收的属性。

2. 从风险来看,属于较为安全的资产

PPP项目资产证券化的一大优势是可通过多种手段为特殊目的载体发行的资产支持证券提供增信,提升信用评级,保障产品的安全性。另外,发改委联合证监会开展资产证券化示范工作,优选主要社会资本参与方为行业龙头企业,处于市场发育程度高、政府负债水平低、社会资本相对充裕的地区,以及具有稳定投资收益和良好社会效益的优质PPP项目,项目资质良好,风险较低。

3. 从期限来看,为匹配PPP项目期限,可长达10~30年

现已发行的收费收益权资产证券化产品5~10年的期限显然难以满足PPP项目10~30年的合作期需求,因此,PPP项目资产证券化的产品期限可能会有所突破,期限较长。在经济下行的背景下,长期限的PPP项目资产证券化产品能够提前锁定收益,增强产品对投资者的吸引力。

总体来看,作为新产品,可能存在红利——低风险、高回报。作为一种新型的资产证券化产品,PPP项目资产证券化正处于发展初期,为了吸引投资者,相对于成熟市场,相较于同评级的中短期票据或企业债,存在一定的利差收益,且示范项目资质优良,呈现低风险、高回报的特性。

三、PPP资产证券化与一般资产证券化的比较

与一般的资产证券化相比,PPP项目资产证券化的操作模式并无本质差异,但考虑到PPP模式本身的特点,PPP项目资产证券化也有一定的独特之处。

第一,政策约束性强。自十八届三中全会提出以来,PPP模式便备受关注。从国务院到各部委纷纷发文,指导规范PPP模式的运作实施。而且PPP立法工作正在紧锣密鼓地进行着,PPP顶层设计势必愈发完善,法律保障力度加大,政策约束性更强。

第二,基础资产广。PPP项目资产证券化可供选择的基础资产较为广泛,对应到PPP项目的三种回报机制,可分为使用者付费模式下的收费收益权、政府付费模式下的财政补贴、可行性缺口补助模式下的收费收益权和财政补贴。

第三,保障力度大。从资产证券化的上述三类基础资产可以看出,PPP项目资产证券化的保障力度较大。使用者付费的PPP项目一般现金流稳定、收益更有保障;政府付费的PPP项目已经明确提前纳入财政预算,有政府的人大决议保障;可行性缺口补助的PPP项目则介于两者之间。由此可见,PPP项目通常有政府参与,在政府信用担保的背景下,风险相对可控。

一直以来,PPP模式因其投资建设期限长、未来现金流可预测性差、政府无法提供担保等原因,致使社会资本退出渠道存在不确定性,实际落地情况仍不如预期乐观。

对社会资本而言,PPP项目资产证券化,不仅可以为社会资本投资PPP项目提供新的退出渠道,并有效降低原始权益人的债务杠杆,同时还可以盘活PPP项目的存量资产,

使社会资本借此获得较为理想的流动性溢价,进而提高投资人持续的投资能力,吸引更多的社会资本参与PPP。

第三节 VIE模式及其在中国公司境外上市中的应用

一、VIE模式的概念及构造

VIE是可变利益实体(Variable Interest Entities)的缩写,是美国标准会计准则FIN46中关于被投资实体的一个术语。原指公司不通过股权控制,而通过协议控制的业务实体,该实体可以给公司带来类似子公司的实际利益。学界对VIE并没有一个通行的、固定的定义。根据FIN46的解释,VIE是指投资企业持有具有控制性的利益,但该利益并非来自基于股权的多数表决权。根据FIN46条款,凡是满足以下三个条件之一的特殊目的实体(Special Purpose Entities——SPE,又称Special Purpose Vehicle——SPV)就是VIE:①实体主要由外部投资支持,实体自己的股东只有很少的(或没有)投票权;②实体的股东无法控制该公司;③股东享受的投票权和股东享受的利益分成不成比例。

根据FIN46对VIE的解释,VIE兼容同股不同权的设计,这对企业融资和上市具有重要意义。同股不同权是指同一股权所附着的权利不同,在《公司法》的相关规定中,有限责任公司按照出资比例行使表决权,即同股同权;在后面也补充说明了公司章程可以另外约定,也就是说有限责任公司也可以实行同股不同权,充分体现了其包容性。

同股不同权的结构广泛适用于以互联网为代表的科技企业,这类企业往往需要在短时间内集聚大量资金,用来完成技术研发等一系列商业布局,形成规模效益。受同股同权的条件约束,多轮融资会使得核心团队的持股比例被逐步稀释,随时可能丧失公司的控制权。而同股不同权的机制既能满足公司的融资需求,又能够在一定程度上保护核心团队对公司的控制权,始终能够牢牢把握公司的战略发展方向以及重大经营决策事项。在此基础上,同股不同权可以有效避免恶意收购,核心团队拥有更多的投票权,有效降低了恶意收购方通过购买大量股票来控制公司的可能性。同时,对于国有非上市企业而言,同股不同权机制能够处理多种股东,如战略投资股东、财务投资股东以及员工持股之间的利益分配问题,最大限度地调动战略投资人以及参与员工持股计划的管理层进行公司管理和经营的积极性,同时保障财务投资人的合理利益。

以小米公司为例,小米集团自2010年9月以来一共经历了九轮融资,融资总额达到15.8亿美元,但是雷军仍然可以拥有55.7%的投票权,同股不同权结构有效避免了因外来融资而导致自持股权的稀释,对于"独角兽"公司保持绝对的控制权具有重要意义。

在中国构造 VIE 模式的通常做法是:

(1) 公司的中国创始人或是与之相关的管理团队(或其设立的一个离岸公司)与 VC(Venture Captical)、PE(Private Equity)及其他股东,共同成立一家境外公司,作为未来上市的主体;

(2) 这家境外上市公司或其在中国香港设立的独资公司设立(拥有或控制)一家国内独资公司(WFOE,Wholly Foreign Owned Enterprise),少数情况下也可能是一家由其控股的合资公司(JV,Joint Venture);

(3) 公司的中国创始人拥有一家境内公司,该公司持有经营其业务所必需的牌照或许可证(即境内持牌公司),这一公司就是可变利益实体(VIE);

(4) 该 WFOE 与国内持牌公司签订一系列协议(VIE Contracts,即 VIE 合同),从而使得该 WFOE 能够控制国内持牌公司并分享其利益。

通过国内独资公司与国内持牌公司之间的 VIE 合同,外国投资者就获得了实际上对国内持牌公司的股份和管理的控制,包括取得对境内持牌企业全部股权的优先购买权、抵押权和投票表决权、经营控制权等。VIE 合同也使得境外上市公司可以合并国内持牌公司的财务报表,并且参与其赢利分享和亏损承担。这一安排也同时符合美国证监会(SEC)的规定。一个典型结构如图 8-4 所示。

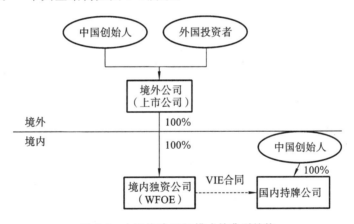

图 8-4 中国构造 VIE 模式的典型结构

上述 VIE 合同通常包括:贷款协议,即 WFOE 贷款给国内持牌公司的股东,股东将资金注入持牌企业发展业务;股权质押协议,持牌公司股东将其持有的股权完全质押给 WFOE;独家顾问服务协议,由 WFOE 向持牌公司提供排他性的知识产权及技术支持服务,而持牌公司向 WFOE 支付费用,从而实现利润转移;资产运营控制协议,通过该协议,由 WFOE 实质控制经营实体的资产和运营;认购权协议,即当法律政策允许外资进入持牌公司所在的业务领域时,WFOE 可提出收购持牌公司的股权,成为其法定的控股股东;投票权协议,通过该协议,WFOE 可直接向持牌公司董事会委派董事,实际控制持牌公司董事会的决策。通过这一系列的控制协议,国内持牌公司实质上已经等同于 WFOE 的全资子公司了,有人因此将持牌公司称为"假内资、真外资"。

一个完整稳定的 VIE 模式必须包含如下要素:(1) 能够对跨境交易带来税收便利;

(2)符合中国中央和地方政府的法规,包括但不限于国家税务总局、国家外汇局和商务部等的部门规章;(3)符合美国、中国香港或其他有管辖权的国家和地区的法律,确保境外公司能够将来在境外市场上市;(4)确保境外公司通过 VIE 合同直接或间接地取得和保持对国内持牌公司的实际控制;(5)采用根据美国广泛接受的会计准则(U.S. Generally Accepted Accounting Principles, U.S. GAAP)、国际财务报告标准(International Financial Reporting Standards, IFRS)和国际会计标准(International Accounting Standards, IAS)进行财务报表合并;(6)确保境外公司的股东,国内持牌公司的中方发起人以及其他相关股东的利益能够协调一致。上述任何一个要素缺失或有瑕疵,VIE 模式结构都可能面临很大的风险。

根据中华人民共和国财政部的官方解释,企业选择 VIE 模式主要有以下几方面的考虑:(1)企业境内上市标准较高(例如盈利业绩要求等),境外上市直接控股又会面临产业政策限制、关联并购审批、WFOE 资本金结汇再进行股权投资受限等限制条件;(2)VIE 模式可以一定程度上规避国内法律与监管政策对外资某些行业准入的一些限制,之前需要 ICP 及 SP 牌照的互联网公司采用 VIE 结构就主要是出于该方面的考虑;(3)VIE 结构方便企业赴美国、中国香港等境外资本市场上市;(4)VIE 模式的公司便于接受境外基金的投资;(5)VIE 模式中直接接受投资的境外控股公司一般受英美法系下的公司法律调整,较境内相关法律更为灵活,在公司治理方面及股东权利方面可以做出更多满足公司及股东需求的设计。

二、VIE 模式的作用

使用 VIE 模式往往具有多重目的。一是为了避免合并报表,以便大型公司隐匿大量的表外资产,从而隐藏公司的风险、收益和亏损,使普通投资者无法了解公司的真实的经营业绩。安然公司的大量账外资产巨亏,雷曼兄弟过量金融衍生品巨亏的丑闻都是拜 VIE 所赐,不明就里的金融消费者的利益将无从保护。二是为了隐瞒公司股东的真实身份,多数 VIE 模式涉及离岸公司,普通金融消费者无从得知他们的真实身份,这既影响透明度,又逃避了监管。三是为了避险,VIE 模式往往使用一系列壳公司,一旦 VIE 模式无法实现预期,或出现巨亏,大型公司可以金蝉脱壳,避免牵涉其中。四是为了避税,这也是为什么 VIE 模式会出现大量成立于避税天堂(开曼、维京、百慕大等)的公司。

VIE 模式对中国企业在海外上市也具有重要意义。选择在海外上市的中国企业往往是互联网企业,它们无法满足国内 A 股上市的条件,我国 A 股市场明确要求股份有限公司申请上市必须要满足以下条件:股本总额不少于 5000 万元人民币;公司成立时间需在 3 年以上,并且最近三年连续盈利;无形资产占总资产的比例不得超过 20%;发行前三年累计利润超过 3000 万元人民币。但是这些公司可以满足海外上市的条件,以纳斯达克的上市要求为例,即使公司处于亏损状态,只要在收入达到一定规模并且具有被投资者认可的创新商业模式,便可上市。

在中国企业赴美上市的模式选择中,主要有直接赴美上市、间接赴美上市和 VIE 协议控制模式。直接赴美上市是指经过 SEC 的批准直接向美国境内投资者发行股票,进行 IPO(Initial Public Offering)融资,但是 SEC 对企业直接上市具有严格的规章要求,而且

IPO 上市程序的复杂性、直接 IPO 股票的发行承销机构的中介费用对于一个待上市的企业都是严重的负担。间接赴美上市是指中国企业通过收购美国资本市场上已经存在的公司,这些公司往往是经营不善或者接近退市的公司,本身在资本市场缺乏活力,收购壳公司之前应进行充分调查,研究壳公司是否存在法律问题和财务问题,这对于待上市的企业也是一大挑战。

2000 年以后,直接赴美上市和间接赴美上市由于自身的种种问题逐渐退出主流,VIE 协议控制上市取而代之。VIE 模式能够帮助具有融资困难或者受到融资约束的中国企业实现上市,从而快速获得融资。

三、VIE 模式存在的风险

据不完全统计,从 2000 年开始通过 VIE 模式实现海外上市的国内企业约为 250 家,其中在美国上市的中国企业几乎全部采用 VIE 模式。上市符合各方的共同利益,但也随之带来了各种风险。分析通过 VIE 模式实现海外上市的公司现状,将国内 VIE 的风险大致归纳为以下几类。

(一) 政策风险

国家相关部门对 VIE 模式采取默许的态度,目前并没有实质可操作的明文规定。一旦国家相关部委出台相应的规定,可能会对采取 VIE 模式的公司造成影响。

(二) 外汇管制风险

在 VIE 模式中,从最初的成立特殊目的公司(SPV)开始,直至最终将国内利润转移到海外,外汇管制从始至终受到监管,给 VIE 模式带来了更多的风险。

公司成立的管制。根据国家外汇管理局的规定,在特殊目的公司成立时先向国家外汇管理局申请,经其批准后方可发生境外融资、股权变动或返程投资等实质性资本或股权变动。若特殊目的公司发生融资变更事项,须办理好变更登记手续后,方可以投资、外债等形式调回境内使用,可以办理外商独资企业的申请。从规定可以看出,从特殊目的公司成立到进行的每一次变化直到外商独资企业的成立,都应先向国家外汇管理部门提出申请并得到批准后,才可以与国内公司进行有关业务活动。但若未能取得批准,海外特殊目的公司与中国境内公司就无法通过该企业购买或协议控制境内资产,也就无法使用 VIE 模式海外上市。

结汇的管制。我国不是一个货币自由兑换的国家,按照国家外汇管理局的规定,只有正常经营需要和合理的商业安排及提供符合外汇管理局规定的结汇申请资料方可申请结汇。但 VIE 模式下的外资企业是有特殊目的的企业,其需要把大量的注册资金转换成人民币交给境内企业使用,这种做法并不符合国家外汇政策的规定。因此,产生了很多与关联企业的合理的商业安排来转移外资企业资金到境内企业。但一些企业为了减少成本,会利用地方的税收优惠和当地政府招商引资的急迫心情,利用合理的商业安排申请减免税金后开取发票达到大量结汇的目的。

利润转移海外的管制。利润在境内转移至境外时可能面临外汇管制风险,若想把利润转移至海外,企业也需要向国家外汇管理部门申请并得到批准才能把利润分配出去。

若上市的壳公司在中国内地没有任何业务,非中国运营的境外壳公司需要现金时,只能依赖于 VIE 向其协议控制方,及境内注册公司分配的股息。但壳公司并不能保证在现有的结构下获得持续的股息分配,即使得到股息分配也不一定能通过外汇管理部门的审核将其付到境外壳公司。

(三) 税务风险

VIE 模式的公司将会涉及大量的关联交易以及反避税的问题,也有可能在股息分配上存在税收方面的风险。在 VIE 模式中为了使境内利润转移至境外,要通过一系列合理的商业安排把境内企业成本费用的供应商转为 VIE 模式中的外商独资企业,用以转移境内企业的利润。但这类安排也给企业带来重复税款、增加了税收成本的风险。因此,VIE 模式中的外商企业会选择注册在有优惠政策的地区,利用税收优惠来弥补增加的税收成本。也有部分企业为了少纳税款采取不签订关联交易合同,只凭一张命令来完成交易,以少交或漏交税款的方法来冒险操作。

(四) 控制风险

外国投资者通过 VIE 模式,协议控制中国境内经营企业的形式来实现对《外商投资产业指导目录》中限制类和禁止类行业的投资。主要是由 WFOE 公司与境内企业签订一系列控制协议来实现对境内企业决策、管理及利润等方面的控制获取利益。但因 VC、PE 均投资于国家限制类、禁止类行业,且国家对 VIE 模式没有明确的法律文件加以保护,因此控制风险在 VIE 模式中对 VC、PE 是最致命的风险。若上市成功,风险只是暂时的。但在 2020 年曝出部分中国公司存在会计违规行为之后,导致准备上市的一些公司不得不暂停上市。上市停止可能会造成 VC、PC 面临投资失败或收不回资金的风险。

四、VIE 模式的适用领域

VIE 模式适用领域主要有外资拥有权限制类、外资拥有权禁止类。

外资拥有权限制类(TMT 及其他):基础电信业务(中方控股);增值电信业务(外资比例不超过 50%,电子商务除外);学前、普通高中和高等教育机构(限于中外合作办学、中方主导);医疗机构(限于合资、合作);广播电视节目、电影的制作业务(限于合作);电影院的建设、经营(中方控股);演出经纪机构(中方控股);金融、交通等其他。

外资拥有权禁止类(互联网):网络出版服务;网络视听节目服务;互联网文化经营(音乐除外);互联网公众发布信息服务;互联网上网服务营业场所;互联网新闻信息服务。

外资拥有权禁止类(文化传媒):新闻机构;图书/报纸/期刊的编辑、出版业务;音像制品和电子出版物的编辑、出版、制作业务;广播电视节目制作经营;电影制作公司、发行公司、院线公司;广播电视台/频道/传输覆盖网,视频点播,卫星电视广播地面接收设施安装。

五、VIE 模式的应用

红筹上市一般采用 VIE 模式,在该模式下境外上市主体与境内企业相分离,通过协议的方式控制境内企业,目前 VIE 模式的应用主要源于上市主体受产业政策限制以及国内上市门槛高。

对于一个待上市的企业,VIE 模式的好处主要是方便融资、手续便利、绕开监管。通过 VIE 模式可以避免繁琐的境内企业境外上市的审批程序,在上市之后企业流通方面没有限制,容易把股票抛售套现,实现财富最大化。VIE 模式使我们既满足国内监管要求,又满足境外上市要求,达到双重标准。以下以阿里巴巴 VIE 模式设立及运行为例加以分析。

(一) 阿里巴巴集团的股权架构

阿里巴巴集团是 1999 年在开曼群岛注册成立的有限公司,公司主要股东包括美国互联网门户网站雅虎(持股 39%)、日本 IT 产业投资公司软银(持股 29.3%)、创始人马云及管理层(持股 31.7%)。阿里巴巴集团的业务主要有阿里巴巴网络有限公司的 B2B 业务、淘宝商城的 B2C 业务、淘宝网的 C2C 业务、雅虎中国的搜索引擎业务、支付宝的网上支付业务,以及提供电子商务操作平台的阿里软件业务和提供网络广告服务的阿里妈妈等。其中主要运营 B2B 业务的阿里巴巴网络有限公司于 2007 年在香港成功上市,阿里巴巴集团持有阿里巴巴网络有限公司 75% 的股份,是其最大的股东。对于其他公司,阿里巴巴集团均持有 100% 的股份(见图 8-5)。

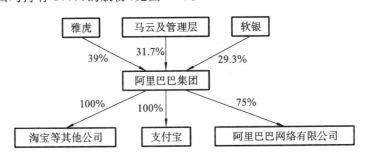

图 8-5 阿里巴巴集团股权架构

1999 年 6 月,阿里巴巴集团正式运营。

2007 年 8 月,阿里巴巴向香港证券交易所递交上市申请。

2007 年 11 月,阿里巴巴 B2B 业务在港交所主板上市。

2010 年 8 月,由于此前央行颁布的二号令,阿里巴巴为适应央行关于第三方支付的规定,先后两次将支付宝全部股权划给马云控股的浙江阿里巴巴电子商务公司。

2011 年 7 月 29 日,阿里巴巴、雅虎和软银就支付宝股权转让事件正式签署协议,倘若支付宝业务在未来成功上市,将一次性给予阿里巴巴集团相当于上市公司总市值的 37.5% 且不超过 60 亿美元的现金回报。

由于股票价值被长期低估,阿里巴巴在 2012 年从香港退市,两年后,阿里巴巴集团为了整合旗下的阿里巴巴、淘宝网以及支付宝业务,在美国整体上市,但是此前的支付宝股权转让事件使投资者对阿里巴巴集团充满不信任感。VIE 结构是一种制度创新,但是使用稍有不慎,将会引来灾难性的市场反应,对于阿里巴巴集团而言,虽有政策限制,但是解决办法不应该是破坏 VIE 模式,这是采用 VIE 模式赴美上市的中国企业所必须面对的底线。

(二) 阿里巴巴集团的 VIE 模式架构

阿里巴巴网络有限公司与浙江阿里巴巴之间存在着协议控制关系,包括六项具体的协议:贷款协议、认购权协议、代理人协议、股权抵押协议、中国交易市场业务合作协议、独家技术服务协议。其中贷款协议为阿里巴巴(中国)向浙江阿里巴巴股东提供免息贷款,规定该贷款只能用于对公司的注资,另外要以股东持有的浙江阿里巴巴的股权作为抵押;认购权协议、代理人协议、股权抵押等协议则对阿里巴巴集团认购浙江阿里巴巴股权的情形以及指定代理人行使股东权利等事项作了相关规定,目的在于确保对浙江阿里巴巴的实际控制;独家技术服务协议为阿里巴巴(中国)向浙江阿里巴巴提供独家技术服务支持,而浙江阿里巴巴则以税前利润作为费用支付给阿里巴巴(中国),该协议达到了转移收益的目的,浙江阿里巴巴的收益转移至阿里巴巴集团(见图 8-6)。

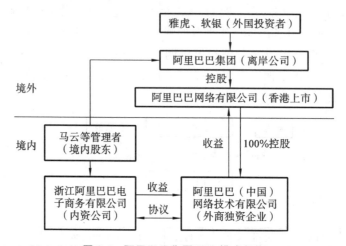

图 8-6 阿里巴巴集团 VIE 模式架构

其中,浙江阿里巴巴电子商务有限公司(内资公司)就是 VIE,阿里巴巴(中国)网络技术有限公司(外商独资企业)就是 WFOE。

(三) 支付宝 VIE 事件

支付宝本来是阿里巴巴集团的全资子公司,具体的控制方式是:阿里巴巴集团 100% 控股一个境外注册的公司,叫作 Alipay E-commerce,而 Alipay E-commerce 又 100% 控股当时的支付宝(中国)网络技术有限公司,所以本质上,阿里巴巴就是通过 VIE 架构 100% 控股支付宝的。

2009 年 6 月,支付宝 70% 的股权突然以 1.67 亿人民币的价格转让给了浙江阿里巴巴电子商务有限公司,该公司由马云和谢世煌两个人全权控制。此时马云解释说:央行出台了新政策,要求非支付机构企业做备案登记,由于担心外资控股可能会有麻烦,就将 70% 的股权转让到了内资公司。

2010 年 6 月,央行又发布了新政策,二号令规定,从事第三方支付的企业必须向央行申请许可证,而申请者必须是"境内依法设立的有限责任公司及股份有限公司",外资企业想申请牌照要"由中国人民银行另行规定,报国务院批准"。两个月之后,支付宝剩下的30%股权也被转让给了浙江阿里巴巴电子商务有限公司,转让价格为1.65亿元人民币,至此,纯内资公司浙江阿里巴巴电子商务支付了3.3亿元人民币获得了支付宝的全部股权。

2011年10月,雅虎(支付宝股东)提出其对马云转移支付宝的行为毫不知情,所以这个故事就变成了马云不顾股东利益和契约精神撕毁VIE协议,针对此项指控,马云也提出了自己的解释:(1)转移支付宝是得到了董事会授权的;(2)转移后,支付宝仍然属于阿里巴巴集团,因为浙江阿里巴巴电子商务有限公司也是由阿里巴巴集团进行VIE控制的;(3)了解过VIE架构之后,我们可以看出支付宝的利益仍然属于阿里巴巴集团,和浙江阿里巴巴电子商务公司的股权结构并无关系,同时在阿里巴巴、软银和雅虎关于支付宝股权转让协议中,支付宝若能成功上市,将会给阿里巴巴集团相当于上市总市值的37.5%且不超过60亿美元的现金回报,马云本身并未从支付宝股权转让事件中获利。所以,支付宝VIE事件可以说成是马云为了拿到牌照的先斩后奏。

1. 债权类互联网金融模式下,信息中介平台和信用中介平台结构化有哪些类型?
2. 什么是PPP模式?该模式具备哪些优点?
3. 简述PPP资产证券化产品的主要特点。
4. 简述我国企业构造VIE模式的大致流程(或以图示展示典型结构)。
5. 我国企业采用VIE模式实现海外上市的目的是什么?VIE模式下可能面临哪些风险?

[1] Altman E, Brady B, Resti A, et al. The link between default and recovery rates: theory, empirical evidence and implications[J]. Journal of Business, 2005, 78(6).

[2] Altman E, Kishore V. Almost everything you wanted to know about recoveries on defaulted bonds [J]. Financial Analysts Journal, 1996, 56(6).

[3] Altman E, Resti A, Sironi A. Recovery risk: the next challenge in credit risk management[J]. Risk Books, 2005(July).

[4] Andersen L, Sidenius J, Basu S. All your Hedges in One Basket[J]. Risk, 2003, 16(11).

[5] Andersen P K, Gill R D, Borgan O, et al. Statistical models based on counting processes[M]. Berlin: Springer-Verlag, 1998.

[6] Anderson R, Renault O. Systemic factors in international bond markets[J]. IRES Quarterly Review, 1999(December).

[7] Anderson R, Sundaresan S. Design and valuation of debt contracts [J]. Review of Financial Studies, 1996, 9(1).

[8] Arvanitis A, Gregory J, Laurent J-P. Building models for credit spreads[J]. Journal of Derivatives, 1999(Spring).

[9] Asarnow E, Edwards D. Measuring loss on defaulted bank loans: a 24-year study [J]. Journal of Commercial Lending, 1995, 77.

[10] Ashcraft A B, Schuermann T. Understanding the securitization of subprime mortgage credit[J]. Foundations and Trends in Finance, 2008(2).

[11] Bangia A, Diebold F, Kronimus A, et al. Rating migration and the business cycle, with application to credit portfolio stress testing[J]. Journal of Banking and Finance, 2002, 26(2-3).

[12] Bharath S T, Tyler S. Forecasting default with the merton distance to default model[J]. The Review of Financial Studies, 2008, 21(3).

[13] Black F, Scholes M. The pricing of options and corporate liabilities[J]. Journal of

Political Economy,1973,81,(3).

[14] Breger L. ,Goldberg L,Cheyette O. Market implied ratings[M]. Horizon:The Barra Newsletter,2002.

[15] BrigoD, Tarenghi M. Credit default swap calibration and equity swap valuation under counterparty risk with a tractable structural model[J]. Papers,2009(12).

[16] Cover T, Thomas J. Elements of Information Theory [M]. Singapore: Wiley,1991.

[17] Cox D R. Regression Models and Life-Time Tables [J]. Journal of the R Statistical Society (Series B),1972,34(2).

[18] Craig, Susanne, Randall Smith, Serena Ng. Merrill aims to raise billions more: Firm dumps mortgage assets as crisis drags on:another big write-down[J]. Wall Street Journal(Eastern Edition),2008,29.

[19] Davidson P. Financial Markets, Money and the Real World[M]. Cheltenham: Edward Elgar,2002.

[20] DietschM, Petey J. Should SME exposures be treated as retail or corporate exposures? A comparative analysis of default probabilities and asset correlations in French and German SMEs[J]. Journal of Banking & Finance,2004,28(4).

[21] Duffie D,Gârleanu N. Risk and the valuation of collateralized debt Obligations [J]. Financial Analysts Journal,2001,57(1).

[22] Duffie D,Lando D. Term structure of credit spreads with incomplete accounting information[J]. Econometrica,2001,69(3).

[23] Duffie D, Singleton K J. Credit Risk [M]. Princeton: Princeton University Press,2003.

[24] Duffie D,Singleton K. Modeling term structures of defaultablebonds[J]. Review of Financial Studies,1999,12(4).

[25] Ederington,Louis H,Jeremy Goh. Bond rating agencies and stock analysts:Who knows what when? [J]. The Journal of Finance and Quantitative Analysis,1998, 33(4).

[26] Fama, Eugene F, Kenneth R French. Common risk factors in the returns on stocks and bonds[J]. Journal of Financial Economics,1993,33(1).

[27] Findlay M C,Williams E E. A Fresh look at the efficient market hypothesis:how the intellectual history of finance encouraged a real "Fraud-on-The-Market"[J]. Journal of Post Keynesian Economics,2000,23(2).

[28] Frey R, Mcneil A J. Dependent defaults in models of portfolio credit risk[J]. Springer Finance,2003,6(1).

[29] Friedman C, Sandow S. Learning probabilistic models:an expected utility maximization approach [J]. Journal of Machine Learning Research,2003b(4).

[30] Friedman C, Sandow S. Model performance measures for expected utility

[30] maximizing investors[J]. International Journal of Applied and Theoretical Finance,2003a,5(4).

[31] GarridoJ,Kopp E,Weber A. Cleaning-up bank balance sheets:economic,legal, and supervisory measures for Italy[J]. IMF Working Papers,2016,16(135).

[32] Gelman A,Carlin J B,Stern H S,et al. Bayesian Data Analysis[M]. Virginia Beach:Chapman & Hall/CRC,1995.

[33] Gordy M B. A comparative anatomy of credit risk models-ScienceDirect[J]. Journal of Banking & Finance,2000,24(1-2).

[34] Greenberg A,O'Kane D,Schloegl L. LH+:A fast analytical model for CDO hedging and risk management[J]. Quantitative Credit Research Quarterly,2004 (2).

[35] Hite,Gailen,Arthur Warga. The Effect of bond-rating changes on bond price performance[J]. Financial Analysts Journal,1997,53(3).

[36] Holthausen,Robert W,Richard W Leftwich. The effect of bond rating changes on common stock prices[J]. Journal of Financial Economics,1986,17(1).

[37] IFC. IFC's experience with promoting leasing in developing countries 1990-2002 [M]. Washington DC:World Bank Publishing,2003.

[38] JabeckiJ,Machaj M. The regulated meltdown of 2008[J]. Critical Review,2009, 21(2-3).

[39] Jian H. Assessing the credit risk of CDOs backed by structured finance securities:rating analysts' challenges and solutions[J]. Social Science Electronic Publishing,2007,13(3).

[40] Katz Steven. The price adjustment process of bonds to rating reclassifications:a test of bond market efficiency[J]. Journal of Finance,1974,29(2).

[41] KleimeierS,Megginson W L. Are project finance loans different from other syndicated credits? [J]. Journal of Applied Corporate Finance,2000,13(1).

[42] Kothari V. Securitisation,financial instrument of the future[M]. Singapore: Wiley,2006a.

[43] Kothari V. Understanding prepayment risk in asset-backed securities in securitisation,financial instrument of the future[M]. Singapore:Wiley,2006b.

[44] Lindskog F,McNeil A. Common poisson shock models:applications to insurance and credit risk modelling[J]. Astin Bulletin,2003,33(2).

[45] Mandelbrot B B,Hudson R L. The (mis) behaviour of markets:A fractal riew of risk,ruin and reward[M]. Islam:Profile Books,2004.

[46] Marcussi M,Pischedda A,Profeta V. The changes of the Italian insolvency and foreclosure regulation adopted in 2015[J]. Notes on Financial Stability and Supervision,2015(2).

[47] Merton R C. On the pricing of corporate debt:the risk structure of interest rates

[J]. Working Papers,1973,29(2).

[48] Merton,Robert C. On the pricing of corporate debt:the risk structure of interest rates[J]. Journal of Finance,1974,29(2).

[49] Saunders A, Cornett M M. Financial markets and institutions: a modern perspective[M]. New York:McGraw-Hill/Irwin,2004.

[50] Smith A J. Corporate ownership structure and performance:The case of management buyouts[J]. Journal of Financial Economics,2004,27(1).

[51] Vogt R. Synthetic leasing [C]//Drew P. World leasing yearbook. London: Euromoney Publication,1999.

[52] Wansley, James L, John Glascock, Terrence M Clauretie. Institutional bond pricing and information arrival:the case of bond rating changes[J]. Journal of Business Finance and Accounting,1992,19(5).

[53] Wright M,Robbie K. Management buy-outs and venture capital into the next millenium[M]. Cheltenham:Edward Elgar Publishing,1999.

后记

  本书基本完成的时候,大国竞争正在逐渐向各个领域展开,国内政策层面则正在部署构建以国内大循环为主体,国内国际大循环相互促进的新发展格局。众所周知,一个现代化强国的崛起必然离不开强大金融实力的锻造,因为金融实力意味着国民财富的积累和国家依托现有经济基础配置资源的能力。金融实力体现为金融市场的广度、深度和风险控制能力,对照发达国家的经验,中国金融市场的发展依然不够充分,表现在产品设计和开发、市场化程度、风险控制、监管政策和手段等多个方面。健全高效的资本市场是综合国力的集中体现,显然,目前中国金融市场的现状与国家经济发展的要求还是有一定距离的,金融市场的培育和完善依然是一个任重而道远的过程。

  金融产品的结构化是金融市场发展的新趋势。尽管出现过一些问题,结构化金融在过去二三十年的时间已经取得巨大的发展,也必然是金融资产市场化的一个重要方向。结构化金融的发展有其内在逻辑,即一方面是将范围更为广泛的资产证券化,另一方面是通过结构化方法将金融资产的风险和收益进行更为合理的组合以满足不同投资者的特定偏好。结构化金融的实践则已经证明,其对增加金融市场的产品供给,提升各类资产和金融机构的流动性,丰富金融市场的风险管理手段,都有着重要的作用。本书的目的,则是介绍结构金融的基本理论、方法和应用,为结构金融的产品设计和风险管理提供思路和参考。感谢本书写作过程中提供过帮助的所有学者和作者的学生们,感谢华中科技大学出版社周晓方、陈培斌和肖唐华编辑的辛勤工作。限于作者的水平,本书可能存在诸多疏漏甚至错误,恳请读者批评指正。

作 者

2021 年于武汉

与本书配套的二维码资源使用说明

本书配套的数字资源均可利用手机扫描二维码链接的形式呈现,具体操作流程图如下。

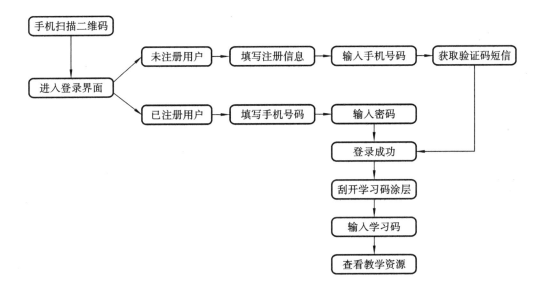